굿모닝북스 투자의 고전 6

작지만 강한 기업에 투자하라
A Zebra in Lion Country

A ZEBRA IN LION COUNTRY by Ralph Wanger with Everett Marttlin

Copyright©1997 by Ralph Wanger
All rights reserved.

This Korean edition was published by Goodmorning Books in 2007
by arrangement with the original publisher, Simon & Schuster, Inc., New York
through KCC(Korean Copyright Center Inc.), Seoul.

이 책의 한국어판 저작권은 (주)한국저작권센터(KCC)를 통한
저작권자와의 독점계약으로 굿모닝북스에 있습니다.
저작권법에 의해 한국 내에서 보호를 받는 저작물이므로
무단전재와 무단복제를 금합니다.

굿모닝북스 투자의 고전 6

작지만 강한 기업에 투자하라

A Zebra in Lion Country

랄프 웬저 지음 | 박정태 옮김

굿모닝북스

차례 | 작지만 강한 기업에 투자하라

서문 가벼운 마음으로 투자의 방향을 알리다   9

무엇이 주식 투자의 성공 여부를 결정짓는가 | 인간의 인내를 시험하는 시기 | 한 걸음 물러나 다른 시각으로 바라보라

1 사자나라의 얼룩말   22

"니프티 휘프티"와 기관 투자가 | 주식시장의 무리 | 사라지지 않는 군중심리

2 작은 기업에 주목하라   36

오너에게 물어보라 | 작은 기업이 큰 수익을 올려준다 | 주식시장의 진화론 | 작은 기업의 숨은 매력 | 주가가 오르는 네 가지 이유 | 두 가지 투자 전략: 우화 | 작은 기업일수록 리스크는 더 크다 | 리스크를 줄이는 방법 | 기업의 성장 전략과 자연 생명체의 성장 전략 | 분산 투자, 장기 보유가 필요하다

3 합리적인 주가의 성장주 68

가치주인가, 성장주인가? | 투자자여, 너 자신을 알라 | 남성 주식과 여성 주식 | 가치주와 성장주의 장점만 결합한다면 | 확률은 가치주가 조금 더 높다 | 나무는 왜 하늘 높이까지 자랄 수 없는가? | 나의 만루홈런 종목

4 나쁜 뉴스가 좋은 기회를 만든다 97

리스크를 과대평가하는 심리적 요인 | 주가의 왜곡과 좋은 투자 기회 | 귀가 얇은 양복점 주인

5 직접 투자해? 아니면 전문가에게 맡겨? 113

자신의 스타일은 어떤가 | 리스크를 받아들이는 자세 | 참호 속에서 터득한 가르침 | 프로를 고용하라 | 내가 추천하는 방법 | 뜨거운 가슴과 차가운 머리 | 신뢰할 수 있는 펀드매니저를 찾아라

6 테마와 변조 142

트렌드 포착하기 | 수정구슬을 통해 미래를 내다보다 | 시장을 풍미할 테마 | 우리는 미래에 대해 무엇을 말할 수 있는가? | 착한 포트폴리오와 사악한 포트폴리오 | 주식시장의 사기꾼들이 모이는 곳 | 틈새시장에서의 독점적 지위

7   기술이 흘러가는 곳을 찾아라   175

생산자가 아니라 사용자에 주목하라 | 전지전능한 컴퓨터 | 미래의 목초지대는?

8   작지만 강한 기업의 세 가지 지지대   191

투자 아이디어는 어디에서 나오는가 | 성장 잠재력 | 무슨 잣대로 재단할 것인가 | 재무 건전성 | 내재가치 | 기억의 천재 푸네스 | 어떻게 적용할 것인가 | 컴퓨터를 이용하면 더 나을까? | 주식시장과 체스판 | 언제 매도할 것인가 | 펀드매니저의 하루 | 황금손가락 증후군

9   시장의 타이밍을 잴 수 있을까?   238

잘못된 메신저로서의 과거 | 슈퍼보울과 수정구슬 | 패턴은 과연 존재하는가 | 잘못된 은유를 발견하라 | 마법에 걸린 강세장 | 인간이라는 변수 | 한 번에 한 기업씩

10   주식시장 대폭락의 의미   274

10월 16일, 금요일 | 10월 19일, 월요일 | 10월 20일, 화요일 | 10월 21일, 수요일 | 10월 22일, 목요일 | 대혼란을 겪고 나니 | 1973~74년 약세장의 가르침 | 튤립 광기의 붕괴 사례 | 리스크 프리미엄과 강세장, 약세장 | 안전벨트는 단단히 조였나?

11 일단 하기로 했다면 세계를 무대로   297

자유시장의 승리 | 해외 주식 투자 열풍 | 그래도 미국 주식을 사겠다면? | 검증된 방법 | 투자 위험과 고유한 문화 | 외국 주식 투자에도 테마는 필요하다 | 호랑이가 우리에서 나오다 | 잠에서 깨어난 중국 | 베팅 범위를 넓혀라 | 혼자 하기에는 너무 벅차다 | 그 보상은?

12 주식 투자의 다섯 가지 법칙   332

제1법칙: 복리의 마술 | 제2법칙: 평균으로의 회귀 | 제3법칙: 주식에 내재돼 있는 옵션은 매우 중요하다 | 제4법칙: 많은 투자 상품이 따지고 보면 폰지 사기극이다 | 제5법칙: 나쁜 아이디어도 시작은 전부 좋은 아이디어였다 | 당신도 성공적인 투자자가 될 수 있다

역자후기   345

서문

가벼운 마음으로 투자의 방향을 알리다
A Guiding Hand with a Light Touch

서점의 재테크 코너에 진열된 서적들을 둘러보면서 과연 어떤 책을 사야 할지 고민해본 적이 있을 것이다. 재테크에 관한 책들은 참으로 많이 나와 있다. 이런 책들은 눈에 띄는 표지 디자인에 "당신을 백만장자로 만들어줄 절대로 틀리지 않는 여섯 가지 법칙"처럼 귀에 솔깃한 제목을 달고 있다.

그렇다면 이 책 《작지만 강한 기업에 투자하라 A Zebra in Lion Country》가 이런 책들과 다른 점은 무엇일까?

우선 이 책은 틀릴 수 있다. 주식시장에는 결코 쉬운 일이 없다. 이 책에 나오는 이야기들은 내가 지난 30년 가까운 기간 동안 뮤추얼펀드 업계라는 전쟁터에서 직접 겪은 체험담이다. 물론 나는 주식시장에서 살아남았고 뮤추얼펀드 업계에서 높은 평가도 받았다. 하지만 나 역시 꽤 많은 실수를 저질렀다. 이 책에서는 내가 저지른 실수들을 되짚어볼 것이다. 누구든 다른 사람의 성공으로부터 배울 수 있는 것처럼 다른 사람의 실패로부터도 귀중한 교훈을 배울 수 있다고 믿기 때문이다.

두 번째로 이 책은 상당히 많은 독창적인 아이디어를 담고 있다. 재테크에 관한 책들을 보면 대부분 기껏해야 한 페이지 분량이면 충분히 설명할 수 있는 그럴듯한 아이디어 한두 개를 책 한 권 분량으로 이리저리 늘려놓은 뒤 24.95달러의 가격표를 붙여놓고 있다. 나는 지금까지 에이콘 펀드(Acorn Fund) 투자자들에게 100차례 이상 분기보고서를 써서 보냈고, 매 분기보고서를 쓸 때마다 나름대로 독창적인 아이디어를 담아내고자 최선을 다했다. 이 책을 읽어가다 보면 나의 이 같은 아이디어를 수없이 발견하게 될 것이다.

세 번째로 이 책은 무척 재미있다. 적어도 나는 그런 의도를 갖고 이 책을 썼다. 주가는 끊임없이 오르고 내리지만 유머는 언제나 변함없다.

무엇이 주식 투자의 성공 여부를 결정짓는가

은퇴하는 시점에 한 재산을 갖기 위해서는 젊은 시절부터 저축과 투자를 열심히 하고, 그것도 채권이나 우표수집보다는 주식에 더 관심을 기울여야 한다는 말을 주위에서 많이 들어봤을 것이다.

좋은 충고다. 그러나 고개를 끄덕이면서도 이런 의문을 던질 수 있을 것이다. "그렇다면 어떤 주식에 투자해야 하는 거야?" "그래서 내가 왜 랄프 웬저라는 사람한테 답을 구해야 하는 거지?" (이렇게 중얼거리는 소리가 내 귓전에 울리는 것 같다.)

이런 의문을 갖는 이유는 충분히 이해할 수 있다. 나 같은 펀드매니저들이 대중들의 신뢰를 잃었다는 점은 부인할 수 없는 사실이다. 직업적인 펀드매니저의 80% 정도가 기껏 시장평균 수익률에도 못 미치는 보잘것없는 성과를 낸다는 연구보고서를 본 일이 있을 것이다. 이들이 운용하는 펀드에 돈을 맡긴 투자자들은 차라리 주식시장 전체를 따라가기만 하면 되는 인덱스 펀드(Index Fund)에 돈을 넣어둔 것보다도 못한 수익을 거두었다. 실제로 장기적으로 보면 인덱스 펀드의 수익률은 펀드매니저가 적극적으로 포트폴리오를 짜는 액티브 펀드(Active Fund) 5개 가운데 4개의 수익률을 앞선다는 게 주식시장의 정설이다. 그런 점에서 내가 운용하는 에이콘 펀드가 인덱스 펀드를 앞서는, 상위 20%의 액티브 펀드 가운데 하나라는 사실은 기뻐할 만하다.(적어도 이 글을 쓰는 1998년 상반기까지는 그렇다.) 처음부터 내가 줄곧 펀드매니저를 맡아왔던 에이콘 펀드는 1970년 출범 이후 1998년 6월까지 연평균 17.2%의 수익률을 올렸다. 이 기간 중 스탠다드 앤 푸어스 500(S&P 500) 지수는 연평균 14.4% 올랐다. 에이콘 펀드 투자자들이 올린 수익률과 S&P 500 지수 상승률 간의 차이는 크지 않은 것 같지만 25년이 넘는 기간을 감안하면 투자 성과는 상당히 큰 격차가 벌어진다; 구체적인 수치는 나중에 제시할 것이다.

내가 그저 운이 좋았다고 말할지도 모르겠다. 사실 운이 좋았던 경우도 있었다. 하지만 운보다 더 큰 무언가가 작용하지 않았을까 하는 생각이 들지 않는가? 5년이나 10년이라면 운이 좋아서 그렇게 됐겠지 하고 말할 수도 있을 것이다. 그러나 그 기간이 25년이 넘는다면 말이 달라진다. 이 정도 오랜 세월 동안 시장평균 수익률을 뛰어넘는 훌륭한 성과를 기록한 시스템이라면 단순한 우연 이상의 무언가를 갖고 있을 것이다.

또한 앞으로 차근차근 설명하겠지만 주식시장에 대한 나의 접근방식은 에이콘 펀드를 시작할 때부터 올바른 것이었다. 이런 투자 철학이 있었기에 시장이 아무리 어렵고 힘들었을 때도 이겨낼 수 있었다.

서두부터 다소 내 자랑을 늘어놓는 것처럼 비쳤을지도 모르겠다. 하지만 이것은 시장평균 수익률을 웃도는 성과를 장기적으로 올릴 수 있었던 방법론과 철학이 그만큼 신뢰할 만한 것이라는 점을 설명하기 위함이다. 어쩌면 이 책을 읽어야 하는 이유도 바로 이 때문일 것이다.

나는 내가 시장에 접근하는 방식이 유일무이한 것이라고 강변하지 않는다. 나는 순이익이 계속 증가하고, 주가에 비해 기업의 가치가 훨씬 높은 작지만 강한 기업의 주식에 투자한다. 하지만 이 책을 읽는 독자들 누구나 나와는 다른 투자 전략을 접하고, 내가 투자하지 않는 기업의 주식에 눈을 돌려보기를 바란다. 그런 자세는 나에게도 좋다. 주식시장에는 괜찮은 투자 전략이 꽤 많이 있다. 그것을 제대로 이해할 수 있는 지적인 능력과 창의성, 꾸준한 노력만 갖고 이를 실천한다면 어떤 투자 전략이든 성공으로 이어질 수 있다. 그러나 시장에 접근하는 방식 역시 당신이 충분히 채택할 수 있는 하나의 투자 전략이라고 확실히 말할 수 있다.

당신은 직접 투자를 하고 있을 수도 있고, 뮤추얼펀드를 통한 간접투자를 하고 있을 수도 있다. 어쩌면 두 가지를 병행하고 있을지도 모른다. 어떤 식으로 투자를 하고 있든, 중요한 사실은 당신의 돈을 어디에 투자하며, 당신이 거둘 수익률이 얼마가 될지는 궁극적으로 당신의 책임이라는 점이다. 나는 이 책에서 투자할 주식을 어떻게 고르며, 투자한 주식은 언제 매도할지에 대해 설명할 것이다. 이런 내용은 직접 투자자에게 도움이 될 것이다. 하지만 뮤추얼펀드에 투자한 간접 투자자라 해도 자신의 돈을 운용하는 펀드매니저가 어떻게 투자하는지 이해하고 있어야 한다. 나는 이 책에서 하나의 펀드가 어떻게 움직이고, 펀드매니저의 속마음은 어떤지 자세히 알려주려고 한다. 그러면 자연스럽게 에이콘 펀드가 지금까지 어떻게 투자를 해왔는지, 또 나의 아이디어는 어떤 것이었는지 이해할 수 있을 것이다.

  이 책은 매우 쉽다. 수식이나 등식을 표시하는 어려운 그리스 문자는 전혀 나오지 않는다. 대차대조표나 손익계산서에 나오는 항목을 일일이 열거하지도 않는다. 내가 강조하고자 하는 것은 투자의 원칙이지 잡다한 투자용어가 아니다. 큰 그림을 그리듯이 여기서 다룰 주제를 소개하자면 이렇다:

- "성장주"와 "가치주" 혹은 "성장주 펀드"와 "가치주 펀드" 가운데 어디에 투자해야 할 것인가?
- 성장주란 과연 어떤 의미인가?
- 그때그때 사고 파는 방향성 없는 트레이더가 아니라 진정한 투자자로서 당신이 투자한 주식 혹은 펀드를 어떻게 관리할 것인가?
- 해외 주식 투자는 그저 한때의 유행일 뿐인가?
- 당신이 갖고 있는 주식을 모두 팔고, 혹은 펀드에 투자한 돈을 모두 환매한 뒤 한동안 주식시장에서 멀찌감치 떨어져 있어야 할 필요가 있을까?

- 주식시장이 이유 없이 급락할 때 인내심을 가질 수 있고, 모두가 긴급 뉴스에 허둥댈 때 초연한 자세를 지킬 수 있는 투자 철학은 어떻게 기를 수 있는가?

　이런 주제들은 모든 투자자들에게 매우 중요한 것들이다. 주식시장에서 직접 투자를 하든 펀드에 간접 투자를 하든 마찬가지다. 실제로 주식 투자를 할 때 어떤 투자원칙을 어떻게 활용하는가는 투자자들마다 다를 수 있다. 그러나 투자의 성공 여부를 결정짓는 가장 중요한 요소는 바로 시장에 어떤 자세로 접근하느냐다. 내가 지난 30년 가까운 세월 동안 배웠던 내용을 이해한다면 무엇이 주식시장을 이끌며, 무엇이 개별 종목을 움직이는지 파악하는 데 도움이 될 것이다. 또한 이를 바탕으로 나름대로의 투자 방식을 결정할 수도 있을 것이다.

　어느 책이든 그 책을 읽었다고 해서 단시간에 100%의 투자 수익률을 올려주기를 기대하지 말라. 여러분의 목표는 꾸준한 부의 축적이어야 한다. 복권은 바보들이나 하는 게임이다. 주식시장에서 갑자기 큰돈을 벌었다는 이야기는 나 역시 여기저기서 들어봤지만 솔직히 신뢰하지 않는다. 오늘 당장 시장을 뜨겁게 달구며 주가가 치솟는 종목들 대부분이 5년 안에 아무도 쳐다보지 않는 싸늘한 종목으로 바뀐다는 사실을 역사는 반복해서 보여주고 있다.

　물론 그렇다고 해서 여러분이 매년 시장평균 수익률 14.4%가 아니라 17.2%의 수익률을 올릴 수 없다는 뜻은 아니다!

인간의 인내를 시험하는 시기

투자 실적을 말하면서 연간 평균 수익률이라는 표현을 사용하는데, 여기에는 예외적일 정도로 수익률이 뛰어났던 해는 물론, 실망적이었거나 끔찍스럽기까지 했던 해도 포함돼 있다. 조금은 부담스럽지만 나의 경우에도 이런 사례를 쉽게 떠올릴 수 있다.

에이콘 펀드는 1969년 12월 31일자로 만들어졌고, 나는 "바로 이 시점"에 당시 에이콘 펀드에 투자한 얼마 되지 않는 투자자들에게 첫 번째 연례보고서를 써서 보냈다. "에이콘 펀드는 지금까지의 펀드와는 다른 운용방식을 선보일 것입니다." 그런데 불과 몇 개월 뒤인 1970년 4월과 5월은 "1930년대 이후 최악의 약세장" 중 하나로 기록됐다. 펀드가 출범한 지 6개월 만인 1970년 6월 말에는 펀드 자산의 시장가치가 설정 당시보다 3분의 1가까이나 줄어들었다.

다행히 주식시장은 1970년 하반기에 랠리를 펼쳐갔고, 에이콘 펀드도 출범 당시의 원금을 회복할 수 있었다. 1971년 시장도 무척 괜찮았다; 에이콘 펀드는 그 해 30%의 투자 수익률을 올렸다. 그러나 다음해부터는 아주 끔찍스러운 시기가 이어졌다. 오르는 주식은 전부가 누구나 다 알고 있는 잘 나가는 대형 우량주들뿐이었다. 일반인들에게 그리 잘 알려지지 않은 소형주들은 기업 실적이 꽤 좋았음에도 불구하고 수익률이 나빴다. 이들 소형주는 다름아닌 에이콘 펀드가 집중 투자하는 종목들이었는데 말이다. 주식시장은 대형주에 이어 소형주가 상승세를 넘겨받을 기회도 주지 않고 약세장으로 빠져들었다. 1973~74년의 하락장세에서는 대형 우량주든, 알려지지 않은 소형주든 가리지 않고 모두 급락했다. 에이콘 펀드는 1973년에 24%의 마이너스 수익률을 기록한 데 이어 1974년에도 28%의 투자 손실을 기록했다.

다음해에는 겨우 투자 수익률을 플러스로 돌려놓았지만, 결국 펀드 출범 6년 후의 투자 성적표를 보면 에이콘 펀드의 순자산가치는 처음 출발했을 때와 거의 똑같아졌을 정도로 초라했다.

투자 수익률이 미친 듯이 출렁거렸던 몇 해의 세월을 지나는 동안 나는 에이콘 펀드가 얼마나 척박한 토양 위에 서 있는지 새삼 고민해야 했고, 또한 절대 앞날에 대한 전망과 믿음을 잃지 않으려 애썼지만 내가 할 수 일은 그저 머리를 흔들며 웃음을 짓는 게 전부였다. 나는 그 때 시장이 아무리 혹독한 시련을 안겨준다 해도 결코 심각하게 받아들여서는 안 된다고 결심했고, 이 같은 결심은 그 이후에도 몇 차례나 되새겼다. 시장이 급락할 때는 미소를 지으며 안정을 취하는 게 상책이다.

내가 에이콘 펀드 투자자들에게 처음 보냈던 분기보고서를 보면 여느 펀드매니저들과 마찬가지로 상당히 심각한 문구들이 답답할 정도로 가득 차있다. 나는 오만한 어조로 정부의 통화 정책과 재정 정책에 대해 이야기했고, 기준금리가 이렇게 움직일 것이라고 예단했으며, 수많은 통계수치를 제시하며 내일 당장, 그리고 그 다음날 주식시장의 분위기가 어떻게 흘러갈지 족집게처럼 맞추려 들었다. 지금 다시 읽어봐도 놀라운 사실은 1970년대 초에도 주식시장의 가장 큰 관심은 인플레이션과 재정 적자, 무역수지의 불균형, 고금리 등이었다는 점이다. 만약 이런 문제들이 전부 사라진 다음에야 주식에 투자하겠다고 한다면 아마도 절대 주식 투자를 하지 못할 것이다. 따라서 주식 투자로 단 한 푼도 벌지 못할 것이다.

　나로서는 작지만 완벽할 정도로 훌륭한 기업들로 포트폴리오를 구성했지만 투자 수익률은 별로 신통치 않았다. 나는 다음 번 분기보고서부터는 과감히 경제와 시장 전반에 대한 고상한 표현이나 비유적인 설명들은 집어치우고, 깊이 생각하되 재미있게 전달하고자 했다. 사실 펀드가 거둔 분기 투자 실적은 한 줄이면 충분하다. 여기에 이것저것 부연설명을 다는 것은 사족일 뿐이다. 주식시장에 대한 예측 역시 시간이 흐르면 휴지가 되어버린다. 나는 다른 펀드매니저들처럼 어려웠던 경제 환경 이야기를 잔뜩 늘어놓은 뒤 "새해에도 좋은 일만 이루어지길 바랍니다. 다만 아쉽게도 지난 분기 우리 펀드의 성적은 좋지 않았습니다"라고 구구절절 고상한 표현만 늘어놓는 보고서는 더 이상 쓰지 않기로 했다. 뮤추얼펀드를 운용하는 대부분의 펀드매니저들이 따분한 표현으로 틀린 예측을 내놓는다면, 나는 차라리 틀린 예측을 내놓더라도 활기차게 표현하겠다고 다짐했다.

　주식시장에 관한 다른 펀드매니저의 시황이 정장 차림이었다면, 그 이후 나의 시황은 비키니 차림이었다. 나는 보고서에 꼭 써야 하는 내용은 최소한으로 줄였다. 그리고는 곧장 그 시점에서 가장 관심이 높은 문제들에 대해 썼다. 사실 전 세계적으로 벌어지는 거의 모든 사건들이 시장에 반영되고, 따라서 투자자들에게 가장 중요한 주가에 영향을 미치기 때문이다. 그리고 가능하다면, 때로는 부적절한 경우도 있겠지만 가벼운 표현으로 보고서를 써내려 갔다.

　또한 책을 읽으면서 좋은 구절을 발견하면 따로 모아두었다가 적절한 순간에 보고서에 인용해 우리 투자자들에게 전달해야겠다고 마음먹었다. 하지만 가끔은 머릿속에 괜찮은 구절이나 문장이 떠올랐는데, 원저자가 누구인지 잊어먹은 경우도 있었다. 그럴 때면 이런 원칙을 따랐다: 아무리 생각해도 도저히 찾을 수 없다면, 일단 돈에 관한 표현이나 문장일 경우 존 메이나드 케인즈(John Maynard Keynes)를 출처로 하고, 돈과 관련된 것이 아닐 경우에는 마크 트웨인(Mark Twain)으로 한다.

분기보고서를 생동감 있게 작성하기로 한 결정은 나의 사업에도 아주 훌륭한 전략이었다. 물론 당초에는 이런 결과를 전혀 생각하지도 않았다. 투자와 관련된 문제라면 잔뜩 무게나 잡고 근엄하게 표현하는 여느 펀드매니저들과는 전혀 다른 방식으로 접근하자 이전까지 거의 알려지지 않았던 에이콘 펀드가 주목을 받기 시작했다. 나는 이 일을 계기로 "사람이 너무 심각하면 아무도 그 사람에게 관심을 갖지 않는다"는 사실을 분명히 알게 됐다. 랄프 왈도 에머슨(Ralph Waldo Emerson)의 수필은 심오하고 지적이며 우리의 마음을 고양시킨다. 하지만 정작 우리가 고등학교 시절부터 즐겨 읽는 글은 유머가 가득한 마크 트웨인의 글이다.

이처럼 파격적인 접근방식은 에이콘 펀드를 세상에 널리 알리는 데도 결정적인 역할을 했다. 다른 펀드매니저들이 쏟아내는 과장된 표현에 싫증이 난 신문기자와 잡지기자들이 나의 보고서에 실린 가벼운 이야기 거리를 기사나 칼럼에 즐겨 인용했다. 에이콘 펀드의 분기보고서가 신문과 잡지에 인용되자 펀드 투자자가 늘어났다: 심지어는 순전히 정기적으로 내가 쓴 분기보고서를 받아보기 위해 펀드에 가입하겠다는 사람들까지 나타났다. 이런 사람에게는 아마도 에이콘 펀드의 분기보고서야말로 이 세상에서 가장 비싼 정기간행물이었을 것이다.

한 걸음 물러나 다른 시각으로 바라보라

내가 유머감각을 가짐으로써 에이콘 펀드를 널리 알리는 데 성공했고, 또 나 자신은 물론 펀드 투자자들에게 무척이나 힘겨웠던 시절을 무사히 견뎌냈다는 점 외에도 유머는 투자를 하는 데 매우 중요한 역할을 할 수 있다. 그래서 나는 원고를 쓸 때면 가능한 한 우스개 이야기를 넣으려고 한다. 물론 포트폴리오에는 절대 유머를 섞지 않지만 말이다.

투자의 세계에서 남들보다 뛰어난 성적을 올리기 위해서는 반드시 역발상의 기질을 가져야 한다는 말이 있다. 맞는 말이다. 시장의 컨센서스, 즉 합의된 의견을 따라가면 투자 수익률도 시장 평균에 근접한 그저 그런 수준에 만족해야 한다. 어느 기업의 주가가 아주 쌀 때 매수하고자 한다면 시장의 정서에 역행해야만 한다: 주가가 싼 이유는 대부분의 사람들이 그 주식은 싸야만 하며 앞으로도 쌀 것이라고 믿기 때문이다. 적어도 그 기업이 대대적인 구조조정을 한다거나, 턴어라운드에 성공하고 투자등급이 올라가기 전까지는 그렇게 생각할 것이다.(비록 지금 그 기업이 일시적인 애로로 인해 형편없는 실적을 올렸다 하더라도 그렇다.) 반대로 어느 종목의 주가가 치솟기만 한다면 과연 그 기업을 둘러싼 장밋빛 전망이 언제까지 지속될지 의문을 던져봐야 한다.

이럴 때 유머감각을 가지면 도움이 된다. 유머란 사실 한걸음 물러나서 다른 시각으로 바라보고, 거기서 모순된 점을 발견하고, 누구나 받아들이는 상식에 도전하고, 자기만족을 과감히 뒤집어버리는 것이기 때문이다.

어떤 대상이든 너무 심각하게 바라보면 아주 중요한 결정적인 변화를 놓치기 쉽다. 자기 자신을 둘러싼 일일 경우에도 마찬가지다. 고집스러울 정도로 모든 문제를 심각하게 받아들이는 사람은 모든 사물과 사건을 정당화하려고만 한다. 이들은 새로운 것에 잘 적응하지 못한다. 새로운 것은 이해하기 어렵고, 그래서 지레 겁을 집어먹거나 놀라서 도망치기도 한다.

투자의 세계를 들여다보면 이렇게 매사에 심각하고 변화를 싫어하는 사람은 소위 말하는 블루칩(대형 우량주) 외에는 투자하려 하지 않는다. 지금 당장 모두가 뛰어나다고 하는 기업이 앞으로도 영원히 잘 되어나갈 것이라는 믿음을 갖고 있기 때문이다. 하지만 그럴 수는 없다. 슐룸베르거(Schlumberger)는 15년 전 대부분의 기관 투자가들이 가장 선호하는 주식이었고, 지금도 에너지 업종의 메이저 기업이지만 최고의 주식 자리에서는 물러난 지 오래다. 10년 전까지도 IBM은 컴퓨터 산업의 최고 기업이었고, 누구도 이 자리가 흔들릴 것이라고 의심하지 않았다. 한걸음 더 나아가 100년 전을 돌아보면 당시 가장 우수한 경영진과 가장 탁월한 수익성을 갖고 있다고 여겨졌던 기업은 펜실베이니아 철도(Pennsylvania Railroad)였다.

그런 점에서 남들보다 뛰어난 성적을 올리는 투자자는 지금 시장에서 떠받드는 우상들을 의심에 찬 눈초리로 쳐다볼 것이다. 이런 투자자야말로 군중 속에서 가장 먼저 "임금님은 벌거벗었다"라고 소리칠 수 있는 사람이다. 유머의 역할을 가장 잘 보여주는 사례다. 우리의 삶에서도 틀에 박힌 일상에 얽매여 답답해질 때가 있다; 그럴 때 우스개 이야기나 만평 한 컷을 보면 기분이 자유로워짐을 느낄 수 있다.

  나처럼 투자를 직업으로 하는 사람에게는 또 다른 이유에서 유머감각이 필수적이다. 우리는 시장평균 수익률보다 더 나은 성과를 올리기 위해 경쟁할 뿐만 아니라 서로서로 이기기 위해 피나는 경쟁을 벌인다. 정말 치열한 싸움이다. 우리는 이렇게 말하며 서로 으르렁댄다. "오늘 내가 펀드에 편입한 주식이 네가 펀드에 편입한 주식보다 더 오를 거야." 이 말은 스스로 미래를 예측할 수 있다는 뜻이고, 자신이 허풍쟁이임을 드러내는 것이다. 누구든 향후 주식시장을 정확히 예측할 수 있는 시스템을 발견했다고 말한다면 그야말로 훌륭한 유머감각을 가졌다고 할 수 있을 것이다.

  투자자로서 나에게 유머는 너무나 값진 보물과도 같은 존재다. 유머는 마음을 정화하고 단련시켜주며, 역발상의 기질까지 불러일으켜준다. 유머감각을 가지라고 다시 한번 권하고 싶다. 그리고 이 책을 읽으면서 유머 섞인 표현들을 만나게 되면 그저 시시껄렁한 이야기로 받아들이지 않았으면 하는 바람이다. 그 속에는 투자의 세계를 새로운 시각으로 돌아볼 수 있는 가르침이 들어있기 때문이다.

1 사자 나라의 얼룩말

A Zebra in Lion Country

투자기관에서 일하는 나 같은 포트폴리오 매니저와 얼룩말은 똑같은 문제를 안고 있다.

우선 둘 다 아주 특별한, 하지만 성취하기 어려운 목표를 갖고 있다. 포트폴리오 매니저들은 시장평균보다 높은 수익률을 올리려 하고, 얼룩말은 신선한 풀을 먹으려 한다.

두 번째로, 둘 다 리스크를 싫어한다. 포트폴리오 매니저는 잘못하면 "잘릴" 위험이 있기 때문이고, 얼룩말은 사자에게 잡아 먹히기 때문이다.

세 번째로, 둘 다 무리를 지어 움직인다. 이들은 생긴 것도 비슷하고, 생각하는 것도 비슷하며, 서로 긴밀한 관계를 맺으며 살아간다.

만약 당신이 무리를 지어 이동하는 얼룩말 가운데 하나라고 하자. 그러면 당신은 얼룩말 무리 속에서 어느 곳에 자리를 잡을지 결정해야 한다. 이것은 매우 중요한 선택이다. 주변 환경이 안전하다고 생각한다면 최상의 자리는 무리의 맨 바깥쪽이다. 신선한 풀을 먹을 수 있기 때문이다. 반면 무리의 중간쯤에 자리를 잡으면 남들이 반쯤 먹다 만 풀이나 말발굽에 짓이겨진 풀을 뜯어먹어야 한다. 따라서 적극적이고 공격적인 얼룩말이라면 과감히 무리의 맨 바깥쪽으로 나가 신선한 풀을 배불리 먹을 것이다.

그러나 시각을 달리 해보면 사자가 달려들 때도 생각해야 할 것이다. 무리의 맨 바깥쪽에서 신선한 풀을 배불리 먹던 얼룩말은 이럴 때 사자의 먹이감이 될 수 있다. 반면 무리의 중간쯤에서 제대로 풀도 뜯어먹지 못했던 얼룩말은 안전하게 도망칠 수 있다.

은행의 투자신탁부서나 보험회사, 혹은 뮤추얼펀드 같은 기관에서 일하는 포트폴리오 매니저는 절대 맨 바깥쪽에서 신선한 풀을 배불리 먹는 얼룩말이 될 수 없다. 이들에게 최적의 전략은 아주 간단하다: 언제든 무리의 중간쯤에서 머무르는 것이다. 대중들에게 인기가 높은 주식만 사들이면 결코 질책 받을 이유가 없다. 오히려 높은 수익률을 올리기 위해 잘 알려지지 않은 주식을 매수했다가 예상과 달리 수익률이 저조할 경우 해당 펀드매니저는 숱한 비난을 감수해야 한다.

두말할 필요도 없이 나는 장기 투자자로서 이런 중간쯤에 자리 잡는 얼룩말 철학은 결코 받아들일 수 없다.

지금 소개한 이야기는 오래 전 에이콘 펀드 투자자들에게 보낸 보고서에 실었던 글이다. 하지만 이 이야기는 지금도 여전히 유효하며, 월 스트리트에서 활동하는 직업적인 투자자나 메인 스트리트의 개인 투자자 모두에게 중요한 의미를 담고 있다. 무리의 한가운데서 움직이는 게 편하다고 느껴진다면 당신은 차라리 인덱스 펀드에 돈을 집어넣는 게 나을 것이다.(지금은 뮤추얼펀드 중에서도 S&P 500 지수 같은 대표적인 시장 지수를 벤치마킹 하는 인덱스 펀드들이 많이 나와 있지만, 내가 이 글을 처음 썼을 당시에는 인덱스 펀드라는 개념조차 없었다.) 나는 이 책을 읽는 독자라면 떼를 지어 움직이는 무리들보다 더 앞서 나가고자 할 것이라고 믿는다. 만약 시장평균 수익률 정도에 만족하는 수동적인 투자자라면 아마도 이 책을 집어 들지도 않았을 것이기 때문이다.

"니프티 휘프티"와 기관 투자가

사실 내가 얼룩말의 비유를 끄집어냈던 것은 당시 주식시장의 분위기가 분통터질 지경이었다는 사실과 관련이 있다.(물론 나는 은유적인 이야기 속에 담겨 있는 재치와 통찰력을 높이 사는 사람이다.) 한참 전 일이지만 1960년대 후반부터 1970년대 초 몇 년까지의 시장 상황을 기억할 수 있는 사람이라면, 당시 주식시장이 갈수록 일류와 이류 주식으로 양극화되어 가는 분위기였다고 말할 것이다. 일류 주식은 소위 "니프티 휘프티(Nifty-Fifty, 멋진 50종목)"라고 불린 대형 우량주들이었다. 대개가 소비자들에게 널리 알려진 브랜드 이름을 갖고 있던 이들 주식의 주가수익비율(price-to-earnings ratio, PER)은 상상을 초월할 정도였다. 디즈니(Disney)의 PER는 76배에 달했고, 맥도날드(McDonald)는 81배, 폴라로이드(Polaroid)는 97배였다. 이류 주식은 이들 50종목을 제외한 나머지 전부로, 이들 주식의 PER는 그리 높지 않은 합리적인 수준이었다. 그 때나 지금이나 마찬가지지만 나는 소형주 투자자이므로 어려움을 겪을 수밖에 없었다. 내가 투자한 기업들의 실적은 괜찮은 편이었으나 막상 주가는 형편없는 수준에서 헤어나지 못했다. 그 시기처럼 그렇게 울화가 치밀었던 경우도 없었던 것 같다.

하지만 나는 끝까지 버텼다: 내 원칙을 저버리고 무리 한가운데로 뛰어들어 니프티 휘프티를 붙잡고 싶지 않았다. 당시 기자를 만났을 때 빈정거리는 어투로 이렇게 말한 적이 있다. "기본적으로 일류 주식과 이류 주식이 있는 게 아니라 하나의 주식시장이 있을 뿐이라고 믿습니다. 곧 한 부류가 주식시장에서 사라질 것입니다."

주식시장을 잘 모르는 사람이 보기에는 당시 연기금 대부분을 운용하고 있던 투자은행의 신탁부서에서 일하는 프로 투자자들이 일단의 종목들을 띄우기 위해 주식시장을 조작하는 바람에 이런 현상이 벌어졌다고 생각했을지도 모른다. 마치 1920년대의 투기 풀(pool)처럼 말이다. 그러나 그것은 꾸며서 되는 일이 아니다. 다만 투자은행의 신탁부서들이 모두 똑같았기 때문이다. 집단적인 사고가 넘쳐났던 셈이다.

지금도 전혀 달라지지 않았다. 대부분의 기관 투자가들은 무리 한가운데서 이리저리 몰려다닌다. 충분히 그럴 만하다고 나는 생각한다. 투자기관에서 일하는 포트폴리오 매니저들은 대부분 비슷한 대학교를 나와 비슷한 MBA 과정을 밟은 사람들이다. 일단 은행이나 뮤추얼 펀드 회사, 보험회사, 투자자문회사에 들어가 자금 운용을 담당하게 되면 이제 똑같은 보고서와 정기간행물을 읽고, 컴퓨터 모니터를 통해 똑같은 정보와 투자의견을 접하며, 똑같은 애널리스트와 증권회사의 법인 영업자를 만나고, 똑같은 투자설명회에 참석하며, 똑같이 대형 증권회사의 움직임을 따라 한다. 이들은 점심도 함께 먹고, 메모한 것도 바꿔보며, 서로서로 자신들이 생각하고 있는 것이 틀림없다는 사실을 확인시켜준다. 이들은 한결같이 멜빵 바지 차림에, 등이 없는 페라가모 구두를 신고, 페리에 광천수와 레드 와인을 마시기 시작하는 시점도 모두가 똑같다. 그러니 이들이 거의 비슷한 종목으로 포트폴리오를 구성하는 것도 놀라운 일이 아니다. 당연한 결과지만 그래서 이들이 짜맞춘 포트폴리오의 투자 수익률은 시장 평균을 크게 벗어나지 않는다.

니프티 휘프티의 비극적 결말 역시 이들이 스스로 자초한 것이었다. 내가 말했던 것처럼 주식시장에서 한 부류가 사라졌고, 시장은 1930년대 이래 최악의 약세장에 빠졌다. 다만 나도 미처 예상하지 못했던 일은 합리적인 주가를 형성했던 종목들마저 함께 떨어졌다는 것이다. 내가 갖고 있던 주식들도 그랬다. 나는 새삼 세월이 지나도 계속해서 반복되는 교훈 한 가지를 배웠다: 시장 전반이 고평가된 상태를 지속하다가 마침내 조정이 시작되면 모든 종목이 급전직하한다는 사실이다. 거품을 주도했던 종목이나, 거품이 조금 끼어있던 종목이나, 아무런 거품도 없이 단지 이들과 함께 시장에서 거래됐던 종목이나 마찬가지로 추락한다. 미친 듯한 주가수익비율에 주가가 천정부지로 치솟았던 종목을 외면했다고 자랑해봐야 소용없다; 당신이 나름대로 아주 합리적인 종목으로 포트폴리오를 구성했다 해도 동반하락을 피할 수 없다. 굳이 위안거리를 찾자면 잔뜩 거품이 끼어있던 종목을 피한 덕분에 상처가 깊지 않고, 이제 과거의 인기주들은 모든 투자자들로부터 기피 대상이 될 것이므로 당신이 보유한 주식이 좀더 빠른 회복 속도를 보일 것이라는 점이 될 것이다.

주식시장 전반이 고평가돼 있다가 조정장을 맞게 되면 모든 종목이 된서리를 맞는다.

주식시장의 무리

인간의 무리든 다른 동물의 무리든 떼를 지어 다니는 무리는 상당히 많은 공통된 특성을 갖고 있다. 사람들은 누구나 한 마리의 물고기와 얼룩말을 구별하고, 입만 나불대는 투자자와 직업적인 포트폴리오 매니저를 달리 보지만, 이들 역시 무리를 이루면 모두 똑같이 행동한다.

  무리는 동질적이다. 참새떼들 사이에서는 갈매기가 눈에 띄지 않고, 청어떼가 몰려가는데 오징어가 섞여있을 리 없다. 마찬가지로 포트폴리오 매니저들 사이에 증권회사의 주식 중개인이 끼어들지도 않는데, 그 이유가 무척 흥미롭다. 주식 중개인과 포트폴리오 매니저는 똑같은 인간들이다. 그런데도 이들 두 직종의 사람들은 심리검사를 해보면 기본적으로 다른 성격을 갖고 있다.(청어떼와 참새떼는 굳이 심리검사를 해보지 않아도 될 것이다.) 포트폴리오 매니저는 직관적이며 사고하기를 좋아하는 타입이다. 따라서 이들은 객관적인 분석이나 독창적이고 지적인 테마를 찾아내는 데 적합하다. 반면 증권회사에서 영업을 담당하는 주식 중개인은 감각적이고 감정이 풍부한 타입이어서 사교적인 활동에 적합하다. 주식 중개인과 포트폴리오 매니저는 상대방을 돌대가리, 혹은 잡상인이라고 업신여기면서 절대 서로 섞이지 않는다.

무리는 리더가 없다. 가끔은 마틴 즈웨이그(Martin Zweig)나 존 템플턴(John Templeton) 같은 시장의 현자들(gurus)이 한 말씀 하면 우르르 몰려가기도 하지만, 이런 현자들도 무리의 선두에 오래 서 있지 못한다; 현자가 새로이 한 말씀 했는데도 아예 무시하거나, 현자 스스로 침묵을 지키기도 한다. 때로는 시장이 악마의 사주를 받은 사악한 세력들의 음모에 휘둘리는 것처럼 보일지라도, 시장을 움직이는 그런 리더는 없다. 그것은 단지 거울에 비친 우리 자신의 모습일 뿐이다.

얼룩말 무리와 마찬가지로 시장의 무리도 얼마 오래 달리지 못하고 지친다. 나는 어떤 트렌드에 너무 일찍, 혹은 너무 늦게 편승한 게 아닌가 하는 걱정은 전혀 하지 않는다. 시장의 무리를 뒤따라 가는 것보다는 무리가 다시 우리 옆으로 돌아올 때까지 기다리는 게 낫다.

1973~74년의 약세장에서 호된 시련을 겪은 투자자들 가운데는 주식투자를 다시는 하지 않겠다고 다짐한 경우도 있었다. 마크 트웨인의 소설에 나오는 인물인 천치 윌슨(Pudd'nhead Wilson)이 일갈한 것처럼 학습효과가 너무 강력할 수도 있다: "뜨거운 난로 덮개 위에 앉았다가 혼이 난 적이 있는 고양이는 절대로 다시는 뜨거운 난로 덮개 위

에 앉지 않는다. 충분히 그럴 만하다. 그런데 이 고양이는 차가운 난로 덮개 위에도 절대로 올라서지 않을 것이다."

1970년대 중반과 후반에는 그야말로 아무도 주식시장에 관심을 갖지 않았다. 뉴욕증권거래소(NYSE)의 1975년도 하루 평균 거래량이 1860만 주에 불과했을 정도다.(뉴욕증권거래소의 하루 평균 거래량은 1990년대 중반 10억 주를 넘어섰고, 2000년대 들어서는 20억 주를 웃도는 수준이다–옮긴이) 이처럼 거래가 한산하다 보니 거래소의 플로어 트레이더들은 카드놀이를 하며 시간을 때우기도 했다. 니프티 휘프티 종목의 평균 주가수익비율은 5년 만에 48배에서 13.5배로 떨어졌다. 무리 한가운데 몰려있던 얼룩말들의 모습이 180도 바뀌어버린 셈이다. 그것은 이제 바깥쪽으로 나와있던 얼룩말에게 천금 같은 기회가 왔다는 뜻이기도 했다. 워렌 버펫(Warren Buffet)은 1974년 10월 〈포브스Forbes〉와 가진 인터뷰에서 지금 주식시장에 대해 어떻게 생각하느냐는 질문을 받고는 이렇게 대답했다. "홍등가에 갔다가 과도하게 정력을 낭비한 사내녀석의 꼬락서니지. 이제 투자를 시작할 때가 됐어."

버펫의 말은 정확한 것이었다. 그러나 시장이 강력하게 방향을 튼 것은 이로부터 8년이나 지난 1982년이었다. 그 해 8월, 거래도 한산하고 무기력하기만 했던 주식시장이 갑자기 기록적인 거래량을 보이며 엄청난 강세장으로 돌변했다. 왜 이런 일이 발생한 것일까? 모든 포트폴리오 매니저들이 똑같은 시점에, 똑같은 일이 벌어지기를 원했기 때문이다. 떼를 지어 움직이는 무리의 본능이 다시 한번 드러난 것이다.

나 역시 시장이 정확히 언제 다시 살아날지는 모르지만 어쨌든 그렇게 싼 주가가 영원히 이어질 수 없다는 사실을 알고 있었다. 그래서 1970년대 중반과 후반에는 내재가치에 비해 형편없이 낮은 주가로 팔리고 있는 주식들을 매수하는 데 주력했다. 예를 들자면 그 때 나는 부동산회사 주식을 집중적으로 사들였다. 무리가 보여주는 행동이 나에게는 훌륭한 정보가 됐다. 투자 분야에서 일하며 오래 전부터 알고 지낸 한 친구가 나에게 이렇게 말하는 것이었다. "기관 투자가들은 이제 다시는 부동산회사 주식에 투자하지 않을 거야." 또 다른 친구는 좀더 구체적인 얘기를 해주었다. "우리 은행에서는 부동산회사 주식은 아예 투자승인 대상목록에서 제외시켜버렸어. 부동산회사 주식에 투자했다가 엄청난 손실을 입었거든."

나는 마음속으로 이들의 조언에 진심으로 감사의 뜻을 표하고, 즉시 달려가 부동산회사들 가운데 코거 프로퍼티즈(Koger Properties)와 컨티넨탈 일리노이 프로퍼티즈(Continental Illinois Properties)의 주식을 매수했다. 당시 부동산회사의 주식을 매수해야만 하는 한 가지 이유는 아주 기본적인 것이었다: 부동산회사의 주식은 실물 부동산 자산에 비해 훨씬 쌌다. 가령 업무용 빌딩 같은 부동산의 경우 매매가격이 한 해 임대료 수입의 10~14배 정도였지만 부동산회사의 주식은 현금 수입의 5~10배 정도 가격에 팔렸다. 또 한 가지 이유가 있었다: 은행의 투자신탁 부서에서 일하는 친구들은 부동산회사 주식을 거들떠보지도 않았지만 같은 은행의 대출담당 부서에서는 부동산 담보 대출을 빠르게 늘려가고 있었다. 은행의 한쪽에서는 이런 일을 벌이고 있는데, 다른 한쪽에서는 그 반대되는 일을 하고 있다면 거기에는 차익거래의 기회가 있다는 점을 알아채야 한다.

이렇게 말할지도 모르겠다. 부동산가격이 그 후 급락하지 않았느냐고 말이다. 그렇다. 하지만 그것은 내가 부동산회사 주식을 매수한 뒤 8년이나 지나 벌어진 일이다; 부동산가격은 1985년에야 정점에 도달했다. 옳게 매수한 주식을 8년 동안이나 보유할 수 있다면 그것이야말로 대단한 일이다.

대형 투자은행이나 뮤추얼펀드 회사 같은 주요 기관 투자가들이 이런저런 종목군의 주식들을 기피하고 있다는 이야기를 들어봤을 것이다. 그러나 이들이 지금 기피하고 있는 주식이라 하더라도 내재가치가 충분하다면 언젠가 이들이 다시 돌아와 그 주식에 아낌없는 찬사를 보낼 것이라는 점을 잊지 말아야 한다. 부동산회사 주식에는 절대로 투자하지 말라고 나에게 조언해주었던 바로 그 친구들이 나중에 주식시장의 국면이 바뀐 다음 내가 보유한 부동산회사 주식을 매수할 것이라는 사실을 나는 알고 있다. 주식시장의 사이클은 몇 년마다 새로운 국면으로 바뀐다: 새로운 애널리스트가 등장하고, 새로운 의견이 선보이고, 새로운 분위기가 형성된다.

내재가치는 충분하지만 유행에 밀려나 외면당하는 종목에 주목하라.

주식시장에서의 유행과 종목별 선호도는 시간이 흐르면 정반대의 모습으로 변하기도 한다. 주식 애널리스트로 일하던 1960년대 초에 겪었던 일은 아직도 기억 속에 생생하다. 나는 투자신탁 부서의 포트폴리오 매니저들에게 주가수익비율이 40배에 달했던 제약주를 팔고,

그 돈으로 당시 정말 형편없는 주가 수준에 머물러 있던 항공주를 매수하라는 의견을 제시했다가 아주 위험한 정신이상자 취급을 받았다. 그 무렵 항공사들은 프로펠러 항공기에서 제트 항공기로 옮겨가고 있었는데, 이는 비용을 떨어뜨려 운임을 인하할 수 있게 해주고, 항공 수요를 늘려주는 효과가 있었다. 실제로 항공 산업은 몇 년 만에 성장 속도가 아주 빠르고 수익성도 매우 높은 산업으로 손꼽히게 됐다. 1970년대에는 석유 관련 주식들이 최고의 상승률을 기록했지만, 이들 주식은 1980년대 내내 최악의 시기를 보내야 했다. 이 같은 유행의 변화는 아마도 영원히 이어질 것이다.

1996년 봄에는 기술주들이 고공 행진을 벌였는데, 나는 그 때 잠깐 한숨을 돌려야겠다고 생각했다. 그런데 기술주와는 반대로 의류산업 주식들은 죽을 쑤고 있었다. 세상에 여성들이 새 옷을 사고 싶어하지 않는다는 게 논리적으로 말이 되는가? 나는 기술주를 팔고 소매업종 주식을 사기로 했다. 그 해 여름이 되자 기술주는 조정을 맞은 반면 소매업종 주식들은 상승곡선을 타기 시작했다.

사라지지 않는 군중심리

무리의 본능은 언제든 드러난다. 우리는 과거에 비해 훨씬 세련되고 정교한 투자자가 됐다고들 생각하지만 인간의 심리는 변하지 않는다. 사실 오늘날처럼 초고속 통신망이 보편화된 시대에는 새로운 사건이 벌어질 때마다 정말 놀라운 속도로 모든 펀드매니저들이 즉각적으로 대응한다. 먼 안목의 장기적인 시각은 통용되지 않는다. 기관 투자가들은 에너지 관련 주식이나 첨단 바이오 기술주, 혹은 이머징 마켓 주식들을 일거에 빨아들였다가 다시 일거에 쏟아낸다. 애널리스트들의 낙관적인 실적 전망이 제시되면 한꺼번에 몰려들어 주가를 천정부지로 끌어올리지만 막상 실적 수치가 조금이라도 예상치에 미달하면 너도나도 팔아 치워버린다.

거래량의 큰 부분을 차지하는 기관 투자가들이 이처럼 변덕스럽기 짝이 없는 양태를 보이면서 시장은 점점 더 변동성이 커지는 형국이 되어가고 있다. 주식시장은 과거 수백 만 명의 개인 투자자들이 거래를 주도할 때보다 훨씬 더 무리의 본능을 따라가고 있다. 개인 투자자들은 아침에 일어나면 어떤 주식을 사고 팔아야 할지를 생각하기 보다 가정이나 직장 일을 더 먼저 신경 쓴다. 혹시 아주 잘 훈련 받은 소수의 직업적인 노련한 투자자가 시장을 주도한다면 주식의 가치를 훨씬 합리적으로 평가하고, 따라서 주가도 항상 시장의 균형 가치에 근접한 수준에서 움직이며, 주식시장은 안정된 상태를 유지할 것이라고 생각할지 모르겠다. 당신이 비행기에 탑승했다고 가정해보자. 어느 날 탑승했던 비행기는 수없이 고도와 항로를 바꾸었던 데 반해, 다음 번에 탄 비행기는 일정한 고도와 항로를 유지하면서 비행했다. 그렇다면 먼저 탄 비행기는 훈련을 덜 받은 견습 조종사가 몰았고, 뒤에 탑승한 비행기는 잘 훈련 받은 노련한 조종사가 몰았기 때문이라고 단정할 수 있는가? 그렇다면 다음 번부터는 노련한 조종사가 모는 비행기인지 여부를 확인하고 탑승해야 할까?

대부분의 포트폴리오 매니저는 아주 똑똑하고 매우 신중한 사람들이다. 이들은 비행기 조종사만큼이나 오랫동안 자신의 전문 분야를 공부했다; 그러나 지구 반대편과도 실시간으로 대화를 나눌 수 있는 요즘 같은 세계에서는 모두가 동시에 같은 뉴스를 듣는 순간, 우리 마음은 멋지게 차려 입은 양복이나 잘 정돈된 개인 사무실에서 벗어나 버리고, 우리는 마치 접근해오는 사자의 발걸음을 눈치챈 얼룩말 무리처럼 본능적으로 행동하게 된다. 큰일났군! 우리는 순간적으로 튀어 나간다.

사실 무리를 지어 움직이는 이런 심리가 주식시장에서 사라지지 않고 있음에 감사해야 한다. 이렇게 야기된 과도한 대응으로 인해 훌륭한 주식마저 형편없는 수준까지 주가가 폭락하기 때문이다. 이런 기회가 없다면 우리 같은 사람들은 시장에서 돈을 벌기가 훨씬 더 힘들 것이다.

이제 분명한 가르침을 얻을 수 있다. 아무도 쳐다보지 않는 주식을 매수하라. 다소 진부하게 느껴질지 모르지만 언제 들어도 강력하고, 항상 기억하지 않으면 안 되는 교훈이다. 시장의 유행에서 소외된 주식을 매수하고, 가장 인기가 높은 주식을 매각하라는 말은 가치 투자의 또 다른 정의라고 해도 과언이 아니며, 아주 오랜 기간 동안 그 유효성을 검증 받았다. 물론 이것도 잘 해야만 더 나은 수익률을 올릴 수 있다. 단지 작은 기업이라는 이유로 투자자들이 아예 외면해 버리는 주식이 있다. 진정한 가치주는 이런 데서 찾아야 한다는 사실을 늘 염두에 두어야 한다.

> **남들과 차별되는 걸출한 성과를 올리기 위해서는 반드시 무리의 바깥으로 나와야 한다.**

역발상의 자세를 가지라고 조언하기는 쉬워도 막상 그것을 실천하기는 어렵다는 사실을 나는 경험을 통해 잘 알고 있다. 무리의 한가운데서 움직이다가 바깥쪽으로 나오려면 강력한 의지가 필요하다. 안쪽의 얼룩말이 되어 안전하게 살아가는 것이 훨씬 더 편안하게 느껴질 것이다. 그러나 걸출한 성과로 남들과 차별화되기 위해서는 반드시 무리의 바깥으로 나와야 한다.

물론 그렇게 함으로써 당신은 더 많은 리스크를 떠안아야 할지 모른다. 하지만 리스크를 부담하지 않고서는 주식시장에서 돈을 벌 수가 없다. 그리고 우리가 지금까지 잘 해왔듯이 무리의 바깥쪽에서 신선한 풀을 뜯어먹으면서도 사자가 주위에 얼씬거리지도 못하게 하는 방법이 있다.

2 작은 기업에 주목하라
Think Small

내가 투자업계에 첫 발을 내디뎠던 풋내기 시절을 떠올려본다. 처음 들어간 곳은 시카고의 소형 증권회사였는데, 이 회사는 그 후 꾸준히 성장해 지금의 해리스 어소시에이츠(Harris Associates)가 됐다. 여기서 내가 맡았던 업무는 몇몇 고객들의 포트폴리오를 관리해주는 일이었다. 나는 사실 주식이나 채권에 대해 별로 알지 못했다; 영화배우 오스카 리반트(Oscar Levant)가 말한 것처럼 나는 그야말로 뭘 모르는지조차 모르는 상태였다. 그런데 당시 회사의 오너였던 어빙 해리스(Irving Harris)가 나를 자기 휘하로 데려가 주식 애널리스트로 훈련을 시켰고, 포트폴리오 매니저로 성장할 수 있게 해주었다.

애널리스트 시절 내가 맡았던 첫 번째 임무는 시카고 교외에 자리잡은 H. M. 하퍼(H. M. Harper)라는 기업을 살펴보는 것이었다. 그 회사는 너트와 볼트, 정확히 말하자면 스테인리스 너트와 볼트를 만드는 곳이었다. 짧은 기간이었지만 앞서 기계장치 판매대리점에서 일한 경험이 있던 나는 각종 날붙이가 달려있는 선반(旋盤)이 어떤 데 쓰이는지 정도는 알고 있었고, 그 곳에서 선반을 보자 오히려 친근한 느낌이 들었다. 관리자 몇 명을 따라 회사 내부를 하나씩 둘러보는데, 두 번째 건물에 들어선 신종 기계를 보고는 깜짝 놀랐다. 이 회사가 지난 2년간 심혈을 기울여 제작한 기계로, 스테인리스 강철을 압출(壓出)하는 데 쓰이는 장치였다. 스테인리스 강철은 압출하기가 대단히 어렵다. 그러나 이 회사는 스테인리스 강철을 다양한 구조와 모양으로 만들어낼 수 있는 기계를 자체 제작하는 데 성공한 것이었다; 더구나 항공기 부품업체가 발주한 첫 번째 주문 물량도 확보한 상태였다. H. M. 하퍼가 이 기계장치를 개발하는 데는 200만 달러가 들어갔고, 이로 인해 회사의 수익성도 그동안 크게 떨어졌다. 하지만 이 대단한 기계는 이제 비로소 가동에 들어갈 채비를 모두 마쳤다. 나를 안내한 관리자는 며칠 후면 첫 발주 물량을 출하할 예정이라고 분명한 어조로 말해주었다.

나는 회사 관계자에게 물어보았다. "그러면 단도직입적으로 말하겠습니다. 지금까지는 비용만 들어갔고, 수익은 전혀 없었겠군요. 그렇지요?"

"맞습니다."

"그러면 다음주부터 수익을 올리기 시작하겠군요. 그렇지요?"

"네, 맞습니다."

"그러면 이 회사의 이익도 크게 늘어나겠군요. 그렇지요?"

"당연하지요. 정확히 보셨습니다."

비록 초보 애널리스트였지만 이것만은 확실히 알 수 있었다. 나는 돌아가자마자 어빙에게 내가 무엇을 보았는지 이야기했고, 우리 회사는 H. M. 하퍼 주식을 꽤 사들였다. 주가는 순식간에 세 배로 뛰어올랐다. 나는 이 순간 완전히 매료돼버렸다. 내가 몸담으려고 했던 곳이 다름아닌 주식시장이라는 사실을 직감했다.

오너에게 물어보라

어빙은 늘 제너럴 모터스(General Motors)나 엑손(Exxon), AT&T 같은 세계적인 명성을 가진 기업보다 H. M 하퍼 같은 작은 기업을 선호했다. 그 자신이 창조적 기업가 정신을 가진 창업자로 여러 회사의 지분을 갖고 있었고, 또 다른 많은 창업자들과 친하게 지냈다. 소규모 기업을 잘 살펴보면 대개 한두 명의 남자(당시 어빙이 나에게 소개시켜준 창업자들은 하나같이 남성뿐이었다)가 눈에 띌 것이다. 이들은 밤이고 낮이고 일하고 주말에도 일에 매달린다. 휴가도 없이 지낸다. 아마도 가족들과 함께 지내는 시간도 없을 것이다. 이들이 진정으로 바라는 것은 바로 자신이 품고 있는 비전을 현실화하는 것이기 때문이다. 이들은 회사 지분도 많이 갖고 있다. 그래서 자기 회사에 투자한 외부 주주들과 자신의 이해관계가 그대로 맞아떨어진다. 어빙은 이런 사람들과 자주 어울렸다. 이들은 자기 회사의 운명을 스스로 결정했고, 어빙은 이들이 보여주는 가능성을 간파했다; 이들의 열정은 곧 어빙 자신의 열정이 됐다.

작은 기업에 대한 어빙의 열정은 나에게도 그대로 이어졌다. 대기업을 분석하는 일은 전혀 다르다. 접촉을 시도하면 대개 IR(Investor Relations, 기업 설명) 담당자를 만나게 된다. 좀더 책임 있는 고위 간부와 만난다 해도 그 기업에서 정말로 핵심적인 의사결정을 누가 하는지는 여전히 오리무중인 경우가 많다. 최고경영자가 하는지, 이사회에서 하는지, 아니면 10명 가까이 되는 사업부문별 책임자가 하는지 분간하기가 어렵다. 더구나 작은 기업을 조사해 분석보고서를 쓸 때의 흥분 같은 것도 느끼기 어렵다. 월급쟁이 사장은, 비록 거액의 보너스나 스톡옵션을 받는다 해도 작은 기업을 진두지휘 해나가는 창업자 사장과는 같을 수 없다. 대기업을 찾아가면 기껏해야 임원을 만날 수 있다. 작은 기업에서는 오너 경영자와 이야기를 나눌 수 있다. 현재 진행 중인 사업에 대해서는 임원들도 많은 내용을 알려줄 수 있다. 그러나 기업이 어떤 리스크를 안고 있으며, 또 어떤 일을 추진하고 있는지 확실히 파악하고 있는 사람, 그래서 자신은 물론 자기 회사에 투자한 주주들을 부자로 만들어줄 수 있는 창조적인 열정을 가진 사람은 오너 경영자다.

특히 작은 기업의 경우 하나 혹은 둘 정도의 사업을 하기 때문에 투자자로서 그 회사를 이해하기가 쉽다. 반면 대기업은 여러 개의 사업부문과 다양한 제품라인을 갖고 있는 복잡한 조직이라 아무리 많은 시간을 투입한다 해도 충분히 파악하기가 어렵다. 몇 해 전 웨스팅하우스(Westinghouse)에서 조립식 주택 사업을 하는 자회사의 실적 악화로 인해 큰 손실을 입었다는 소식을 듣고 깜짝 놀란 적이 있다. 나는 웨스팅하우스가 그런 자회사를 갖고 있는지조차 몰랐다. 요즘 보면 음식료 기업을 자회사로 갖고 있는 담배회사, 에너지 관련업체를 자회사로 갖고 있는 철강 기업, 텔레비전 방송사를 소유하고 있는 전기터빈 제조업체를 쉽게 발견할 수 있다. 어느 기업이든 여러 산업에 걸친 거대 계열사를 거느릴 경우 그 회사의 최고경영자조차 회사 사정을 속속들이 알지 못한다.

> 대기업을 찾아가면 기껏해야 임원을 만나게 된다. 작은 기업에서는 오너 경영자와 이야기할 수 있다.

그렇다면 내가 말하는 "작은 기업"의 범주가 어느 정도 규모인지 궁금해할지도 모르겠다. 지금 기준으로 말하자면 통상 시가총액이 10억 달러 이하인 기업을 작은 기업이라고 부른다.(시가총액이란 어느 기업이 발행한 주식의 총수에 현재 주가를 곱한 금액이다.) 굳이 비교하자면 제너럴 일렉트릭(General Electric)의 경우 시가총액이 3000억 달러가 훨씬 넘는다.

작은 기업이 큰 수익을 올려준다

그러나 내가 작은 기업을 선호하는 진짜 이유는 사업 내용을 이해하기 쉽다거나 오너경영자를 만날 수 있어서가 아니다. 실은 이들 기업과 함께 하면 더 많은 돈을 벌 수 있다는 점 때문일 것이다. 이건 나만의 독백이 아니다. 이런 주장을 실증적으로 분석한 많은 학자들이 있다.

최근 이보슨 어소시에이츠(Ibbotson Associates) 투자연구소에서는 1925년부터 1997년까지 대형주와 소형주의 투자 수익률을 조사했다.(조사대상 기간을 이렇게 한정한 이유는 1925년 이전의 주식시장 자료가 신뢰성이 떨어진다는 점도 있겠지만 70년이 넘는 기간의 자료만으로도 충분했기 때문일 것이다.) 이 기간 동안 대형주의 연평균 수익률은 11%였던 반면 소형주는 12.7%를 기록했다. 장기간 누적 수익률로 따지면 연평균 2% 정도의 차이는 꽤 큰 것이다. 웬만한 주식 투자자들에게 아주 길지 않은 기간인 20년으로 한정한다 해도, 1만 달러를 투자했을 경우 11%의 수익률이라면 20년 후 8만623달러가 되는 데 반해 12.7%의 연평균 수익률을 올렸다면 10만9264달러로 무려 36%나 더 많다. 더구나 여기서 11%와 12.7%는 연평균일 뿐이다. 연평균보다 더 높은 수익률을 올렸다면 수십 년 뒤 그야말로 엄청난 차이를 낳게 될 것이다.

주식시장이 보기 드문 강세장을 이어갔던 1980년대와 1990년대에는 앞서의 조사대상 기간 평균치보다 훨씬 더 높은 수익률을 기록했다. 서문에서도 언급했듯이 에이콘 펀드가 출범한 1970년 이후 1996년까지 대형주(여기서는 S&P 500 지수를 구성하는 종목)의 연평균 상승률은 14.4%였다. 이 기간 동안 에이콘 펀드의 연평균 상승률은 17.2%였다. 누적 수익률을 감안했을 때 이 차이는 한마디로 천양지차라고 할 수 있다.(에이콘 펀드 출범 당시 똑같이 1만 달러를 투자했다고 가정하면 S&P 500 지수를 벤치마킹하는 인덱스 펀드의 경우 26년 뒤인 1996년 6월 말 현재 43만2443달러가 된 반면 에이콘 펀드는 85만1085달러가 됐다.)

학자들은 에이콘 펀드가 투자 대상으로 삼는 소형주가 대형주보다 왜 더 나은 수익률을 올리는지 그 이유를 확실히 밝히지 못하고 있다. 이와 관련된 주제로 박사학위 논문을 쓴 대여섯 명의 전문가에게 직접 물어보기도 했지만 이들은 한결같이 "아, 그게……그러니까, 음……잘 모르겠군요" 하면서 얼버무렸다.

이 문제의 답을 구하기가 어려운 한 가지 이유는 통상 작은 기업에는 두 부류가 있기 때문이다. 이제 막 사업을 시작한 젊은 기업이 그 하나인데, 이들은 비교적 빠르게 성장하고 있지만 아직 대기업의 반열에 오를 수 있을 정도로 충분한 시간이 흐르지 않은 경우다. 또 한 부류는 한때 대기업 규모였지만 사업 부진으로 인해 손실을 보고, 결국 주가도 계속해서 떨어져 마침내 시가총액이 소형주 수준으로 추락한 경우다. 이런 기업은 점점 더 작아지는 경향이 있다. 한때 미국 최고 기업으로 손꼽혔던 철도 회사인 펜 센트럴(Penn Central) 역시 파산하기 이전에 이미 소형주로 분류됐다.

소형주의 투자 수익률이 상대적으로 높은 이유를 규명해내려는 학자들은 소형주 투자자들이 부담하는 리스크에 주목한다. 하지만 앞서 두 부류의 작은 기업이 갖는 리스크는 전혀 다르다. 그래서 최근에는 이들 두 부류의 작은 기업을 따로 분리해서 연구하기도 한다.

그래도 여전히 "왜 그런가"에 대한 의문은 풀리지 않고 있고, 전문가들의 의견도 엇갈린다. 다만 분명한 사실은 작은 기업 가운데 일부는 아주 짧은 시간 만에 성공적인 대기업으로 성장하고, 주주들에게 엄청난 투자 수익률을 안겨준다는 점이다.

주식시장의 진화론

나는 소형주의 투자 수익률이 상대적으로 높은 현상을 일종의 생태학적 이론을 통해 설명한다. 어떤 환경에서든 다른 생명체보다 훨씬 더 적응을 잘 하는 특별한 생명체가 있게 마련이고, 이런 생명체는 성공적으로 번성해나간다. 매우 치열하고 경쟁적인 사업 환경에서 신생 기업들은 생존을 위해 끊임없이 자신만의 특화된 틈새시장을 발굴하고 찾아내고자 고군분투한다. 물론 대부분은 실패하지만 소수의 신생 기업은 크게 성장한다. 이들이 성공할 수 있었던 이유는 그 때 당시의 상황이 이들의 성장에 적합했기 때문일 수도 있다. 기업의 성장이 먼저냐, 성장에 적합한 환경이 먼저냐는 식의 순환론이 될 수도 있지만, 어쨌든 무엇이 신생 기업의 성공과 실패를 가르느냐를 판단하는 유용한 방법임에는 틀림없다.

한 가지 중요한 사례를 들어보겠다. 미국에서는 1950년대와 1960년대에 전국적인 주간(州間) 고속도로가 건설되면서 교통망이 획기적으로 변화했다.(고속도로 건설은 그 이후에도 산발적으로 이어졌다.) 새로운 고속도로망이 각지로 뻗어나가자 이전의 시골농촌이 주택지로 개발됐고, 주변에는 새로운 산업시설과 유통업체들이 자리잡기 시작했다. 덕분에 자고 일어나니 운명이 바뀌어버린 사람들도 생겨났다. 고속도로 인터체인지 인근에 대농장을 갖고 있던 농부는 하루아침에 백만장자가 됐다. 로또복권에 당첨된 것이나 마찬가지지만, 순식간에 큰돈을 버는 가장 확실한 방법이 바로 이런 것이다.

고속도로는 농촌지역을 교외지역으로 탈바꿈시켰다; 도시에 거주

하던 중산층들은 도심의 아파트를 팔고 교외지역의 단독주택으로 이사했다. 이제 어느 가정이나 승용차 한 대씩은 필요로 했고, 두 대 이상을 가진 가정들도 생겨났다. 예전에는 주유소 하나도 없던 지역에 드라이브인 패스트푸드 체인점이 우후죽순처럼 들어섰다. 쇼핑몰도 새로이 지어졌다. 시어스, 로벅(Sears, Roebuck)은 불과 10년 만에 전국 각지에 쇼핑몰을 갖춘 최대의 유통업체로 부상했다. 시어스, 로벅은 일찌감치 새로운 트렌드를 읽어내고 남들이 따라올 수 없을 정도로 많은 숫자의 쇼핑몰을 건설함으로써 1위 유통업체의 자리를 장기간 유지할 수 있었다.(반면 한때 시어스, 로벅과 어깨를 나란히 했던 울워스(Woolworth)는 이런 트렌드를 읽지 못한 채 너무나 오랫동안 도심의 백화점 몇 개에 안주한 바람에 끝내 도태되고 말았다.) 대형 성장주에서 종종 발견하게 되는 재미있는 현상은 과거 이들의 강력한 성장 동력이 되어주었던 발전 요인이 도리어 어느 시점이 되면 더 이상 성장할 수 없도록 만드는 저해 요인이 된다는 점이다.

생태학적인 측면에서 충격적이라고까지 말할 수 있는 이 같은 사례는 IBM의 성장과 몰락 과정에서 생생하게 드러난다. IBM은 1950년대까지 펀치카드와 타자기 업계의 대형 업체이기는 했지만 치열한 경쟁에 시달리고 있었다. 그러던 중 컴퓨터 시대가 도래했고, IBM은 독보적인 승자의 자리에 올라섰다. 컴퓨터 산업에 뛰어든 다른 업체들, 즉 제너럴 일렉트릭이나 버로스(Burroughs), 유니백(Univac), 하니웰(Honeywell), 컨트롤 데이터(Control Data), RCA 등은 모두 경쟁에서 패배하고, 왜 IBM이 최후의 승자가 됐는가는 복잡한 이야기가 되겠지만, 내가 생각하기에 IBM의 마케팅 전략이 아주 결정적인 요인으로 작용했다. IBM의 컴퓨터 하드웨어는 우수한 수준이었지만 그렇다고 최고라고 할 수는 없었다; 그러나 IBM의 마케팅은 타의 추종을 불허하는 수준이었다. IBM이 메인프레임 컴퓨터를 그렇게 잘 팔 수 있었던 것은 각 기업체의 고위 임원들을 휘어잡았기 때문이다. 나는 당시 기업체의 전산관리 부서 사람들이 하니웰이나 버로스 컴퓨터를 추천한다는 이야기를 여러 차례 들었다. 하지만 막상 컴퓨터를 구매하기 위해 기안서를 올리면 사장은 하니웰이나 버로스라는 이름을 지우고 대신 IBM을 새로 써넣었다. 사장은 IBM 컴퓨터의 성능이 더 좋은지, 비용 대 효용 측면에서 뛰어난지 잘 알지 못했다. 단지 IBM 영업자가 더 마음에 들었고, 믿음이 갔기 때문이다. 물론 IBM은 이처럼 뛰어난 마케팅 전략으로 벌어들인 이익을 새로운 하드웨어와 소프트웨어 개발에 쏟아 부었고, 그 덕분에 컴퓨터 시장을 지배할 수 있었다. IBM에 앞서 NCR이 금전등록기 시장에서 활용했던 바로 그 전략이었고, IBM 이후에는 마이크로소프트도 소프트웨어 시장에서 이와 똑같은 전략으로 성공을 거뒀다.

한동안 컴퓨터 시장에서 IBM의 아성은 절대 무너지지 않을 것처럼 보였다. 적어도 생태학적인 축의 이동이 극적으로 이루어지기 전까지는 그랬다. 마치 거대 운석이 지구와 충돌한 뒤 기후 변화로 말미암아 공룡이 멸종했던 것처럼, 개인용 컴퓨터(PC)의 발명은 IBM의 독보적인 지위를 무너뜨렸다. 공룡은 기후 변화에 적응할 수 없었다. IBM은 새로운 변화에 적응하려고 애썼지만 시기를 놓쳤다. IBM도 뒤늦게 PC 시장에 뛰어들었고, IBM이 만든 PC의 성능은 충분한 경쟁력을 갖추었지만 IBM의 최대 강점이었던 "구매 결정의 지배력"은 이미 사라진 다음이었다.

이제 기업의 컴퓨터 구매 결정은 완전히 다른 직급에서 담당하게 됐다. 과거 500만 달러씩 하던 메인프레임은 사장이 최종 구매 결정을 내렸지만, 대당 2000달러 정도인 PC는 그렇지 않았다. 몇 만 달러면 해당 부서에서 쓸 수 있는 PC를 전부 구매할 수 있는데, 부서장 이상의 고위 임원이 구매 결정에 관여할 필요가 없었다. 당연히 사장 책상 위에는 더 이상 컴퓨터 구매와 관련된 기안서가 올라가지 않았다. IBM의 강력한 영업 전략은 갑자기 힘을 잃었다; 이제 IBM의 마케팅 부서는 동맥경화에 빠져들었다. 더구나 IBM 영업자의 입장에서 보자면 잘못된 친구들이 구매 결정을 하고 있었다; 현장 부서의 담당자들은 하나같이 IBM을 곱지 않은 시선으로 바라보았기 때문이다. 잘 나가던 시절 IBM 영업자들은 곧장 사장실로 올라갔고, 전산관리 부서를 맡고 있는 부사장조차 우습게 여겼을 정도로 대단히 건방졌다. 그런데 이제는 현업에 종사하는 부서장들이 PC 구매를 결정할 수 있는 권한을 갖게 됐고, 이들은 기꺼이 IBM을 씹어댔다.

시간이 흐르면서 IBM도 무슨 일이 벌어졌는지 깨달았다. 그러나 어떻게 대처해야 할지는 분명히 이해하지 못했다. 이런 일은 사업환경이 변할 때 종종 일어난다. 사실 IBM이 맞았던 상황은 과거 펜실베이니아 철도(Pennsylvania Railroad)가 똑같이 겪었던 것이다. 전국적인 고속도로망이 건설되자 갑자기 트럭들이 화물 운송의 주역으로 부상했고, 철도는 설 자리를 잃었다. 일부 철도 기업들은 트럭 운송 사업을 시작하기도 했다. 하지만 철도 기업들은 트럭 운송 사업을 시작하는데 필요한 창조적 기업가 정신이 결여된 상태였다. 철도 기업들은 너무 오랫동안 규제의 틀에 둘러싸여 있었고, 조직은 관료화돼 있었다. 직원들에게는 철도 요금을 규제하는 주간통상위원회(Interstate Commerce Commission)에 서류를 제출하는 게 가장 중요한 일이었다. 이들은 고속도로라는 새로운 도전에 맞설 능력이 부족했고, 따라서 트럭 사업에서도 성공할 수 없었다.

생태학적인 측면에서의 변화는 그것을 이해하고 있는 투자자에게는 엄청난 기회를 안겨다 준다. 이 책의 제6장에서는 주식시장의 테마를 설명하면서 이 주제를 다시 살펴볼 것이다. 투자자들은 또한 변화에 적응하지 못하는 기업을 재빨리 찾아내야 한다. 요즘 기업 환경의 변화 속도는 그야말로 눈이 휘둥그래질 정도로 빠르다. 내 말을 믿지 못하겠다면 불과 얼마 전까지 주식시장에서 성장주로 가장 인기가 높았던 종목들을 돌아보라. 이들의 면면을 살펴보면 고개가 갸우뚱해질 것이다. 어쩌면 탄식이 흘러나올지도 모르겠다. 1960년대의 폴라로이드(Polaroid)와 제록스(Xerox), 버로스는 절대로 흔들리지 않을 무적의 성장주였다. 그 뒤를 이어 앞서 설명했던 슐룸베르거와 IBM이 최고의 성장주 자리를 차지했고, 그로부터 한참이 지난 다음에는 시어스, 로벅이 누구도 범접할 수 없는 권좌에 올랐다.

대기업보다는 작은 기업의 경영자들이 일반적으로 변화에 더 잘 대처한다. 작은 기업의 경영자들은 적극적으로 변화에 맞선다. 반면 대기업에서는 여러 단계의 경영진이 있고, 그만큼 대응이 느리다. 사실 이 책에서 나는 일단 대기업의 반열에 오른 기업이라면 의심의 눈초리로 바라본다. 어떤 기업이든 지금의 자리까지 오는 데 20년이라는 세월을 보냈다면 그 자체로 빨간불이 켜진 상태라고 할 수 있다. 그 기업이 지난 20년 동안 성공할 수 있었던 비결이 무엇이었든 이미 기업 환경에 상당한 변화가 있었을 것이며, 따라서 기존의 방식이 더 이상 작동하지 않을 가능성이 높기 때문이다. 만화영화 주인공 덤보가 하늘을 날 수 있는 이유는 아기코끼리라서 그렇다. 다 큰 어른코끼리는 하늘을 날지 못한다.

> 덤보가 하늘을 날 수 있는 것은 아기코끼리이기 때문이다. 어른코끼리는 하늘을 날지 못한다.

좀더 작은 규모의 기업, 즉 소형주에 초점을 맞췄다면, 이제 다음에 몰아칠 물결을 잡아서 그 조류에 몸을 실을 줄 알아야 한다. 지난 5년간 기업들은 너나 할 것 없이 다운사이징(downsizing)이라는 성전에 뛰어들었다. 대기업들은 보다 효율적이고 경쟁력 있는 조직이 되기 위해 중앙에 집중됐던 권한을 분산하고, 지역별 거점을 확보해야만 했다. 이렇게 해서 대기업 스스로 하늘을 날 수 있는, 여러 개의 작은 몸집으로 분화했다. 지금 작은 기업의 몸집이야말로 이들이 원하는 가장 적합한 규모인 셈이다.

작은 기업의 숨은 매력

작은 기업은 이미 성숙한 대기업에 비해 훨씬 빨리 성장할 수 있다. 당연한 말이지만 아주 중요한 대목이다. 포드(Ford)의 올해 자동차 판매량은 절대 지난해의 두 배로 늘어날 수 없다. 그러나 작은 소프트웨어 개발회사는 새로운 프로그램이 인기를 끌면 매출액이 전년도보다 몇 배로 늘어날 수 있다. 나는 석유개발을 하는 작은 기업에서 새로운 천연가스 유전을 발견했다고 발표한 다음 주가가 천정부지로 뛰어오르는 장면을 여러 번 목격했다. 하지만 엑손 같은 대기업은 이런 유전을 발견했다고 발표해도 주가에 별 영향이 없을 것이다. 작은 기업 가운데 일부는 성장속도가 너무 빨라 불과 몇 년 만에 대기업의 대열에 합류하기도 한다. 이런 작은 기업은 당연히 자기 회사 주식을 보유한 투자자들에게도 단기간에 엄청난 투자 수익률을 올려준다.

이런 생각을 할지도 모르겠다. 어느 기업이 전망 좋은 틈새시장을 발견했다면, 이미 관련 소식이 알려져 주가에 반영됐을 것이라고 말이다. 실은 그게 바로 소형주의 매력이다. 대기업의 경우라면 정보에서 남들보다 앞서가기란 불가능하다. 매주 마이크로소프트를 탐방하는 월 스트리트의 애널리스트만 30명이 넘는다. 또한 마이크로소프트는 나 같은 기관 투자가들에게 매일 상당한 분량의 자료와 애널리스트들의 의견을 보내준다. 엄청난 양의 정보가 팩스와 온라인을 통해, 또 기업설명회를 통해 실시간으로 전해져 누구든 다른 투자자들보다 우위에 서기가 어렵다. 더구나 기관 투자가들은 뉴스가 나올 때마다 즉각 대응하고, 따라서 모든 뉴스가 주가에 반영된다. 상아탑의 학자들이 "효율적" 시장 가설을 주장하는 것도 이런 이유 때문이다.

> 작은 기업은 애널리스트들의 단골 분석 대상이 아니다. 작은 기업에서는 다른 사람이 알지 못하는 사실을 발견할 수 있다.

만약 당신이 월 스트리트의 애널리스트 부대원들이 매일매일 추적하는 300여 개의 대기업을 투자 대상으로 삼는다면 다른 사람이 알지 못하는 사실을 찾아내기가 매우 힘들 것이다. 그저 대형 우량주를 대상으로 한 추천종목 리스트에서 무작위로 한 종목을 골라 투자하는 게 나을지도 모른다. 그러나 작은 기업은 애널리스트들의 무차별적인 분석 대상에서 빠져있다. 이런 작은 기업들까지 일일이 탐방하고 조사하기에는 월 스트리트의 애널리스트 숫자가 많지 않다. 따라서 소형주를 투자 대상으로 삼는다면 다른 사람이 알지 못하는 사실을 발견할 수 있을 것이다.

주가가 오르는 네 가지 이유

여기까지 설명했으니 이제 이런 의문이 생겼을 것이다: 작은 기업에 대해서는 애널리스트들이 아무도 관심을 갖지 않는다면 작은 기업의 주가는 그냥 계속 제자리에 머물러 있지 않겠는가? 오르지도 않을 주식을 굳이 왜 매수해야 하는가?

주가가 오르는 이유는 크게 네 가지로 나눌 수 있다;

1. *기업의 성장* 기업이 성장하게 되면 순이익과 배당금, 자산가치가 증가하면서 주가도 함께 올라간다. 비록 기업의 성장세가 불규칙하게 이루어진다 해도 결국은 주가에 반영된다.
2. *인수합병* 어느 기업이 더 큰 다른 기업에 인수되거나 합병될 때는 통상 시장에서의 현재 주가보다 훨씬 더 높은 가격이 매겨진다.

3. ***자사주 매입*** 주가가 그 기업의 내재가치를 크게 밑돌 경우 해당 기업은 상당한 물량의 자사 주식을 매입하곤 한다.
4. ***시장의 재평가*** 기업이 계속 성장하고 전망도 밝을 경우 어느 시점에서는 기관 투자가들의 주목을 받게 되고, 주가수익비율도 높아지게 된다. 미운 오리새끼가 마침내 백조로 다시 태어나는 셈이다.

탁월한 경영진을 보유한 작은 기업이 투자자들에게 높은 수익률을 안겨주는 것은 이들 네 가지 이유 가운데 어느 하나는 충족시키기 때문이다. 그러나 주식시장에서 이미 대형 우량주로 손꼽히는 기업이 투자자들에게 높은 수익률을 안겨주는 것은 오로지 첫 번째 이유 하나 덕분이다. 대기업은 발행주식수가 워낙 많아 자사주 매입을 하더라도 주가에 미치는 영향이 별로 크지 않다. 또 최근 들어서는 대기업 중에서도 다른 거대기업에 의해 인수합병의 대상이 되는 경우가 간혹 있지만, 작은 기업이 인수합병의 대상이 될 가능성이 훨씬 더 높다. 다른 기업을 인수하거나 합병하는 기업은 경영권을 행사할 수 있는 지분을 확보해야 하기 때문에 시장에서의 주가보다 높은 가격으로 피인수 기업의 주식을 사들인다. 나 역시 투자했던 기업이 다른 기업에 인수합병 되면서 지난 몇 년 사이 가장 높은 투자 수익률을 올린 경우가 있었다.

시장의 재평가가 이루어지지 않는다고 해서 걱정할 필요는 전혀 없다: 훌륭한 경영진과 우수한 경제적 가치를 지닌 작지만 강한 기업의 주가는 반드시 언젠가 내재가치를 반영한다. 그것이 내가 경험을 통해 확인한 사실이다.

두 가지 투자 전략: 우화

몇 해 전 친척 한 분이 나에게 투자에 관한 조언을 부탁했다. 남편을 여의고 홀로 된 지 얼마 되지 않은 분이었는데, 부부가 오랫동안 저축한 돈을 투자해 생활비를 충당하고 싶다고 말했다. 그러면서 가장 먼저 떠오르는 게 소득세를 비과세하는 지방채에 돈을 전부 묻어두는 것이라며, 그건 어떠냐고 물었다. 은퇴한 많은 노인들이 선택하는 게 바로 이 방법이었다.

나는 그러지 말라고 대답했다. 인플레이션이 늘 걱정이 되기 때문이다. 그 분은 당시 61세였으므로 적어도 앞으로 20년은 더 살 텐데, 그 사이 연평균 물가상승률이 3%만 된다 해도 20년 후에는 구매력 가치가 절반 가까이로 떨어지고, 이는 곧 그 분의 생활수준이 계속해서 하락함을 의미한다. 장기적으로 구매력 가치를 유지하는 데는 주식이 더 낫다: 기업은 물가상승에 따라 제품 가격을 올릴 수 있고, 그래서 더 많은 돈을 벌 수 있고, 배당금을 늘릴 수 있다. 하지만 주식에는 시장 리스크라는 게 있다. 그 분은 이걸 걱정했다. 그래서 나는 그 분이 쉽게 이해할 수 있도록 짧은 우화를 하나 들려주었다.

옛날 옛적 어느 바닷가 마을에 부자 두 사람이 살고 있었다. 이 마을 한쪽 편으로는 큰 강이 지나갔고, 두 부자의 집은 강물과 바다가 만나는 곳에 있었다. 두 사람은 자신이 갖고 있는 금은보화와 카펫, 태피스트리 같은 귀중품을 어떻게 보관하면 안전할지 오랫동안 고민했다. 마침내 부자 A는 누구도 쉽게 들어오지 못하도록 아주 튼튼한 석재로 집을 지어 지하저장고에 자신의 보물을 숨겨놓기로 했다. 반면 부자 B는 강도가 들면 아무래도 도망치는 게 상책이다 싶어 집을 팔고 아예 튼튼한 요트를 한 척 구입해 거기다 자신의 보물을 전부 실었다.

그런데 우연이었는지 바로 다음해에 엄청난 홍수가 닥쳤다. 부자 B의 요트는 불어난 강물에도 아주 쉽게 떴지만, 부자 A의 집은 물에 잠겼고, 급류와 밀려든 진흙더미로 인해 그의 보물도 휩쓸려 가거나 못 쓰게 돼버렸다. 부자 B는 요트를 탄 채 부자 A의 집으로 갔다. 절망적인 표정으로 지붕 위에 매달려 있는 부자 A를 구해주기 위해서였다. 부자 B는 이렇게 말했다. "여보게, 단단하기만 한 것보다는 유연성이 있는 게 더 좋다네." 부자 A는 자신을 구해준 사람을 향해 억지 미소를 지을 수밖에 없었다.

불어났던 강물이 빠져나가고 부자 B도 엉망이 된 집으로 돌아와 수리를 마쳤다. 그런데 몇 달 뒤 엄청난 폭풍이 불어 닥쳤다. 강물은 미친 듯이 출렁거렸고, 집채만한 파도가 몰려와 부자 B의 요트를 덮쳤다. 부자 B는 거의 패닉 상태에 빠져 요트가 가라앉지 않도록 무게가 나가는 물건이면 그것이 무엇이든 밖으로 집어 던졌다. 겨우 무게를 가볍게 한 뒤 창문 밖으로 빛이 새나오는 부자 A의 집을 향해 요트를 몰았다. 그리고는 힘겹게 요트에서 빠져나와 부자 A의 집으로 헤엄쳐 갈 수 있었다. 부자 B의 몰골을 보자 부자 A는 한마디 하지 않을 수가 없었다. "여보게, 유연성이 있는 것보다 단단한 기초가 있는 게 더 좋을 때도 있다네."

채권으로 구성한 포트폴리오는 확실한 이자수입을 준다. 마치 돌로 만든 집처럼 안전하다. 하지만 인플레이션이라는 엄청난 홍수가 닥쳤을 때는 구매력 가치의 붕괴를 각오해야 한다. 주식으로 구성한 포트폴리오는 인플레이션이 닥쳐도 이겨낼 수 있다. 하지만 경기침체라는 폭풍우가 몰아치면 그것이 비록 단기간에 끝난다 할지라도 심하게 흔들리거나 큰 손실을 입을 수 있다.

홀로 된 그 분에게 내가 들려준 이야기의 핵심은 두 가지였다. 첫째, 분산 투자가 필요하다는 것이다. 고정적인 수입을 가져다 주는 비과세 지방채에 투자하더라도 일부는 주식에 투자해야 한다는 것이다. 둘째, 장기적으로 배당금이 계속 늘어날 것 같은 그런 주식을 찾아야 한다는 것이다. 작지만 계속해서 성장하는 기업이야말로 이런 목적으로 투자하기에 안성맞춤이라고 말할 수 있다.

작은 기업일수록 리스크는 더 크다

그렇다. 작은 기업은 대기업보다 더 위험하다. 작은 기업은 대기업으로 성장하는 과정에서 큰 홍역을 치르곤 한다. 한두 사람의 경영자나 한두 가지의 제품에 의존하던 기업이 갑작스럽게 난관에 봉착하는 경우는 쉽게 발견할 수 있다. 어느 기업의 성장이 거의 전적으로 한 사람의 오너 경영자 덕분인 경우도 있고, 어느날 새로운 경쟁업체가 나타나 순식간에 시장을 빼앗기기도 한다. 이런 사례도 목격한 적이 있다. 500만 달러의 자본금으로 아주 큰 성공을 일궈냈던 창조적 기업가 정신을 가진 오너 경영자가 있었다. 그런데 막상 투자은행에서 1억 달러의 자본을 투자하자 정신을 못 차리고, 이 분야 저 분야로 확장하는 데만 열을 올리더니 결국 다 날려버리고 말았다. 이 오너 경영자는 기업을 어떻게 키워나가는지 제대로 배우지 못했던 셈이다.

작을수록 취약하다. 대형 상선보다 작은 나룻배가 뒤집힐 가능성이 훨씬 높은 것과 같은 이치다. 그렇다고 해서 대기업이 늘 안전한 것만은 아니다: 지난 10여 년 사이 IBM이 여실히 보여주었듯이 말이다. 한동안 IBM의 주가는 바닥을 모른 채 추락했고, 혹시 IBM이 소형주 대열에 합류하지 않을까 해서 내가 주시했을 정도다. 시련은 어느 기업에게든 닥치게 마련이다.

그러나 리스크를 부담하지 않으면 누구도 돈을 벌 수 없다. 대개는 리스크가 클수록 기회도 더 큰 법이다. 투자의 세계에서야말로 딱 들어맞는 말이다: 과감하게 리스크를 껴안는 자가 더 큰 돈을 거머쥔다. 더 높은 투자 수익률을 올리려면 더 큰 리스크를 부담해야 한다는 논리는 상아탑의 학자들 사이에서도 검증됐다. 주가 결정에 관한 이론으로는 학계에서 가장 널리 인정받고 있는 소위 자본자산가격결정모델(CAPM, Capital Asset Pricing Model)에서는 시장평균보다 높은 리스크를 부담할 때만 시장평균보다 높은 수익률을 올릴 수 있다고 주장한다. 두 개의 포트폴리오가 똑같은 리스크를 부담한다면 투자 수익률 역시 똑같을 수밖에 없다.

하지만 여기에는 한 가지 중요한 예외가 있다.(이럴 때 학자들은 "이례적"이라는 표현을 쓴다.) 소형주의 주가 움직임에 관한 주제로 여러 편의 논문을 발표한 시카고 대학교의 롤프 반츠(Rolf Banz) 교수는 시가총액이 아주 작은 소형주의 투자 수익률은 절대적인 수치뿐만 아니라 작은 기업에 수반되는 더 큰 리스크를 감안하더라도 시장평균 수익률보다 더 높다는 점을 밝혀냈다.

> 대형주의 연평균 투자 수익률은 10.5%인 반면 소형주는 12.5%였다. 더구나 소형주의 투자 수익률은 더 큰 리스크를 감안하더라도 대형주보다 더 높았다.

물론 소형주로 포트폴리오를 구성하다 보면 투자한 기업 가운데 몇 개는 꼭 형편없는 실적을 내기 마련이다. 나 역시 보유했던 주식 가운데 일부가 급락했던 경험이 여러 차례 있다. 콜레코(Coleco)는 아직도 아픈 기억으로 남아 있는데, 이 기업은 새로 진출한 컴퓨터 사업에서 참패하는 바람에 주가가 65달러에서 12달러로 주저앉았다. 에너지 리저브스(Energy Reserves)는 심혈을 기울여 개발해왔던 와이오밍 주의 유전이 경제성이 없는 것으로 드러나면서 주가가 순식간에 36달러에서 6달러로 폭락했다. 이스라엘의 의료기기 회사 엘신트(Elscint)의 주가는 보건당국의 규제로 인해 병원들이 예산을 삭감해 컴퓨터 단층촬영기(CAT scanner) 구입을 줄이자 28달러에서 8달러로 추락했다. 다행히 나는 이 종목들을 고점에서 매수하지 않았다. 이런 식의 주가 붕괴는 늘 풍요감에 젖은 장기간의 주가 상승에 뒤이어 발생한다.(앞서의 주가 상승이 풍요감에 들떴기 때문이라고 한다면 주가 붕괴는 "소외감" 때문이라고 말할 수 있을까?)

하지만 절대로 실수를 저지르지 않는다면 그것 역시 잘못하는 것이다: 그것은 아무런 리스크도 부담하지 않겠다는 것이며, 그래서는 절대로 큰돈을 벌지 못한다. 군중의 무리에서 가장 먼 곳까지 벗어나, 다른 사람들이 도저히 이해하지 못하겠다고 말하는 데 투자해야 비로소 최고의 투자 수익률을 올릴 수 있다.

이처럼 갑자기 주가가 폭락할 수도 있다는 리스크와는 별도로 소형주가 갖고 있는 또 다른 리스크는 변동성이 크다는 점이다. 어느 기업의 매출이 핵심적인 제품 한두 가지에 전적으로 의존한다면 이런 기업의 순이익은, 수천 가지의 제품을 생산하는 프록터 앤 갬블(Procter & Gamble)처럼 한두 제품의 매출이 감소해도 다른 제품이 상쇄해주는 대기업에 비해 변동성이 클 수밖에 없다. 소형주의 변동성이 얼마나 큰지 몇 해 전 내가 실제로 겪었던 사례를 들겠다. 1990년 3분기에 에이콘 펀드의 주당 순자산가치는 무려 23.3%나 줄어들었다. 단 한 분기 동안에 그랬다.(주식시장 전체적으로는 15%정도 떨어졌다.) 소형주에 투자하겠다고 마음먹었다면 이 정도는 견딜 배짱을 가져야 한다.

웬만한 주가 하락은 견딜 수 있다는 마음가짐을 가졌다 하더라도 몇 년 안에 써야 할 돈을 리스크가 큰 주식에 투자해서는 절대로 안 된다. 가령 앞으로 2~3년 뒤면 자녀의 대학 등록금으로 내야 할 돈을 소형주에 투자해서는 안 된다는 말이다. 주식시장은 늘 주기적으로 한 차례씩 바닥까지 떨어지는 홍역을 치른다. 결국은 회복하겠지만 2~3년 동안이나 바닥에 머물러 있을 수도 있다. 더구나 한번 패닉을 경험한 주식시장에 다시 찾아와 조금씩 투자하기 시작하는 사람일수록 왠지 더 안전하다고 느껴지는 대형 우량주에 투자하므로 소형주가 상승세로 돌아서는 데는 시간이 좀더 걸릴 수도 있다.

리스크를 줄이는 방법

그러나 소형주의 리스크를 줄이는 방법은 있다. 주식을 매수할 때 까다롭게 선택하는 것이다. 가령 작은 것은 좋지만 너무 작은 것은 제외하는 식이다. 대개 시가총액이 작은 주식일수록 리스크도 더 크다. 그 중에서도 시가총액이 최하위권인 기업은 이제 겨우 무대 위에 올라서 시험을 치르는 단계다: 한 번만 발을 헛디디면 시야에서 사라져버리고 만다. 나는 그래서 갓 출범한 기업이나 아주 작은 규모의 기술주, 벤처캐피털에 가까운 종목에는 아예 투자를 하지 않는다. 나는 작더라도 어느 정도의 기반이 잡혀있는 기업, 그리고 경영진이 최소한 회사를 어떻게 운영해나가는지 검증을 받은 기업에 투자하려고 한다.

> 작은 것은 좋지만 너무 작으면 안 된다. 시가총액이 최하위권 인 기업은 이제 겨우 무대 위에 올라서 시험을 치르는 단계로, 한 번만 발을 헛디디면 그것으로 끝이다.

나는 또한 기업의 규모에 관계없이 재무구조가 취약하고 영업이익률이 극히 낮은 기업에는 투자하지 않는다. 시장에서 인기가 높아 투기적 폭발력이 아무리 강하다 해도 이런 기업은 돌아다보지 않는다. 나는 우수한 재무구조를 중시하는데, 그러다 보니 새로 설립된 기업이나 적자에서 탈피해 흑자로 돌아서는 턴어라운드 기업은 투자 대상에서 제외한다. 작은 기업은 늘 운전자본이 부족하기 때문에 우수한 재무구조야말로 지속적으로 성장하는 데 결정적인 요소다.

> 아주 특별한 틈새시장을 스스로 개척해나가는 작지만 강한 기업을 찾아내라.

내가 반드시 지키는 원칙은 해당 업종에서 강력한 지위를 차지하고 있는 기업을 찾아내는 것이다. 그래야만 리스크를 줄일 수 있기 때문이다. 아주 특별한 틈새시장을 스스로 개척해나가고, 경쟁업체보다 몇 배로 더 잘 해나갈 수 있는 작지만 강한 기업을 종종 발견한다. 이런 틈새시장은 특정 지역에 특화된 은행이나 유틸리티 기업, 쇼핑몰 업체처럼 지리적 요인에 의한 것일 수도 있고, 특허권이나 특별한 노하우에서 비롯된 기술적 요인이 될 수도 있다. 때로는 같은 제품이나 서비스라 하더라도 경쟁업체들보다 좀더 잘 팔 수 있는 마케팅 기술이 틈새시장을 만들어주기도 한다. 선두업체를 따라가기만 하면서 업종 내에서 5~6위를 하는 기업은 나의 투자 대상에서 제외된다. 왜냐하면 이런 기업의 영업이익률은 선두업체에 비해 형편없이 떨어지기가 십중팔구이기 때문이다.

기업의 성장 전략과 자연 생명체의 성장 전략

대형주에 주로 투자하든, 소형주에 관심을 갖든 대부분의 투자자들은 기업의 성장에 초점을 맞춘다. 자신이 투자한 기업의 외형이 계속 커지고, 순이익도 늘어나기를 바란다. 그러나 우리가 이토록 집착하는 경제성장이라는 개념은 고작 200년 정도밖에 되지 않았다. 자연의 모든 생명체들은 6억 년이 넘는 세월 동안 성장과 차별화, 생존이라는 문제와 싸워왔다. 그런 점에서 생명체들이 어떤 성장 전략을 가져왔는지 알아보면 기업이라는 인격체에서 일어나는 변화를 이해하는 데 큰 도움이 될 것이다.

우선 6억 년 전에 존재했던 하나의 젊은 세포를 생각해보자. 포부가 큰 이 젊은 세포는 MBA(Model for Biological Activity, 생물학적 활동모델이라는 의미로 저자가 경영학 석사에 비유해 만들어낸 조어-옮긴이)를 따낸 뒤 개인적인 성장을 모색하고 있다. 이 세포의 성장 전략은 네 가지가 있는데, 자연 생명체에게는 모두 가능한 것들이다. 우리는 이 네 가지 성장 전략들을 하나씩 살펴보고, 해리스 햄버거라는 가상의 햄버거 체인회사를 예로 들어 이와 비슷한 기업의 성장 전략을 찾아볼 것이다.

확장(Expansion) 첫 번째 방법은 단세포로서 계속 확장해나가는 것이다. 단세포가 가진 단순함은 이점이 될 수 있다. 더 이상 새로운 구조나 형태를 갖출 필요가 없기 때문이다. 단점은 세포의 외벽으로부터 들어오는 영양분이 끊기면 세포의 생명도 끊기며, 단세포로서의 성장은 세포의 외벽이 커지는 만큼만 가능하다는 점이다. 결국 단세포의 최대 크기는 세포의 외벽이 얼마나 커질 수 있느냐에 달려있다.

이 성장 전략을 해리스 햄버거에 적용하면 하나의 점포를 계속 넓혀가는 방식이다. 그러나 이 전략을 쓸 경우 해리스 햄버거의 한계는 인근에 사는 잠재 고객들의 수가 늘어나는 만큼만 점포의 크기를 늘릴 수 있다는 점이다.

분열(Fission) 확장보다 효과적인 성장 전략은 박테리아에서 쉽게 볼 수 있는 세포 분열로, 하나의 세포가 똑같이 생긴 두 개의 딸세포로 나뉘는 것이다. 분열의 이점은 기존의 성질을 그대로 보존할 수 있다는 것이다. 즉, 두 개로 나뉘진 세포는 앞서의 세포가 가졌던 구조와 형태를 그대로 이어받는다. 단점은 앞서의 단세포처럼 기능적으로 아주 단순하고, 크기도 여전히 미세한 상태로 남는다는 것이다.

분열 전략을 채택한 해리스 햄버거는 별도의 점포를 인근에 똑같은 크기와 똑같은 외관으로 새로 문을 열어 독립적으로 운영해나갈 것이다.

체인화(Chaning) 세 번째 성장 전략은 해초나 해면동물에게서 나타나는 것이다. 하나의 세포가 똑같이 생긴 수많은 딸세포로 나뉘는데, 그렇다고 따로 떨어져나가는 것이 아니라 세포의 외벽끼리 꼭 붙어서 체인의 형태를 띠게 된다. 이 성장 전략의 이점은 외형적으로 커질 수 있어서 서식처를 새로이 넓혀갈 수 있다는 것이다. 단점은 기능적으로는 단세포와 크게 다를 바 없다는 것이다.

해리스 햄버거는 체인화 성장 전략을 채택해 똑같은 체인점을 40곳이나 새로 낼 수 있을 것이다.

차별화(Differentiation) 네 번째이자 마지막 성장 전략은 앞선 세 가지보다 훨씬 더 복잡하다. 인간을 포함한 대부분의 다세포 생명체들은 서로 다른 모양과 기능을 가진 세포들로 구성돼 있다. 어떤 세포는 잎이나 줄기로 발전하고, 어떤 세포는 뼈와 근육과 눈으로 발전한다. 주변에서 흔히 볼 수 있는 모든 동식물의 무수히 많은, 눈부시도록 아름다운 조직들은 모두 이렇게 발전한 것이다.

차별화 전략의 이점은 무엇보다 진화해나가는 능력이 있다는 점과 생태학적인 틈새를 메워나간다는 점이다. 물론 차별화된 세포들은 복잡한 조직을 갖추는 대신 그만큼의 리스크도 부담한다. 복잡한 조직을 가진 대형 동물들 치고 1000만 년 이상 종을 이어온 경우는 거의 없지만, 기존의 성질을 그대로 보존하며 세포 분열만 하는 아메바는 수천 만 년 이상 변하지 않았고 앞으로도 그럴 것이다.

주식시장에 상장된 대부분의 기업들은 네 번째 성장 전략에 따라 끊임없이 차별화된 조직을 만들어내면서 성장한다. 해리스 햄버거도 이 성장 전략을 따른다면 해리스 종합식품의 패스트푸드 사업부가 될 수 있을 것이다. 이제 해리스 햄버거의 성장과 발전 가능성, 성공과 실패 여부는 훨씬 더 복잡해진 기업 조직으로 넘어가는 것이다.

자연의 생명체가 이미 훌륭하게 활용해오고 있는 이들 네 가지 성장 전략은 애널리스트들이 기업의 성장 전략을 구분하는 데 아주 유용하다. 어떤 기업의 성장 가능성이나 잠재력이 현재 어느 정도인지 판단할 수 있는 것이다. 기업 역시 살아 움직이는 조직이기 때문이다.

분산 투자, 장기 보유가 필요하다

그러면 요약을 해보자. 나는 작지만 강한 기업, 즉 재무구조가 튼튼하고, 자신이 특화한 시장에서는 확실한 지배력을 갖고 있으며, 창조적 기업가 정신을 가진 경영진이 있고, 사업분야를 이해할 수 있으며, 갓 출범한 단계는 지나 최소한의 검증 기간은 거친 소형주에 투자해야 한다고 생각한다. 주식시장에는 수천 개의 작은 기업이 있지만 나의 이런 기준을 모두 충족시키는 작지만 강한 기업은 그리 많지 않다.

더구나 아무리 신중하게 고르고 또 고른다 해도 얼마든지 잘못될 수 있다.

소형주 투자에는 늘 실망스러운 일이 따라다닌다. 소형주에 투자할 때는 그래서 분산 투자가 특히 중요하다. 혹시 모든 일이 잘 풀려갈 것 같은 대단한 소형주에 관한 이야기를 들었다고 하자. 당신이 만약 이 소형주에 가진 돈을 전부 투자할 생각이라면 차라리 은행에 돈을 넣어두는 게 낫다. 소형주에 투자하겠다면 적어도 열 종목에는 나눠서 투자해야 한다. 그렇게 해야 한두 종목에서 실수를 저지르더라도 높은 수익률을 올린 다른 한두 종목에서 만회할 수 있기 때문이다. 열심히 조사하고 분석해서 신중하게 고른 소형주로 구성한 포트폴리오는 잘 알려진 대형주로 구성한 포트폴리오보다 리스크가 더 작다.(소형주 투자는 뮤추얼펀드를 통해서 하라고 강조하는 이유도 뮤추얼펀드는 분산 투자를 법으로 강제하고 있기 때문이다. 여기에 대해서는 다음에 자세히 설명하겠다.)

> 열심히 조사해서 신중하게 고른 소형주로 구성한 포트폴리오는 잘 알려진 대형주로 구성한 포트폴리오보다 리스크가 더 작다.

이와는 별도로 또 다른 분산 투자가 필요하다. 당신의 투자 포트폴리오에는 소형주와 함께 반드시 대형주, 혹은 대형주에 투자하는 뮤추얼펀드를 포함시켜야 한다. 누구도 명쾌하게 그 이유를 제시하지는 못하고 있지만, 투자자들의 소형주 선호는 주기적으로 변한다. 대개의 사람들이 "주식시장"의 상태가 좋다거나 안 좋다고 말할 때는 다우존스 산업평균 주가나 S&P 500 지수를 염두에 두고 이야기하는 것이다.(다우존스 산업평균 주가는 대형 우량주 30종목을 대상으로 하고, S&P 500 지수는 뉴욕증권거래소와 나스닥시장에 상장된 시가총액 기준으로 상위 500대 기업을 대상으로 한다–옮긴이) 하지만 바로 옆 병상에 누워있는 환자, 즉 소형주들의 상태는 전혀 다를 수 있다. 그런 점에서 보자면 두 개의 서로 다른 시장이 존재하는 셈이고, 이들의 운명은 서로 상반되기도 한다.

가령 최근의 역사적인 주가 흐름을 살펴보면 1963년부터 1968년까지는 소형주가 대형 우량주보다 투자 수익률이 더 높았다. 1969년부터 1974년까지는 블루칩이 우세했다. 1974년 말부터 1983년 중반까지, 무려 8년 반이라는 정말로 대단히 놀랍고도 긴 기간 동안은 소형주의 기세가 등등했다. 그러자 1983년 중반부터 1990년 말까지 7년간은 대형주가 시장을 이끌었다. 1991년부터는 다시 내가 좋아하는 소형주가 앞서갔지만, 1994년에 대형주가 전세를 뒤집었다. 최근 몇 년간 소형주가 상대적으로 부진했으므로, 어쩌면 앞으로 몇 년간은 다시 소형주의 날이 이어질지도 모르겠다.

> 하락하는 시장에서 유동성이 부족한 종목을 팔려고 하는 것은 벤허에 나오는 갤리선의 노예들을 떠올리게 한다. 이들은 바닥에 쇠사슬로 묶여있어 배가 침몰하면 함께 수장돼버리고 만다.

물론 그때그때 변하는 시장의 유행이 어떻게 되든 관계없이 잘 나가는 소형주를 고를 수도 있다. 하지만 누구든 조류를 거슬러 헤엄치기는 정말 어렵다. 더구나 사람이란 자신의 포트폴리오에 포함된 일부 종목이라도 꾸준히 수익률을 올려주기만 하면 시장의 변덕스러움을 견뎌낼 수 있다. 그런 점에서 시장의 유행에 대해서도 분산해놓는 게 상책이다.

> 소형주의 유동성 문제를 방지하는 확실한 방법은 상당히 오랫동안 팔지 않아도 될 주식을 사는 것이다.

소형주에는 또 하나의 리스크가 있는데, 매매하기가 쉽지 않다는 점이다. 소형주는 유동성이 부족한 경우가 많다. 특히 종목 당 몇 백 주 정도 보유한 개인 투자자들보다 나처럼 보통 수천, 수만 주씩 보유하는 기관 투자가들은 유동성 부족이라는 문제에 자주 부딪친다. 주식을 팔려고 하는데, 내가 팔고자 하는 가격에 그만한 물량을 사줄 만한 매수자가 충분치 않다면 가격을 떨어뜨려야 한다. 심지어 어떤 경우에는 가격을 아무리 떨어뜨려도 매수자가 나타나지 않을 때도 있다. 다시는 떠올리고 싶지 않은 기억이지만 이런 주식을 보유했던 적도 있다. 무려 2년 동안이나 팔려고 애를 썼지만 매수호가를 부르는 사람이 단 한 명도 나타나지 않았다. 이런 주식은 4달러에서 3달러로, 다시 1달러로 떨어졌다가 끝내는 시장에서 사라져버리고 만다. 그 사이 주식 보유자가 할 수 있는 일이라고는 그냥 지켜보는 것뿐이다. 물론 이런 일을 너무 자주 겪지만 않는다면 치명적이지는 않다. 그러나 때로는 영화 『벤허Ben-Hur』에 나오는 갤리선의 노예들을 상기하곤 한다. 이들은 바닥에 쇠사슬로 묶여 있어 갤리선이 침몰하면 꼼짝없이 함께 수장돼버리고 만다.

이런 유동성의 문제를 사전에 방지할 수 있는 가장 확실한 방법은 상당히 오랫동안 보유할 것이라고 스스로 확신하는 그런 주식을 사는 것이다. 몇 년이 지나 기대했던 대로 상황이 바뀌고, 투자한 기업도 더 커지고, 더 많은 투자자와 애널리스트들이 관심을 갖게 되면 유동성 문제는 대수롭지 않은 게 된다. 더욱 중요한 사실은 그 때쯤 되면 이미 상당한 투자 수익을 올린 다음이 될 터이므로, 혹시 매도호가와 매수호가의 차이로 인한 거래비용을 감수한다 하더라도 넉넉한 마음으로 보유 물량을 처분할 수 있다는 점이다.

3 합리적인 주가의 성장주
Growth, Value, or GARP?

길버트와 설리반이 19세기 말에 쓴 단편 희가극을 보면 이런 구절이 나온다. "어린 소년과 소녀들 모두가 똑같은 모습으로 이 세상에 태어 났는데, 어떤 아이들은 변화를 조금 좋아하는 성격이고, 어떤 아이들 은 변화를 조금 싫어하는 성격이라네." 길버트와 설리반은 상당히 놀 랍다는 어조로 이 구절을 표현하고 있다. 이를 요즘 신문의 경제면에 실리는 표현으로 바꿔보면 이런 식이 될 것이다. 모든 투자자들은 이 미 태어날 때부터 성장주 투자자 아니면 가치주 투자자로 결정지어져 있다.

가치주인가, 성장주인가?

누구도 확실하게 이 문제에 대해 정의 내리지는 못하겠지만, 성장주 투자자는 연평균 순이익 증가율이 다른 대부분의 기업보다 최소한 두 배 이상 되는 기업에 투자하려는 사람이라고 말할 수 있다. 수치로 말하자면 연간 순이익 증가율이 15% 정도는 되어야 하고, 20%라면 금상첨화가 될 것이다. 어느 기업이 수 년간에 걸쳐 이 같은 순이익 증가율을 보여준다면 성장주 투자자는 프리미엄을 지불하더라도 기쁜 마음으로 그 주식을 매수할 것이다. 물론 얼마의 프리미엄을 지불할 것인가는 그 기업이 보여주는 장밋빛 미래가 어느 정도인가에 달려있다. 앞으로 5년 이상 순이익이 폭발적으로 늘어날 것이 확실하다면 성장주 투자자들은 아주 너그러운 마음으로 비싼 프리미엄을 지불할 것이다. 성장주 투자자에게는 창창한 미래가 보장되는 한 주가수익비율(PER)이 얼마나 높은가는 문제가 되지 않는다. 이들은 기업의 성장성을 충분히 검토해서 매수한 다음에는 자신의 기대대로 일이 진행되기만 기다린다. 부연하자면 1970년대 초 니프티 휘프티 주식에 열광했던 투자자들이 바로 이런 부류다.

반면 가치주 투자자는 주가수익비율이 높으면 일단 기피한다. 혹시 사자 밥이 될지도 모를 성장주는 건드리지도 않는다. 구두쇠처럼 보이기도 하고, 다른 투자자들이 아예 투자 대상에서 제외한 이류 주식만 찾는 것 같지만 가치주 투자자들은 이것이야말로 훨씬 더 가치있는 투자라고 생각한다. 이들이 매일 찾기를 바라는 것은 20달러의 가치를 갖고 있는데도 시장에서 10달러에 팔리는 주식이다. 이들은 혼신을 다해 "가치의 간극", 즉 그 주식의 내재가치와 현재 시장이 매겨놓은 가격 간의 차이를 찾아내려고 애쓴다.

가치투자는 세 가지 단계로 이루어진다:

1단계: 어느 기업의 가치를 평가하고, 그 가치가 현재의 주가보다 높은지, 그래서 가치의 간극이 정말로 존재하는지 살펴본다. 기업의 가치를 평가하는 일반적인 방법은 다음 세 가지다.
- 장부가치
- 현금 흐름으로 환산한 가치
- 청산가치(기업이 내일 당장 청산하고 자산과 부채를 모두 정리한다면 얻을 수 있는 가치)

2단계: "가치 실현 전략"을 세운다. 즉, 시장이 어떤 방식으로 이 기업을 합리적으로 평가할 것이며, 이에 따라 주가가 지금 당신만이 알고 있는 진정한 가치까지 오르게 될지 가설을 설정한다. 가치 실현 전략에 필요한 몇 가지 가설을 소개하면 이렇다.
- 인수합병의 대상이 된다.
- 적자 사업부문을 매각한다.(곧 순이익이 증가할 것이다.)
- 다른 투자자들도 이 기업의 밝은 면을 보게 될 것이고, 애널리스트들도 성장성을 더 높이 평가할 것이다.

3단계: 주식을 매수한 뒤 가치의 간극이 매워질 때까지 기다린다.

사실 성장주 예찬론자는 기업이 보유한 자산가치를 별로 중시하지 않는다. 이들에게 중요한 것은 기업의 브랜드와 경영진의 능력, 특히

권, 시장에서의 독점적 지위 같은 요소인데, 이런 것들은 대차대조표 상에 잘 나타나지 않는다.

가치주 투자자는 기본적으로 정적인 분석에 기초해 오늘 현재의 가치에 초점을 맞춘다. 가치주 투자자라면 이렇게 말할 것이다. "우리는 알 수 없는 미래를 보고 돈을 더 지불할 수는 없어." 성장주 투자자라면 이렇게 생각할 것이다. "5년쯤 후에는 이 기업이 얼마나 더 성장해 있을까?"

> 시장은 좋은 뉴스든 안 좋은 뉴스든 과잉반응을 한다.

성장주 투자자는 좋은 뉴스를 보고 매수한다. 가령 신약이 정부의 허가를 받았다든가, 연구개발(R&D) 프로젝트가 성공적으로 끝났다든가, 대규모 공급계약을 따냈다든가 하는 뉴스가 나오면 주식을 산다. 이들은 또 안 좋은 뉴스가 나오면 주식을 판다. 핵심적인 경영자가 그만둔다든가, 시장 점유율이 줄었다든가, 실적 발표가 어닝 쇼크로 해석될 때 매도한다. 이런 안 좋은 뉴스야말로 가치주 투자자의 입맛을 당기게 하는 재료인데, 주식시장은 늘 안 좋은 뉴스에 과잉반응을 하고, 이로 인해 가치의 간극이 생겨나기 때문이다.

성장주 투자자들은 모두들 최고의 기업의 기업이라는 데 이견이 없는 그런 기업의 주식을 매수한다. 가치주 투자자는 대부분의 투자자들이 곤란한 상황에 빠져있다고 여기고, 그래서 주가가 바닥권까지 떨어진 기업을 주목한다.

가치주 투자자는 야구 경기에서 단타를 노리는 타자다. 2년 정도 투자해서 원금이 두 배로 불어나면 대만족이다; 사실 가치주 투자자치고 이 정도 수익률을 올리기도 쉽지 않다. 그의 분석이 옳아서, 즉 투자한 주식의 진정한 가치가 현재 주가보다 높다면 주가가 지금보다 더 떨어지더라도 손실은 제한적이다. 성장주 투자자는 홈런을 노리는 타자다. 이들은 일단 투자하면 다섯 배 혹은 열 배가 되기를 꿈꾼다. 그래서 하락세를 타게 되면 치명상을 입기도 한다. 주가수익비율이 높은 주식은 약간만 기대에 못 미치는 실적을 내놓아도 금방 주가수익비율이 평균치 정도로 떨어져버리기 때문이다. 어느 기업이든 자기가 바라는 대로 되리라는 보장은 없는 법이다.

5년간 계속해서 연간 15% 이상씩 순이익이 증가한 진짜 성장주에 투자했다면 투자 원금은 몇 배로 불어났을 것이다. 또 이런 짜릿한 경험을 하고 나면 자신이 마치 주식 투자의 달인처럼 느껴질 것이다. 성장주에 투자해서 대박을 터뜨렸을 때의 흥분과 쾌감은 포커판에서 큰 판을 연이어 대여섯 차례 따냈을 때의 기분과 흡사하다.

그런 점에서 보자면 성장주 투자자는 갬블러 기질을 갖고 있다고 할 수 있다. 가치주 투자자의 기질은 오히려 회계사와 비슷하다. 성장주 투자자와 가치주 투자자의 스타일을 비교 분석한 연구결과에 따르면 두 가지 기질은 타고나는 것이라는 게 정설이다. 대박을 터뜨려 큰돈을 벌 수 있는 확률은 갬블러 기질을 가진 성장주 투자자가 더 높다. 가치주 투자자도 큰돈을 벌 수 있다. 물론 시간은 좀 걸린다; 그러나 장기간의 평균 수익률을 따져보면 가치주 투자자의 수익률이 더 높을 것이다.

투자자여, 너 자신을 알라

인간이란 태생적으로 어느 특별한 스타일에 대해 선입견을 갖고 있는 것 같다. 이건 순전히 개성에 관한 문제다.

한 여성이 매우 특별한 파티에 초대를 받았다. 이 여성은 고급 백화점인 니만 마커스(Neiman Marcus)로 달려가 유명 디자이너가 만든 기가 막힌 드레스를 한 벌 산다. 이 드레스를 입으면 모두가 자신을 경탄의 눈초리로 쳐다볼 것 같고 자신도 신데렐라가 된 기분이 들 것이다. 가격은 그 다음 문제다. 백화점에서도 이 점을 잘 알고 있다: "이 드레스는 에스카다에서 나온 건데 정말 환상적이지요. 누가 봐도 에스카다라는 것을 한눈에 알 수 있죠. 눈부시게 아름답고 품위있고, 그리고 값이 꽤 나가는 드레스지요. 파티의 주인공이 될 겁니다." 이 여성은 드레스 한 벌 값으로 2000달러를 치른 뒤 파티에 이 드레스를 입고 나간다. 정말로 이 세상에서 가장 아름다운 여성이 된 기분이다.

같은 파티에 초대받은 또 한 여성이 있다. 이 여성은 전혀 다르게 행동한다. 즉시 할인점의 여성 의류 코너를 돌아보고, 재고상품을 세일하는 동네 지하의 의류점도 찾아간다. 결국 마음에 드는 괜찮은 드레스를 100달러에 산다. 이 여성은 사치스러운 드레스를 차려 입은 어느 여성 못지 않게 마음속으로 만족을 느끼며 파티에 참석한다. 앞서의 여성은 이렇게 말할 것이다. "이 우아한 드레스야말로 내 취향이 얼마나 고급스러우며 내가 얼마나 돈이 많은지 그대로 드러내주지. 나 역시 이런 드레스를 입으면 최고의 기분이 된다니까." 두 번째 여성은 이렇게 말해줄 것이다. "나는 저 여자가 쓴 돈의 20분의 1만 썼지만 내가 입은 드레스도 저 여자 드레스에 비해 떨어지지 않아 보이는데. 역시 내 눈썰미는 대단해. 돈을 훨씬 적게 들이고도 이렇게 멋진 드레스를 골라서 당당하게 파티에 참석했으니까. 기분 좋은데."

두 여성의 접근방식은 전혀 다르다. 어느 여성이 다른 여성보다 더 낫다고 말할 수도 없다. 두 여성 모두 자기 자신이 옳다고 생각하는 대로 행동했다. 이들이 주로 찾아 다니는 고급 백화점이나 할인점 역시 이들에게는 각자에게 딱 맞는 드레스를 파는 아주 괜찮은 곳이다.

만약 당신이 니만 마커스에서 주로 물건을 사는 사람이라면 주식을 매수할 때 마이크로소프트를 찾을 것이다. 마이크로소프트는 (이 글을 쓰는 1996년 현재) 최고의 기업이고, 당신은 이 사실 자체만으로도 기꺼이 지금의 주가대로 매수할 것이다. 그런데 당신이 할인점이나 지하 의류점을 뒤지는 사람이라면 시간을 갖고서 당신이 생각하기에 싸게 팔리고 있는 괜찮은 주식이 어디 없나 살펴볼 것이다. 당신이 만약 자신의 기질에 맞지 않는 스타일을 고집한다면 절대 만족할 수 없을 것이다. 이렇게 만족하지 못하는 투자자는 백이면 백 실패한 투자자가 될 것이다.

성장주와 가치주의 구분은 늘 자로 잰 것처럼 명확한 것은 아니다. 가령 약세장에서는 주가수익비율이 15배 정도라 하더라도 높은 편으로 보이고, 강세장에서는 낮게 보일 수 있다. 때로는 주가수익비율 자체가 기업의 가치를 평가하는 데 아무 쓸모도 없는 경우도 있다. 케이블 TV 사업자가 처음 나왔을 때 이들은 전부 적자를 기록해 주가수익비율을 매길 수 없었다. 하지만 시장에서는 이들의 영업 현금 흐름에 10배를 곱해 적정 주가를 산정했다. 이렇게 시장이 하는 방식대로 기업의 가치를 평가하면 된다.

또한 모든 투자자들이 같은 방식으로 가치를 정의하는 것도 아니다. 가치주 투자자는 오로지 "저평가된" 주식만 산다고 말할 것이다. 그렇다고 성장주 투자자가 "나는 늘 고평가된 주식만 산다"고 말하지는 않는다. 성장주 투자자 역시 자신이 투자한 주식이 저평가돼 있다고 주장할 것이다. 다만 다른 투자자들이 그 기업의 엄청난 성장 잠재력을 제대로 평가해주지 않을 뿐이라고 강변한다. 성장주 투자자들은 나름대로의 가치 평가 모델을 갖고 있어서, 장래에 거둬들이게 될 순이익을 감안할 경우 현재 주가는 진정한 가치에 비해 훨씬 낮다고 생각한다.

> 자신의 기질대로 투자하지 않는 투자자는 백이면 백 실패한 투자자가 될 것이다.

결론을 이야기하자면 성장 그 자체는 기업의 가치를 구성하는 한 요소라는 것이다. 순이익이 계속해서 늘어나는 기업은 순이익이 제자리걸음을 하고 있는 기업에 비해 틀림없이 더 가치 있다. 성장 그 자체가 가치의 원동력이라고 말할 수도 있다. 물론 성장 속도가 떨어지면 이런 가치도 사라질 수 있다. 하지만 기업의 가치를 구성하는 다른 요소들도 마찬가지다. 주가수익비율이 낮은 기업 역시 순이익이 더 떨어지면 이런 저평가 요인도 사라진다. 장부가치 대비 주가의 비율이 낮다는 점 역시 마찬가지다. 내가 처음 투자업계에 발을 디뎠을 때 철강 기업들은 장부가치 대비 주가의 비율이 꽤 낮았다. 그래서 살펴보니

합리적인 주가의 성장주

이들의 장부상 자산 가운데 대부분이 재래식 제강법으로 철강을 생산하는 평로(open-hearth furnace, 平爐)들이었다. 지금 평로의 경제적 가치는 제로에 가깝다. 성장주든 가치주든 투자자에게 확실한 보장이란 없다.

 좀더 쉽게 설명하자면 주식을 사는 것이나 다른 아무 물건을 사는 것이나 똑같다. 가격은 당신이 구매 결정을 내리는 데 결정적인 요소다. 당신은 오늘 저녁거리를 사러 슈퍼마켓에 갔다. 바다가재를 살지, 아니면 닭고기를 살지 고민 중이다. 오늘 두 가지 재료의 가격은 어떨까? 슈퍼마켓에서는 그날그날 신선한 바다가재와 닭고기를 전부 팔 수 있도록 가격을 매긴다. 가령 바다가재 한 마리는 10달러, 닭고기 한 마리는 1달러다. 이렇게 가격을 매기면 하루에 바다가재 12마리와 닭고기 600마리를 팔 수 있다. 그런데 어느날 바다가재의 산지 가격이 크게 올라 한 마리에 30달러가 됐다. 그러자 당장 바다가재가 한 마리도 팔리지 않고, 닭고기가 615마리 팔렸다. 얼마 뒤에는 바다가재가 많이 잡혀 한 마리에 3달러로 떨어졌다. 그러자 순식간에 동이 나버렸다. 사람들은 가격에 민감할 뿐만 아니라 가격과 가치 간의 관계에도 민감하다. 가격이 바뀌면 즉시 행동을 달리 한다.

모멘텀 투자자는 바다가재의 가격이 오르면 더 많은 바다가재를 산다.

 주식시장에서도 이와 마찬가지 일이 벌어지지만 조정 과정이 좀더 길다. 투자자들의 행동은 그렇게 쉽게 바뀌지 않기 때문이다. 소위 말

하는 모멘텀 투자자들이 나서서 바다가재의 가격을 더 올려놓을 수도 있다. 가령 바다가재의 가격이 한 마리에 10달러에서 18달러로 오르게 되면, 모멘텀 투자자들은 추세 이론에 따라 일주일 후에는 23달러로 오를 것이라는 생각으로 더 산다. 어쩌면 그렇게 될 수도 있다. 사람들이 전부 인플레이션을 예상하고 원가가 오를 것이라고 생각하면 이로 인해 가격은 실제로 더 오를 수 있다. 하지만 이것은 일시적인 일탈일 뿐이다. 1980년에 은의 가격은 온스 당 40달러까지 치솟았다. 지금 은값은 온스 당 5달러도 하지 않는다. 자산가격의 거품은 곧 꺼지게 마련이다.

남성 주식과 여성 주식

나는 이런저런 책이나 신문을 읽다가 투자 아이디어를 얻곤 하는데, 몇 해 전 어느날인가는 집에서 신문을 보다가 갑자기 요즘 성에 관한 기사가 너무 많이 읽히고 있다는 생각이 들었다. 1991년 말쯤이었는데 당시 언론에서는 연일 전 세계 헤비급 복싱 챔피언 마이크 타이슨과 데지레 워싱턴을 비롯해 빌 클린턴 대통령과 제니퍼 플라워스, 대법원 판사 클레런스 토마스와 애니타 힐 간의 온갖 성추문으로 떠들썩했고, 윌리엄 케네디 스미스와 패트리샤 보우먼 사이의 강간 사건 보도와 매직 존슨이 수많은 젊은 여성을 상대했다는 어지러운 이야기, 코미디언 피위 허만의 가슴 아픈 사연들이 연일 주요 뉴스를 장식했다.

직장에서의 성희롱과 연인 사이의 강간, 임신중절, 섹스로 인해 전염되는 질병, 학교에서 콘돔을 나눠주는 문제에 이르기까지 성에 관한 주제들이 전부 나왔지만 아무도 한 가지 주제는 다루지 않았다: 그렇다면 투자자들에게 성은 어떤 관계가 있을까? 주식시장에서 성은 아무런 문제도 되지 않을까? 혹시 성이라는 문제를 제대로 파헤치다 보면 좋은 투자 기회를 찾아낼 수 있지 않을까?

그래서 나는 우리 회사의 계량분석팀에게 각각 13개씩의 남성 이름을 가진 주식과 여성 이름을 가진 주식의 수익률을 조사해 보라고 지시했다.

남성 주식

클린턴 가스 시스템(Clinton Gas System)
토마스 인더스트리즈(Thomas Industries)
스미스 인터내셔널(Smith International)
하만 인터내셔널(Harman International)
매직 서클(Magic Circle)
존슨 프로덕츠(Johnson Products)
타이슨 푸즈(Tyson Foods)
미스터 막스(Mr. Max)
프레드 마이어(Fred Meyer)
에디슨 브라더스(Edison Brothers)

히로 그룹(He-Ro Group)

맨파워(Manpower)

소어 인더스트리즈(Thor Industries)

여성 주식

플라워즈 인더스트리즈(Flowers Industries)

산타 애니타 리얼티(Santa Anita Realty)

힐스 디파트먼트 스토어스(Hills Department Stores)

바우마 인스트루먼트(Bowmar Instrument)

NUI 코프(NUI Corp.)

클레어스 스토어스(Claire's Stores)

주노 라이팅(Juno Lighting)

베벌리 엔터프라이즈(Beverly Enterprises)

텔레브라스(Telebras)

린제이 매뉴팩쳐링(Lindsay Mfg.)

앤 타일러(Ann Taylor)

러버메이드(Rubbermaid)

다나 코프(Dana Corp.)

물론 내 특유의 유머감각을 발휘해 이런 식으로 분류한 데 대해 어떤 투자자들은 말도 안 된다고 할지도 모르고, 잘못 선정했다며 비난할 수도 있다. 사실 당시 분석결과를 발표한 뒤 여성단체들로부터 여성을 비하한 게 아니냐는 편지도 받았다. 굳이 말하자면 나는 여성을 비하하고자 한 게 아니라 남성과 여성 모두에게 똑같이 무례를 범한 셈이 됐다.

계량분석을 담당하는 우리 회사 애널리스트들은 처음에 자기들이 보기에 비슷하게 움직일 것 같은 몇 개 종목을 모아서 조사한 결과를 내놓았지만 나는 엄격한 분류기준에 따라 다시 조사하라고 지시했다. 우리 에이콘 펀드에서는 결코 그런 식으로 단순하게 작업하지 않기 때문이다.

어쨌든 3개월간의 조사 대상 기간이 끝난 1992년 4월 말에 우리는 성대결의 결과를 수치로 확인할 수 있었다. 여성의 승리였다. 1992년 1월 30일부터 4월 30일까지 배당금을 포함한 여성 주식의 투자 수익률은 4.5%였던 반면 남성 주식은 0.2%에 그쳤다.(이 기간 중 S&P 500 지수는 0.8% 상승했다.) 이 같은 과학적 연구결과에 근거해 우리는 경제 분야에서 여성이 더 우수하다는 통설을 받아들일 수 있게 됐다.

이 문제를 마무리 지은 다음 비로소 에이콘 펀드의 애널리스트들은 좀더 가벼운 주제로 넘어갈 수 있었다.

가치주와 성장주의 장점만 결합한다면

나는 가치주 투자자로도, 성장주 투자자로도 불린다. 나는 이렇게 불리는 데 대해 감사한 마음을 갖고 있다.

오로지 가치주 투자만 고집한다거나 반드시 성장주 투자만 고수할 이유는 없다. 에이콘 펀드는 "GARP"를 찾으려 애쓴다. GARP는 우리가 만든 조어로 합리적인 주가의 성장주(Growth At a Reasonable Price)를 의미한다. 나는 현명한 매수자가 되고자 노력한다. 훌륭한 기업, 성장하는 기업을 원하지만 그렇다고 너무 비싼 값을 지불하고 싶지는 않다. 앞서 여러 차례 설명했지만 이런 주식은 작지만 강한 기업들 가운데서 발견할 가능성이 더 높다. 향후 순이익 증가율이 연평균 25~30%씩 되는 "초고속 성장주"를 산 적은 아직 한 번도 없다. 이런 예측은 현실화되는 경우가 매우 드물기 때문이다. 또한 장부상의 자산가치는 매우 크지만 기업 실적은 형편없는 그런 가치주도 매수 대상에서 제외한다.

이미 알겠지만 최고의 기업과 최고의 주식은 전혀 다른 이야기다.

그래서 나를 절충주의자라고 부르기도 한다. 그런 면이 있는 건 사실이다. 나는 가치가 보장되는 주가로 성장주를 사고자 한다. 바다가재를 좋아한다고 해서 닭고기를 전혀 안 먹는다는 것은 아니듯이 말이다. 나는 투자 대상으로 작지만 강한 기업만을 고집하지만, 그것이 성장주든 가치주든 개의치 않는다. 어느 나라 기업이든 그것도 관계없다. 투자 수익을 올릴 수 있다면 매수한다.

최고의 기업과 최고의 주식은 전혀 다른 이야기다.

확률은 가치주가 조금 더 높다

만약 누군가 나를 위협하면서 가치주 투자와 성장주 투자 가운데 하나만 선택하라고 강요한다면 어쩔 수 없이 약간의 편향된 마음을 털어놓을 것이다. 나의 이 같은 편향은 자연현상에는 비가역적 과정이 존재한다는 열역학 제2법칙(the second law of thermodynamics)에서 나온 것이다. 다시 되돌릴 수 있는 과정들이 있다: 물을 수증기로 만들어 증기기관을 움직인 다음 수증기를 다시 물로 되돌릴 수 있다. 그러나 열역학 제2법칙에서는 이 과정이 한 방향으로만 작용한다. 보드카 한 잔을 물 한 컵에 섞어보라. 그러면 이제 다시는 물과 보드카를 분리해낼 수 없다. 모든 비가역적 과정들은 한 가지 공통점을 갖고 있다: 어떤 시스템이든 질서가 있는 쪽에서 무질서한 쪽으로 흘러간다는 점이다. 여기서 무질서한 수준을 측정하는 건 엔트로피다.

예를 들어 설명해보자. 당신의 손 위에는 지금 한 움큼의 동전이 올려져 있다. 동전은 전부 질서정연하게 앞면이 위로 나와 있다. 이제 양 손을 모아 한 움큼의 동전을 마구 흔든 다음 손 위에 올려진 동전을 보면 앞면과 뒷면이 섞여서 위로 나와 있을 것이다.

그럼 이 동전을 주식이라고 생각해보자. 천 개의 기업을 한 묶음으로 해서 순이익 증가율이 높은 순서대로 순위를 매긴다면 최상위에는 마이크로소프트 같은 기업이 올라갈 것이고, 순이익 증가율이 바닥권인 기업이 최하위권에 자리잡을 것이다.

이제 순위를 매긴 천 개의 기업 주식을 전부 10주씩 매수한 뒤 남극여행을 떠난다. 1년도 좋고 5년도 좋다. 돌아와서 당신의 포트폴리오가 어떻게 됐는지 보라. 마치 동전 한 움큼을 흔든 것처럼 순위가 뒤죽박죽이 돼 있을 것이다. 여행을 떠난 기간이 길수록 순위의 무질서 정도가 더 심할 것이다. 엔트로피를 분명히 확인할 수 있다. 어떤 시스템이든 똑같이 머물러 있지는 않는다.

시간이 흐르면 최상위권 기업은 중간쯤으로 내려오려는 경향을 띠게 된다. 성장주가 흔들리는 것이다.(시장에서 최고 인기주로 손꼽혔던 기업의 주가가 일주일 만에 15%나 떨어지게 되면 매수하고픈 생각이 간절해지지만 절대 경계해야 한다. 떨어지는 데는 그만한 이유가 있을 것이기 때문이다. 어쩌면 실적이 실망스러웠을 수도 있다. 한 분기의 부진한 실적은 다음 분기, 또 그 다음 분기로 이어지기 십상이다. 여기에는 바퀴벌레 이론이 그대로 들어맞는다: "어느 기업의 분기 실적이 나빠졌는데 딱 그 한 분기만 부진했을 가능성은, 부엌에서 바퀴벌레 한 마리를 발견했는데 온 집안에 바퀴벌레가 딱 그 한 마리만 있을 가능성과 같다.") 내가 대학교 졸업논문을 쓸 무렵인 1955년으로 거슬러 올라가 보자. 당시 나는 세계 최고의 기업으로 시어스, 로벅과 인랜드 스틸(Inland Steel), 이렇게 두 곳을 골라 졸업논문을 썼다. 그때만 해도 철강업은 고성장 산업이었다. 시어스, 로벅 역시 독보적인 소매유통업체여서 감히 누구도 필적하지 못하리라고 여겨졌다. 지금 인랜드 스틸이나 시어스, 로벅은 여전히 순이익을 내고 있고, 괜찮은 기업이기는 하지만 최고의 기업 20개를 손꼽으라면 나는 물론이고 누구도 이 두 회사를 포함시키지 않을 것이다.

나는 또한 콘트롤 데이터와 버로우스가 최고의 주식으로 손꼽혔을 때도 기억한다. 1950년대에는 유틸리티 주식이 성장주로 각광받았다.

앞서도 언급했지만 100년 전에는 지금은 모두 손을 내젓는 펜실베이니아 철도가 최고의 주식이었다. 성장주는 영원히 성장주로 남아있을 수 없다.

달리 표현하자면 나 역시 어디서 들은 얘기지만 나무는 아무리 자라도 하늘 높이까지 다다를 수 없다.

100년 전에는 펜실베이니아 철도가 최고의 주식이었다.

나무는 왜 하늘 높이까지 자랄 수 없는가?

이런 질문은 네 살쯤 된 어린아이가 천진난만한 표정을 지으며 던질 만한 간단한 것이지만 막상 대답하려면 약간의 과학적 지식을 지니고 있어야 한다. 다행히도 우리가 주변에서 보는 동식물이 왜 그런 크기와 모습을 하고 있는지에 대한 답을 얻는 데 참고할 좋은 자료가 있다. 다르시 톰슨(D'Arcy Thompson)이 쓴 과학 분야의 고전인 《생물의 성장과 형태에 관하여On Growth and Form》가 그것인데, 초판 출간 후 80년이 지났지만 여전히 서점에서 만날 수 있다. 더구나 1917년에 영국에서 쓰여져 복잡한 수식 대신에 명료한 산문체로 기술돼 있다.

그렇다면 나무는 얼마나 높이 자랄 수 있는가? 나무가 자랄 수 있는 높이의 한계는 중력이 가하는 압력을 나무의 몸통이 견뎌낼 수 있는 한계가 얼마인가에 달려있다. 위대한 수학자인 오일러와 라그랑주는 나무의 몸통이 어느 한계까지 올라가게 되면 그 자신의 무게로 인해 바람이 조금만 심하게 불어도 휘어질 수 있고, 그 뒤로는 다시 회복하지 못하고 휘어진 몸통이 오히려 꺾여서 부러지게 된다고 말했다. 1881년에는 그린힐이라는 과학자가 나무와 같은 형상을 한 기둥이 그 너비까지 감안했을 때 자신의 무게를 지탱하면서 얼마나 높이 올라갈 수 있는지 수학적으로 계산했다. 이렇게 해서 나온 결과는 대개의 나무들이 약 300피트 정도까지 자랄 수 있다는 것이다. 세계적인 지도 제작회사인 랜드 맥낼리(Rand McNally)가 최근에 발표한 자료에 따르면 현존하는 최고 높이의 나무는 캘리포니아 산 레드우드로 높이가 364피트였다. 그린힐의 계산과 얼추 비슷한 높이이다.

나는 수직으로 높이 치솟은 구조물에 가해지는 무게의 효과로 인해 나무가 한없이 자랄 수 없다는 사실을 잘 알고 있다. 나무 이외에도 대부분의 동식물이 성장하는 데 한계가 있고, 기업도 마찬가지다.(뮤추얼펀드도 예외가 아니다. 다만 펀드매니저의 입장에서 내가 운용하는 펀드의 순자산이 줄어든다면 이를 순전히 중력 때문이라며 원인을 그 쪽으로 돌릴 수는 없을 것이다.)

1990년 무렵 성장주 투자자들 거의 모두가 군침을 흘렸던 최고의 주식은 월마트(Wal-Mart)였다. 나 역시 월마트를 주목했지만 투자 대상으로서 바라본 것은 아니었다; 월마트 주가는 내 기준으로 볼 때 이미 너무 비싼 수준이었기 때문이다. 사실 이보다 훨씬 전에, 그러니까 월마트가 아칸소 주에서 이제 막 사업을 시작했을 무렵 투자할 기회가 있었다. 당시 시카고의 한 은행에서 소매유통업 분야의 여신을 담당하는 친구가 할인점 세 곳을 추천했는데, 그 가운데 두 곳이 아칸소에 본거지를 둔 할인점이었다. 나는 세 곳의 할인점을 모두 검토했다. 그런데 아쉽게도 이 친구가 추천한 아칸소의 할인점 중에 월마트는 빠져있었다. 그 때 추천한 아칸소의 할인점 두 곳은 오래 전에 이미 파산해버렸다.(이런 할인점을 추천한 은행 쪽 친구 역시 개인적으로 결과가 좋지 않았지만, 이건 전혀 다른 이야기가 될 것이다.)

1990년 당시 월마트는 상당히 오랜 기간 동안 연평균 25%의 성장률을 이어왔다. 월마트 할인점의 확장 속도가 이렇게 계속 유지된다면 25년 뒤에는 미국 내 소매유통업체는 월마트 한 곳만 남게 될 정도였다. 월마트는 이로부터 5년간 한 해 25%가 넘는 놀라운 성장률을 계속해서 보여주었다. 그러나 나무도 너무 높이 자라게 되면 한계에 부딪치는 법이다. 월마트의 1996회계년도 매출액은 13.5% 증가하는 데 그쳤다. 또한 1995년 4분기에는 그 이전까지 99분기나 연속해서 분기 순이익이 증가해왔던 월마트가 전년 동기보다 분기 순이익이 10% 감소했다고 발표했다.

성장률(순이익 증가율) 순위에서 최상위권을 차지했던 기업들 가운데 일부가 중간쯤으로 내려앉듯이 맨바닥 순위에 있던 기업들 가운데 일부가 중간쯤으로 뚫고 올라올 것이다. 통계학적으로는 "평균으로의 회귀"라고 일컫는 현상이다.

성장률 최상위권 기업들의 주식을 높은 가격에 매수했던 투자자는 만약 이들 기업의 순이익이 애널리스트들의 예측치를 밑돌게 되면 상당한 손실을 입게 된다. 특히 애널리스트들은 늘 성장률을 과도하게 예측하는 경향이 있기 때문에 이런 손실은 비일비재하게 발생한다. 20%의 성장률은 딱 떨어지는 아주 멋진 숫자다. 애널리스트 입장에서는 쉽게 제시할 수 있는 성장률이고, 투자자 입장에서는 그야말로 흥분하기에 적당한 수치다. 실제로 매년 20%씩 계속해서 성장할 수만 있다면 그건 정말 대단한 일이다. 하지만 어느 순간 그것은 더 이상 지속될 수 없는 꿈 같은 숫자가 된다.

가치주의 경우에는 실적이 기대에 못 미치더라도 그렇게 큰 타격은 없다. 왜냐하면 어차피 가치주는 이미 바닥권으로 떨어진 상태이기 때문이다. 더욱 중요한 점은 가치주 가운데 일부는 놀라운 실적 향상을 보여주면서 성장률 순위도 빠르게 올라간다는 사실이다.

성장주 포트폴리오를 운용하는 노련한 펀드매니저는 끊임없이 자신의 성장률 순위표를 바꾼다. 하지만 그래도 확률적으로 보나, 또 평균으로 회귀하는 자연의 법칙으로 보나 우세한 쪽은 가치주 쪽이다. 이런 내용의 학술 논문만 벌써 30편 이상 발표됐다. 이 논문들은 장기적으로 볼 때 성장률 순위의 하단에 있는 기업을 투자 대상으로 하는 가치주 투자자가 성장주 투자자보다 더 높은 수익률을 보이는 경향이 있다고 밝히고 있다. 한 편의 논문만 소개하면, 코넬 대학교의 리처드 탈러(Richard Thaler) 교수와 위스콘신 대학교의 베르너 드 봉(Werner De Bondt) 교수는 뉴욕증권거래소에 상장된 기업을 대상으로 최근 5년간 수익률이 가장 높았던 종목과 가장 낮았던 종목 각 50개씩을 선정해 두 개의 포트폴리오를 구성해봤다. 두 포트폴리오의 수익률을 5년 단위로 조사해봤더니 직전 5년간 수익률이 가장 낮았던 종목들로 구성한 포트폴리오가 가장 높았던 종목들로 구성한 포트폴리오보다 40%나 수익률이 더 높게 나왔다.

> 장기적으로 보면 가치주 투자자가 성장주 투자자보다 더 높은 수익률을 올리고 있음을 밝히는 학술논문만 벌써 30편 이상 발표됐다.

한때 각광받았던 성장주의 순위가 급전직하하듯 밑으로 떨어질수록 가치주 투자자는 더욱 관심을 가지고 상황을 지켜보게 된다. 소위 말하는 "추락한 천사"가 곁에 나타나는 것이다. IBM은 메인프레임 컴퓨터 사업이 늪에 빠지기 전까지 성장주 중에서도 최고의 성장주로 손꼽혔다. 결국 성장률에 의문부호가 던져지면서 성장주 투자자들이 IBM 주식을 내던지자 곧 이어 가치주 투자자들이 이 주식을 매수했다. IBM은 그 때도 여전히 5%의 배당 수익률을 얻을 수 있었기 때문이다. 제약주도 한동안 성장주 투자자들이 앞다퉈 매수하는 종목이었지만 클린턴 행정부에서 보건의료 시스템을 개혁하자 머크(Merck), 화이자(Pfizer), 일라이 릴리(Eli Lilly)를 비롯한 제약주의 주가는 싸다고 할 정도까지 떨어졌고, 가치주 투자자들의 제약주 사냥이 시작됐다.

그러나 성장주가 영원히 성장하지 못하는 것처럼 가치주 역시 치명적인 결함을 갖고 있다. 가장 흔하게 나타나는 문제는 믿었던 기업의 가치가 하루아침에 물거품이 돼버리는 것이다. 가령 어느 기업의 주가가 장부가치의 절반밖에 안 돼 가치주라고 여기고 매수했는데, 알고 보니 장부가치가 허수였던 것으로 판명나는 식이다. 1950년대 철강 기업들의 대차대조표에 주요 자산으로 올라있던 평로가 바로 그런 예다. 재고자산이 전혀 쓸모 없는 것으로 드러나는 경우도 있다. 펀더멘털 측면에서 볼 때 더욱 심각한 상황은 기업이 이미 회생불가능 상태에 빠져 주가가 싸진 것이다. 이런 기업의 주가는 가치주 투자자의 바람과는 달리 회복되기 보다는 사그라져버릴 가능성이 훨씬 더 높다.

물론 이런 점을 감안해도 장기적으로는 가치주 투자의 영역이 좀더 나은 곳이 아닐까 싶다. 더구나 성장주 가운데 일부는 휘청거리다 결국 추락한 천사가 되어 가치주의 영역으로 넘어오지만, 가치주 가운데 일부는 화려한 변신을 통해 성장주의 영역으로 올라간다. 주식 투자자에게 그 무엇과도 바꿀 수 없는 가장 기쁜 순간은 자신이 투자한 미운 오리새끼가 아름다운 백조로 다시 태어나는 것을 볼 때다.

내가 가장 잊을 수 없는 미운 오리새끼는 뉴웰 인더스트리즈(Newell Industries)다. 이 기업은 그야말로 누구나 생각할 수 있는 그저 그런 사업을 하고 있었다. 이 회사가 생산하는 제품 목록을 보면 프라이팬과 재봉바늘, 커튼고리, 옷걸이, 페인트롤러를 비롯해 가정에서 쓰이는 온갖 허접한 도구와 비품들을 총망라하고 있었다. 반도체 따위는 어디에서도 찾아볼 수 없는 잡동사니들뿐이었다. 나는 1984년부터 뉴웰 주식에 투자했는데, 이후에 이뤄진 주식분할을 감안할 때 매수 가격은 주당 1.68달러에 불과했다. 사실 재봉바늘이나 페인트롤러에 흥분할 투자자는 아무도 없었으므로 당연히 주가는 아주 쌌고, 내재가치에 비해서도 형편없이 낮은 수준이었다.

> 미운 오리새끼가 아름다운 백조로 다시 태어날 때 최고의 투자 수익을 올릴 수 있다.

그러나 뉴웰의 경영진은 아주 탁월했고, 원가 경쟁력은 매우 뛰어났으며, 공격적인 영업을 펼치고 있었다. 뉴웰은 더 낮은 가격에 더 높은 품질의 제품을 제때 공급했다. 대만산 제품조차 가격이나 납기에서 상대가 되지 않았다. 더욱 중요한 점은 다른 회사를 사들여 마치 마술처럼 수익성 높은 회사로 만들어가는 발군의 능력을 보유하고 있다는 사실이었다. 마침내 뉴웰 제품이 컴퓨터 네트워크를 통해 월마트와 홈디포(Home Depot)의 전 매장에서 팔리게 됐다는 사실을 월 스트리트에서 알게 된 순간 뉴웰 주식은 백조로 변했고 주가는 날아오르기 시작했다. 뉴웰 주가는 52달러까지 상승했다. 이상적으로 말하자면 작지만 강한 기업을 내재가치 이하의 가격으로 매수해서 내재가치가 주가에 충분히 반영된 시점에 파는 게 최선이지만, 뉴웰의 경우에는 아직도 더 오를 여지가 있다.

나의 만루홈런 종목

뉴웰 인더스트리즈처럼 미운 오리새끼를 발굴해 아름다운 백조로 변해가는 것을 지켜보고, 동시에 당신이 투자한 돈이 5배, 혹은 10배 이상 불어나는 것을 바라본다면 그야말로 기가 막힌 경험이 될 것이다. 많은 사람들이 나에게 그런 수익률을 어떻게 올릴 수 있었느냐고 물어온다. 나는 참담한 투자 손실을 피하려 하지 않았기 때문이라고 대답한다. 실제로 나는 매우 큰 손실을 본 경우가 여러 차례 있다. 하지만 이런 경험은 소형주 투자자에게 충분히 이해할 수 있는 일이다. 그러나 분명한 사실은 당신이 만약 10배 이상의 투자 수익을 올려주는 주식을 갖고 싶다면 상당히 많은 투자 손실의 대가를 치러야 한다는 점이다. 물론 몇 배의 수익을 올려준 주식이 이 손실을 만회해주겠지만 말이다.

에이콘 펀드가 엄청난 수익을 올린 주식은 뉴웰 외에도 여럿이 더 있다. 할리-데이비슨(Harley-Davidson)과 힐렌브랜드(Hillenbrand), IMS 인터내셔널(IMS International), 그 외에 몇 종목에서 10배 이상의 투자 수익을 거뒀다. 그 중에서도 기억에 남을 만한 만루홈런을 쳐낸 종목이 세 개 있다. 이들 세 종목은 주가를 유심히 관찰하는 투자자라면 누구나 엄청난 "대박 신화"를 만들어낼 수 있다는 사실을 잘 보여준다.

휴스턴 오일 앤 미네랄스

첫 번째 종목은, 에이콘 펀드가 출범한 지 얼마 되지도 않아 결정적인 위기에 처했던 1973년에 발굴해 펀드를 다시 살려낸 주식이다. 당시 뉴욕의 작은 증권회사인 우드 워커(지금은 레그 메이슨 우드 워커(Legg Mason Wood Walker)로 이름이 바뀌었다)에서 일하던 페리 스웬슨이라는 친구가 나에게 유니온 리그 클럽(Union League Club, 오랜 전통을 가진 월 스트리트의 친목 모임-옮긴이)에 가서 텍사스의 소규모 천연가스 유전 개발업체인 휴스턴 오일 앤 미네랄스(Houston Oil & Minerals)의 사장이 하는 이야기를 들어보라고 권했다. 그 무렵 주식시장은 따분할 정도로 맥이 빠진 상태였으므로, 나는 머리도 식힐 겸 오후에 열린 모임에 참석했다. 참석자 대부분은 위스키 두어 잔을 마신 뒤 졸음에 빠져버렸다. 그러나 나는 열심히 들었다. 정말 매우 유익한 내용이었다. 휴스턴 오일의 사장은 자기 회사가 갤버스턴 만(灣)에서 이제 막 초대형 천연가스 유전을 발견했으며, 이 유전은 회사의 운명을 완전히 바꿔놓을 것이라고 말했다.

　나는 1973년 2분기부터 이 회사 주식을 집중적으로 사들였다. 그 해 3분기가 되자 주가는 28달러에서 67달러로 오르더니 1대2의 주식분할까지 해서 보유주식 수가 두 배로 늘었다. 갤버스턴 만 천연가스 유전의 발견으로 이 회사 순이익이 비약적으로 늘어날 것임을 월 스트리트도 마침내 알게 됐다. 나는 휴스턴 오일 주식을 몇 년간 보유했는데, 1977년 중반 무렵 이 회사 주식의 평가액은 주가 상승과 몇 차례의 주식분할까지 이어지면서 530만 달러에 달했다. 투자 원금 22만 달러에 비하면 무려 24배나 넘게 불어난 셈이었다. 당시 에이콘 펀드의 자산 총액이 4300만 달러였으니, 이 정도 투자 수익은 상당히 의미 있는 것이었다. 나는 그 때 휴스턴 오일에 투자하지 않았더라면 에이콘 펀드도 1973~74년의 대약세장에서 문을 닫았을지도 모른다는 생각을 한다. 다른 많은 펀드들이 그랬던 것처럼 말이다.

크레이 리서치

지금은 고인이 되었지만 20년 전 당시 세이모어 크레이(Seymour Cray)는 미국에서 가장 유명한 컴퓨터 디자이너였다. 그가 설립한 크레이 리서치(Cray Research)가 주식시장에 상장된 1978년에 나는 과연 이 회사에 투자를 해도 될지 고민하지 않을 수 없었다. 워낙 투기적인 주식이었기 때문이었다. 하지만 나는 스스로 이렇게 다짐했다. "이건 마치 토마스 에디슨(Thomas Edison)이나 헨리 포드(Henry Ford)의 회사에 투자하는 거나 마찬가지야. 크레이는 금세기 최고의 발명가 중 한 사람이잖아. 만약 이 사람의 회사에 투자했다가 돈을 날리면, 그저 한 번 더 손실을 입었다고 자위하면서 그냥 넘어갈 수 있을 거야. 하지만 만약 투자를 하지 않았다가 이 사람의 회사가 엄청난 성공을 거둔다면 내가 저지른 실수를 영원히 용서하지 못할 거야."

그런 생각을 하면서 나는 크레이 리서치에 꽤 큰 금액을 투자했다. 내가 주식을 매수한 지 7년 만에 이 회사 주가는 세 차례의 주식분할을 포함해 최초 매수 가격보다 15배나 상승했다. 에이콘 펀드가 투자한 150만 달러가 시장 평가액으로 2000만 달러로 불어난 것이다.

> 주가가 이미 큰 폭으로 올랐다고 해서 그 주식이 추가로 더 오를 수 있는 가능성이 없는 것은 아니다.

재미있는 사실은 크레이 리서치가 주식시장에 상장되기 전, 그러니까 벤처캐피털에서 투자할 단계에 있을 때 이미 나에게 투자 제의가 있었다는 점이다. 그러나 그 때는 제의를 거절했다. 나중에 자세히 설명하겠지만 벤처캐피털 단계의 기업은 내가 감수하고자 하는 수준보다 훨씬 더 큰 리스크를 부담해야 한다. 더구나 그 무렵 크레이 리서치는 첫 번째 컴퓨터조차 만들지 못한 시점이었다. 크레이 리서치가 주식시장에 상장된 첫 날 주가는 내가 처음 제안을 받았던 시점에 비해 3배나 오른 가격이었다. 그러나 이 같은 현실은 역설적으로 사업내용만 충분히 훌륭하다면, 주가가 이미 큰 폭으로 올랐다고 해서 그 주식이 추가로 더 오를 수 있는 가능성이 사라졌음을 의미하는 것은 아니라는 점을 입증하는 것이다.

인터내셔널 게임 테크놀로지

인터내셔널 게임 테크놀로지(International Game Technology)는 현재 세계적인 슬롯머신 제조업체로 손꼽히지만, 내가 이 회사 주식을 매수하기 시작한 1988년에는 전반적으로 반쯤 무너져 내려가는 그런 회사였다. 이 회사에 대해 긍정적으로 말하는 월 스트리트의 애널리스트는 눈을 씻고 찾아봐도 없었다. 전형적인 저성장 장비제조업체인 데다 경기에 민감한 업종의 주식일 뿐이었다. 그래서 주가는 쌌고, 가치주로 분류되기에 충분했다.

하지만 내가 이 회사를 좀더 분석해보니 도박 산업은 세계에서 가장 전망이 밝은 사업 분야로 부상하고 있는 중이었다. 더구나 당시 새로이 IGT를 인수한 경영진은 이 회사를 환골탈태시켜가고 있었다. 과거 어디서나 볼 수 있는 기계식 슬롯머신을 생산하던 IGT는 유지보수가 거의 필요 없는 첨단 전자식 슬롯머신을 개발해냈고, 카지노에서는 이 새로운 슬롯머신을 너도나도 들여놓고 있었다.(전자식 슬롯머신 덕분에 카지노는 "메가벅스(Megabucks)"라는 이름으로 거액의 잭팟을 선전할 수 있었다.) IGT는 또한 복권 기계를 비롯한 각종 도박용 기기를 새로 만들어냈다. 단순히 기존에 있던 제품을 개선시킨 게 아니라 훨씬 흥미로운 신제품을 개발해낸 것이다.

내가 IGT 주식을 매수한 평균 단가는 주당 1달러쯤 된다. 이 같은 주가는 당시 IGT의 연간 주당 순이익의 10배 정도로, 이 회사의 주가수익비율을 10배 정도로 평가한 것이다. 내가 IGT의 주식을 매각했을 때 이 회사의 주당 순이익은 1000% 증가했고, 주가수익비율은 40배로 높아졌다. 다시 말해 내가 투자한 최초의 투자 원금은 4000%의 투자수익률을 올린 셈이 됐다. 1993년에 IGT의 주가가 40달러에 달했을 때 이 회사 주식은 자연스럽게 성장주로 분류됐다. 그리고는 도박 산업 주식도 한때 모두가 열광했던 종목에서 더 이상 새로울 게 없는 종목으로 전락했고, 결국 적정 주가수익비율도 절반으로 떨어졌다.

투자 원금이 마흔 배로 불어나는 것은 정말 멋진 경험이다. 여러분들도 꼭 그런 경험을 해보길 바란다.

소형주 투자는 야구경기와 비슷한 구석이 있다. 배트를 들고 타석에 들어서면 누구나 만루홈런을 치기를 바란다. 베이브 루스는 숱하게 삼진아웃을 당했지만 그의 홈런 기록은 전설처럼 남아있다. 당신 역시 이제는 됐다 싶을 정도로 스윙을 많이 하게 되면 그 가운데 공 몇 개가 펜스를 넘어가게 될 것이다.

　물론 어느 주식이 펜스를 넘어갈지는 아무도 알지 못한다. 내가 지금까지 샀던 주식은 전부가 나름대로 대단한 이야깃거리를 갖고 있다. 황당할 정도로 놀라는 경우도 가끔씩 있다. 놀라는 이유는 양쪽 방향에서 모두 찾아온다. "철썩 같이 믿었던 종목"이 실망을 안겨주기도 하고, 크게 기대하지 않았던 회사였는데 최고의 기업으로 부상하는 경우도 있다.

　그러나 단 한 가지 부정할 수 없는 사실은, 주식을 계속 보유하고 있지 않으면 당신의 돈은 절대 5배 혹은 10배, 20배로 불어날 수 없다는 점이다. 대부분의 투자자들은 주가가 두 배로 오르면 일단 이익을 챙기기 위해 즐거운 마음으로 내다 판다. 하지만 기업이 여전히 잘 나가고 있다면, 그 주식도 잘 나가도록 그냥 놓아두라.

4 나쁜 뉴스가 좋은 기회를 만든다
Bad News Bulls

 가치주에는 또 다른 매력이 숨겨져 있다: 끊임없이 새로운 가치주가 만들어진다는 점이다. 시장 주도주 몇 개가 악재에 휩싸여 전체 시장을 끌어내리면 뜻하지 않게 새 얼굴들이 등장한다.

 나쁜 뉴스는 대개 과장되고 그 파장이 증폭된다. 물론 투자의 세계에서만 그런 건 아니다. 미국이 첫 유인 우주실험실 스카이랩(Skylab)을 발사하고 몇 년이 흐른 1970년대 말의 일이다. 스카이랩과 관련된 뉴스를 지켜보면서 나는 불현듯 투자자들이 나쁜 뉴스에 얼마나 과잉반응을 하는지, 이 덕분에 소수의 냉정한 투자자들이 얼마나 좋은 기회를 얻게 되는지 이보다 더 완벽한 비유는 없겠다는 생각이 들었다. 지금도 이보다 더 근사한 예는 찾을 수 없을 것 같다.

우주궤도에 떠있던 스카이랩이 수명이 다하면서 일이 터지기 시작했다. 스카이랩은 결국 대기권 내로 추락할 게 분명했다. 그러자 신경질적 반응이 폭발했다: 언론에서는 스카이랩의 파편으로 인해 마치 미국인 모두의 생명이 위태로워질지 모른다는 식으로 잔뜩 겁주는 이야기를 연일 쏟아냈다. 시사주간지 〈타임Time〉은 다가올 재앙이 얼마나 위험한가를 커버스토리로 다루기까지 했다. 틀림없이 이런 기사로 인해 수천 명의 어린아이들이 겁을 집어먹고 침대 밑으로 숨어들었을 것이다.

"잠깐만 생각해보자고." 나는 속으로 중얼거렸다. "기자들이란 확률에 대해서는 잘 모르는 게 틀림없어. 이들은 숫자에는 까막눈이잖아." 보통사람들도 통계학에 대해서는 잘 알지 못한다. 그래서 일어나기 힘든 사건의 확률을 엄청나게 부풀리곤 한다.(실제로 한 연구결과에 따르면 사람들은 사고로 인해 사망할 확률이 질병으로 인해 죽을 확률과 비슷하다고 생각한다. 그러나 정확한 통계에 의하면 질병으로 인해 사망할 확률이 사고사할 확률보다 15배나 더 높다.) 가령 어떤 사건이 발생할 확률이 2000분의 1밖에 되지 않는데 20분의 1로 믿는 것이다. 나는 조용히 계산해보았다. 스카이랩이 추락하면서 500개의 치명적인 부분품들이 산산조각 난다면 여기저기로 흩어질 수많은 파편 조각들이 50억 인구, 그것도 지구상의 5억1000만 평방 킬로미터에 달하는 광활한 면적에 살고 있는 사람들의 머리 위로 떨어질 확률이 얼마나 되는지 말이다.

계산해본 결과 스카이랩이 추락한다 해도 당신이나 내가 살아남을 확률은 전혀 나쁘지 않았다. 총알 절반 크기만한 파편조각들이 무작위로 하늘에서 떨어져 내릴 경우 미국인들 가운데 단 한 명이라도 그 파편에 맞을 확률은 3000분의 1이다. 더구나 미국항공우주국(NASA)이 스카이랩의 추락 지점을 어느 정도 제어할 능력을 갖고 있다는 점을 감안하면 미국인 어느 누구가 파편에 맞을 확률은 2만분의 1로 줄어든다. 미국에서는 매일 자동차 사고로 130명이 목숨을 잃는다. 스카이랩이 추락할 것이라며 모두가 공포에 떨었던 1979년 7월 11일에 미국인들 가운데 자동차 사고로 죽을 확률은 스카이랩 파편에 맞아 단 한 명이라도 목숨을 잃을 확률에 비해 40만 배나 더 높다.

스카이랩은 결국 대기권 아래로 추락했지만 파편조각들은 NASA가 의도했던 대로 인도양 해상으로 떨어졌다. 혹시 파편 몇 개가 육지에 떨어졌을 가능성도 있다. 그렇다고 해봐야 호주 대륙의 양떼 가운데 한두 마리가 파편에 맞았을지 모르지만 어쨌든 사람이 그 파편에 맞았다는 보고는 없었다. 그동안 나왔던 모든 이야기들이 전부 기우(杞憂)로 끝나버린 셈이다.

스카이랩이 추락할 때쯤 스리마일 섬 원자력발전소 사고가 발생했다. 어처구니없는 과잉대응이 벌어진 또 하나의 사례였다. 냉각장치가 파열돼 핵연료가 누출됐지만 오염물질의 유출은 없었고, 방사능물질의 피폭(被爆)도 거의 없었다. 국제원자력기구(IAEA)는 조사보고서에서 발전소 밖으로 방사능이 유출된 사실을 발견할 수 없었다고 밝혔다.(체르노빌에서는 이와는 달리 오염물질이 유출됐다.) 언론에서는 마치 수백 만 명의 미국인들이 방사능 유출에 노출된 것처럼 과잉반응했고, 미국인의 건강에 심각한 재난이 닥친 것처럼 보도했다.

그러나 진실은 전혀 달랐다. 만약 두 명의 쌍둥이가 스리마일 섬 원자력발전소 바로 인근의 농장에 살고 있었다고 하자. 쌍둥이 중 한 명은 사고소식을 듣자 방사능 피해가 걱정돼 자신의 차를 몰고 멀리 다른 도시로 떠났다. 그런데 다른 한 명은 "방사능이 무슨 대수인가"라고 말하면서 옷을 훌훌 벗어버린 채 원자력발전소를 향해 누워 일광욕을 즐겼다. 과연 누가 더 사고로 죽을 확률이 높았겠는가? 이제 당신도 쉽게 답할 수 있을 것이다. 일광욕을 즐긴 쌍둥이 형제보다 차를 몰고 다른 도시로 떠난 쌍둥이 형제가 자동차 사고로 죽을 확률이 훨씬 높다.

하지만 언론에 정치인까지 가세한 집단적 히스테리는 엄청난 파급을 낳았다: 스리마일 섬 원자력발전소 사고와 함께 미국의 원자력 산업은 조종을 울렸다. 석탄이나 석유를 비롯한 화석연료, 태양열 같은 다른 모든 에너지 자원들도 어떤 식으로든 환경에 좋지 않은 영향을 미치며, 원자력보다 인간의 생명에 더 치명적인 위협이 될 수 있다.

리스크를 과대평가하는 심리적 요인

실제로 일어난 사건이든 상상이 만들어낸 재난이든 인간이 여기에 어떻게 대응하는가에 관한 심층적인 연구는 쉽게 찾아볼 수 있다. 한 예로 오손 웰즈가 "우주전쟁(The War of the Worlds)"이라는 제목의 라디오 드라마를 방송했을 때 수많은 사람들이 진짜로 화성인들이 뉴저지 주를 침략했다고 믿는 바람에 큰 소동이 벌어졌는데, 당시의 패닉에 관해 쓴 책들만 여러 권이다. 그러나 사람들이 돈과 관련된 문제에는 어떻게 대응하는가를 심리학자들이 연구하기 시작한 것은 1980년대 초가 되어서였다. 이들은 곧 다른 사건들과 마찬가지로 돈에 관련된 문제에서도 비이성적인 행동이 우세하다는 사실을 발견했다.

> 돈이란 헛된 기대에 부풀어있는 도박꾼에게서 나와 정확한 확률이 어디에 있는지 아는 사람에게로 흘러 들어가게 마련이다.

스탠포드 대학교의 아모스 트버스키(Amos Tversky) 교수와 프린스턴 대학교의 대니얼 카네만(Daniel Kahneman) 교수의 초창기 연구결과는 주목할 만한 것이다. 이들은 논문에서 대부분의 사람들은 돈에 관한 문제에서도 어떤 일이 일어날 가능성을 상당히 과장한다고 결론지었다. 특히 무슨 일이 벌어질 개연성만 있다면 그 확률이 1000분의 1이든, 100만분의 1이든 심각한 문제로 받아들인다는 것이다. 암 보험이나 해외여행자 보험, 기타 재난 관련 보험의 경우 실제 발생 확률을 감안한 것보다 보험회사가 책정하는 보험료가 훨씬 높은데도 그렇게 많은 사람들이 가입하는 것은 이런 이유 때문이다.

사람들은 또한 발생할 가능성이 희박한 아주 특별한 사건의 위험성을 과대평가하는 것처럼 이길 확률이 극히 희박한 상황에서도 그 가치를 과대평가한다. 그래서 카지노 도박장과 경마장, 복권판매소가 늘 많은 사람들로 붐비는 것이다. 돈이란 헛된 기대에 부풀어있는 도박꾼에게서 나와 정확한 확률이 어디에 있는지 아는 사람에게로 흘러 들어가게 마련이다.

이런 현상은 주식시장에서 거래되는 콜옵션과 풋옵션의 경우를 보면 쉽게 검증할 수 있다. 가령 주가지수 콜옵션의 경우 현재 시점의 주가지수보다 아주 높은 가격에 행사할 수 있는 극외가격의 콜옵션은 사실상 복권이나 다름없지만 확률 이론이 제시하는 적정가치보다 늘 훨씬 높은 가격에 매매된다. 합리적인 투자자들이라면 이런 극외가격 옵션은 물론 리스크가 매우 큰 초저가 주식들도 피해야 할 것이다. 1달러 미만의 "싸구려" 주식들은 비록 주가가 낮더라도, 아니 주가가 그렇게 낮기 때문에 과대평가됐을 가능성이 매우 높다. 『뱅크 딕The Bank Dick』이란 영화를 보면 W. C. 필즈가 싸구려 주식을 사서 거부가 되는 장면이 나오지만 실제로는 확률적으로 성공하기 힘든 투자를 함부로 했다가는 가진 돈을 전부 날리기 십상이다.

트버스키와 카네만이 발견한 중요한 사실 한 가지는 대부분의 사람들이 1달러의 이익과 1달러의 손실을 다르게 인식하며, 특히 내기에 거는 판돈이 커질수록 그렇다는 점이다. 가령 똑같은 자동차를 한 대씩 갖고 있는 두 사람이 같은 확률로 내기를 해서 이기는 사람이 다른 사람의 자동차를 받기로 한다면 과연 누가 이런 내기를 하겠는가? 아마도 거의 없을 것이다. 왜냐하면 자동차를 두 대 가졌을 때 얻는 이득보다 자동차가 없을 때 겪게 될 피해가 더 크기 때문이다. 이를 공식화하면 가치 함수는 비선형이라고 표현할 수 있다. 사람들은 일정한 금액이나 상품을 얻었을 때의 즐거움보다 같은 금액이나 상품을 잃었을 때의 상실감이 더 크다는 말이다. 자신의 전재산이 달려있는 아주 결정적인 도박을 눈앞에 두고 있다면 대개의 사람은 적어도 이길 확률이 3분의 2정도는 돼야 모험을 해볼 것이다.

대부분의 투자자들도 이와 비슷하게 리스크를 회피하는 경향이 있다. 그래서 많은 사람들이 주식을 사는 대신 이자율이 낮은 채권을 사거나 적은 금액이지만 고정적인 소득이 보장되는 투자상품에 가입하는 것이다. 또 주식을 사더라도 더 높은 수익률을 올릴 가능성이 큰 소형주에 투자하는 대신 일단 마음이 놓이는 블루칩을 매수하는 것이다. 나는 확률적으로 리스크보다 투자 수익이 더 큰 상황이 언제인지 잘 알고 있다. 이런 때면 나는 많은 사람들이 몰려가는 방향의 반대쪽으로 자신있게 향한다. 왜냐하면 이런 때는 대부분의 사람들이 확률은 무시한 채 리스크를 과대평가하고, 그래서 투자 수익을 희생하면서까지 무조건 안전함만을 찾기 때문이다.

대개의 사람들은 확률은 무시한 채 리스크를 과대평가한다.

트버스키와 카네만의 연구에서 다루고 있는 또 한 가지 흥미로운 사실은 의사결정 과정에서 어떤 문제의 문맥이 중요한 역할을 한다는 점이다. 사람들은 어떤 문제가 자신에게 어떻게 제시되는가에 따라 마음을 달리 하게 된다는 말이다. 즉, 이득과 손실에 대해 상반된 의사결정을 하는 것이다. 어느 거래에서 잠재적인 이득이 부각될수록 사람들은 더욱 조심스러워지고 신중해진다; 반면 잠재적 손실이 분명해질 때는 오히려 두려움에 사로잡혀 손실을 피할 수 있는 방법을 찾기 위해 실제로는 훨씬 더 큰 리스크를 기꺼이 부담한다.

예를 들어 어떤 사람이 150달러를 가지고 경마장을 가서 하루종일 판돈을 걸었는데 140달러를 잃고, 이제 마지막 경주에서 15배 배당이 걸린 극히 낮은 승률에 남은 돈 10달러를 걸려고 한다. 이 같은 의사결정은 두 가지 방식으로 이루어졌다고 볼 수 있는데, 각각은 서로 상이

한 준거점을 제공해준다. 만약 준거점이 이 사람의 남은 돈에 국한된다면, 마지막 경마에서 이 사람은 극히 낮은 승률이지만 140달러를 따거나 아니면 10달러를 잃는 결과를 가져온다. 또 하나의 준거점은 오히려 이 사람의 현재 인식 상태를 더 잘 보여준다. 이미 오늘 경마에서 140달러를 날렸고, 따라서 마지막 경마는 다시 원금을 회복할 수 있는 기회가 될 수 있다. 잃어도 기껏해야 10달러 더 날릴 뿐이다. 트버스키와 카네만 교수가 체계화한 프로스펙트 이론(Prospect Theory)에서는 첫 번째 준거점보다 두 번째 준거점에 따라 의사결정을 내릴 때 더 큰 리스크를 감수한다고 설명한다. 그래서 돈을 잃는데도 불구하고 준거점을 바꾸지 않는 사람들은 도저히 상식적으로는 납득하기 힘든 극히 낮은 승률에도 판돈을 거는 것이다. 경마장에서 그 날의 마지막 경마가 열리면 늘 승률이 가장 희박한 쪽에 가장 많은 사람들이 몰리는 것도 바로 이런 이유 때문이다.

주식 투자로 손실을 본 투자자에게도 똑같은 일이 벌어진다. 투자 손실로 인해 자기가 갖고 있는 주식의 진짜 가치가 얼마인지 직시할 수 없게 된 투자자는 그 기업이 난국에 처해있음을 아는 상황에서도 오로지 주가가 다시 회복해 손실을 만회하기만 바라는 기대로 그 주식을 계속 보유하는 데 베팅을 하게 된다. 물론 주식시장이 경마장은 아니지만 주식 투자자들 역시 강세장과 약세장에서의 행동이 상이하고, 서로 다른 준거점은 이들의 상이한 행동을 설명해준다.

최근 학계에서는 재무 행동론, 그 중에서도 특히 투자자 행동론 분야의 연구가 활발하게 진행되고 있다. 1995년 4월에는 금융시장에서 활동하는 애널리스트들의 단체인 투자관리연구협회(AIMR)가 "투자

관리에서의 재무 행동 및 의사결정 이론"에 관한 회의를 주최했다. 이 자리에서는 트버스키 교수(이 회의가 열리고 1년 뒤 타계했다)를 비롯해 모두 6명의 학자가 논문을 발표했다. 또 1996년 5월에는 하버드 대학교에서 펀드매니저와 학계 인사들이 참석한 가운데 이틀간의 일정으로 "행동 경제학"에 관한 세미나가 열렸다. 이 세미나에서 나온 주장 가운데 한 가지는 인기 높은 성장주만 보면 많은 사람들이 이성을 잃은 채 과도할 정도로 높은 주가를 지불한다는 것이다; 이 같은 주장은 가치주에 대한 투자가 성장주 투자보다 더 나은 투자전략임을 시사해준다.

이와 똑같은 결론을 확인해주는 연구는 수없이 많다. 인간이 원래 그렇듯이 주식 투자자들 역시 다름아닌 자신의 돈이 달린 문제에서조차 전혀 합리적이지 않은 방식으로 행동한다. 우리가 경제원론에서 가정했던 인간의 합리성과는 정반대되는 행동을 하는 것이다. 물론 주식 투자자들은 기업에서 벌어지는 일이나 경제 전반의 상황 변화에 대응해야 한다. 하지만 주식시장과 개별 종목의 주가 변동은 금리나 주당 순이익의 변동에 비해 훨씬 더 크다. 합리적 기대가설은 투자자들이 새로운 정보에 합리적인 방식으로 대응한다는 것을 전제로 한다. 그러나 심리학자들은 합리적 기대가설의 이 같은 전제에 과감히 의문을 던진다: 투자자들은 정보를 감정적으로 평가하며, 이로 인해 만들어지는 주가의 왜곡 현상은 냉정하면서도 기민하게 움직이는 이들이 수익을 낼 수 있는 기회를 제공한다.

주가의 왜곡과 좋은 투자 기회

스카이랩과 스리마일 섬 원자력발전소를 둘러싼 히스테리, 그리고 투자자 심리에 관한 최근 연구들은 모두 우리에게 돈을 벌 수 있는 아주 중요한 메시지를 전달해준다: 발생 가능성이 희박한 재난으로 인해 주식시장이 공포에 사로잡히면, 리스크가 작은 훌륭한 기업의 주가도 매수하기에 아주 매력적인 수준까지 떨어진다. 뭔가 부정적인 사건이 일어나면 주가는 그 뉴스가 미칠 파장보다 훨씬 더 큰 폭으로 하락한다. 이런 일이 워낙 자주 일어나다 보니 "나쁜 뉴스는 늘 시장에 과도하게 반영된다"는 말까지 만들어졌다.

> 투자자들은 정보를 감정적으로 평가하며, 이로 인한 주가의 왜곡은 냉정하면서도 기민하게 움직이는 이들에게 수익 창출의 기회를 제공한다.

이 같은 과잉반응이 나타난 다음에는 언제든지 개별 종목들 가운데서 좋은 투자 기회를 발견할 수 있다. 스카이랩과 스리마일 섬 원자력발전소 사고로 떠들썩할 무렵 공교롭게도 시카고 오헤어 공항에서 DC-10 항공기가 추락하는 끔찍한 사고가 발생했다. 그러자 DC-10 항공기를 생산하는 맥도널 더글라스(McDonnell Douglas)의 주가는 순식간에 28달러에서 20달러로 급락했다. 얼마 뒤 충격이 좀 진정되자 주가는 26달러로 회복됐다. 이런 식의 투매와 반등은 오늘날에도 똑같은 양상으로 벌어진다. 소위 말하는 모멘텀 투자의 증가로 인해 오히려 더욱 자주 나타난다. 모멘텀 투자를 하는 포트폴리오 매니저들이 주식을 살 때는 거의가 시장이 최근에 오르고 있다는 판단을 내렸을 때다.(이들은 시장의 "상대적 강도"에 기초해서 매수 결정을 내린다고 말한다.) 또 주가가 미리 설정해둔 한계, 가령 고점 대비 15% 하락하면 매도 주문을 낸다.(간단히 말해 오를 때 사서 내릴 때 판다고 해도 크게 틀린 설명은 아니다.) 이 같은 모멘텀 투자 시스템은 강세장이 어느 정도 무르익을수록 더 잘 작동한다. 그래서 1990년대에 모멘텀 투자가 인기를 얻고 투자자들을 끌어모았다. 하지만 모멘텀 투자자들은 상승세를 타는 급등주를 전부 같은 시점에 매수하고, 또 나쁜 뉴스가 나와 매도 신호가 들어오면 또 전부 같은 시점에 내다 판다. 이로 인해 이런 주식들은 일시적으로 진정한 내재가치보다 현저히 낮은 주가 수준까지 폭락할 수도 있다.

주식시장에서 자주 발견할 수 있는 또 다른 기회는 특정 업종이나 산업 분야에 대한 과도한 우려로 인해 해당 업종에 속한 전 종목의 주가가 급전직하할 때다. 투자자들이 어느 업종에 대해 두려움에 사로잡혀 있다면, 틀림없이 리스크는 거의 없는데 주가는 추락해 있는 훌륭한 기업을 찾아낼 수 있을 것이다.

이와 관련해서는 지난 10여 년 사이 은행업종에서 벌어졌던 사례를 돌아보는 것만큼 좋은 설명도 없을 것이다. 엄청난 자금을 운용하는 대형 은행들은 신용도가 떨어지는 채무자에게도 기꺼이, 정확히 말하자면 어쩔 수 없이 돈을 빌려주는 속성으로 인해 반복적으로 어려움에 직면한다.(내가 생각하기에 "공격적인 성향의 은행가"라는 말은 마치 "적극적으로 수줍음을 잘 타는 여성"이라는 말처럼 모순된 표현이다.) 1982~83년 당시 소위 "국가 채무"라는 단어가 신문의 머리기사 제목을 장식했다. 미국의 대형 은행들은 아르헨티나와 브라질, 폴란드, 자이르, 멕시코처럼 돈을 잘 갚지 않으려는 정부 채무자들에게 엄청난 대출금을 만기 연장해줘야 했다.(미국은 1983년 초에 멕시코의 국가 채무 상환 중단 우려에 휩싸였는데, 1995년 초에도 똑같이 멕시코의 국가 채무 상환 중단 우려가 재연됐다; 해묵은 과거의 고질병들이 늘 다시 발생하고 반복되는 것이다.) 제3세계 정부의 채무 상환 중단과 만기 연장이라는 문제는 신용도가 떨어지는 부동산 개발업체들에 대한 대출 부실 우려로 이어졌고, 정도는 덜했지만 차입금으로 기업을 인수하는 LBO(Leveraged Buyout) 기업들에게도 파급됐다.

대형 은행들이 스스로 자초한 난관에 봉착했다는 점에는 의심의 여지가 없었다. 그러나 델라웨어나 하와이, 월밍턴 같은 곳에 있는 작은 은행들은 외국 정부에 돈을 빌려주지도 않았거니와 부동산 개발업체들에 대한 대출도 매우 신중하게 처리했다. 그런데도 대외 채권이 많은 대형 은행들과 마찬가지로 여신관리에 경솔한 금융기관으로 매도당하고 있었다. 따라서 이들 소형 지역은행들의 주가 역시 상당히 저평가된 상태로까지 떨어졌다. 우리는 이런 은행 몇 개를 골라 투자했다.(적어도 이 은행들은 아래의 박스에 나오는 양복점 주인이 아니라 은행가가 경영하는 곳이라는 확신이 있었기 때문이다.) 얼마 지나지 않아 우리가 옳았음이 입증됐다. 투자자들은 주가수익비율이 형편없이 떨어져 있는 소형 지역은행들의 주식을 너도나도 매수했다. 그 무렵 내가 에이콘 펀드 투자자들에게 던졌던 질문이 그대로 현실화된 셈이다. "주가수익비율이 더 이상 떨어질 수 없는 바닥까지 내려왔는데,

어떻게 주가가 계속 이런 식으로 머물러 있겠는가?"

귀가 얇은 양복점 주인

몇 해 전까지 은행업종의 가장 큰 골칫거리였던 부실 대출 문제에 대해 생각하다가 나는 문득 세계 최고의 대출금 만기연장을 이끌어낸 인물이 누구인지 찾아냈다. 《이상한 나라의 엘리스 Alice's Adventures in Wonderland》로 유명한 루이스 캐롤(Lewis Carroll)이 쓴 소설 《실비와 브루노 Sylvie and Bruno》에 교수로 나오는 인물이다. 이 교수의 교묘한 논리는 현대적인 은행이론과 딱 맞아떨어진다.

누군가 문을 똑똑하고 두드리자 교수는 큰소리로 대답한다.
"들어오게나!"
"교수님, 소생 양복점 주인입니다. 아시다시피 계산하실 게 조금 있습니다." 양복점 주인은 문밖에 선 채로 다 죽어가는 목소리로 이야기했다.
"아, 이 친구가 찾아왔군. 잠시만 기다리면 이 친구의 일을 금세 처리하도록 하지." 교수는 옆에 있던 아이들에게 말했다. "그래, 얼마지? 그러니까 올해 계산할 금액이 말일세." 양복점 주인은 안쪽으로 들어오면서 작은 목소리로 머뭇머뭇 대답했다.

"저, 교수님께서도 아시겠지만 그게 벌써 몇 년째 두 배씩 불어나서 말입니다. 그런데 이제는 제가 좀 돈을 만져봤으면 합니다. 계산해주실 금액이 2000파운드나 되거든요!"

"그래, 별것 아니군!"

교수는 대수롭지 않다는 듯 말하고는 안주머니 쪽에 손을 대면서 마치 당장이라도 그 정도 금액은 꺼내줄 수 있을 것처럼 시늉을 한다. "그런데 말이지, 자네 1년을 더 기다리는 게 어떤가? 그러면 받을 돈이 4000파운드로 늘어날 텐데 말이야. 자네는 정말로 부자가 되는 거야! 어떤가, 자네만 좋다면 왕처럼 부자가 될 수 있는데."

"왕처럼 부자가 된다는 건 생각해본 적도 없습니다." 양복점 주인은 머릿속으로 뭔가를 그리며 말을 이었다. "하지만 멋진 말씀이시긴 하군요! 참 돈이라는 게 뭔지. 어쨌든 좀 생각을 해봐야겠습니다."

"물론 그래야겠지!" 교수는 대답했다. "자네는 영리하니까 말일세. 내가 잘 알고 있지. 그럼 잘 가게. 나중에 또 보세!"

"그럼, 내년에 저 양복점 주인에게 4000파운드를 주셔야 하는 거 아닌가요?" 문이 닫히고 양복점 주인이 사라지자 옆에서 이 광경을 지켜보던 실비가 교수에게 물었다.

"그런 일은 절대 없을 거야!"

교수는 단호한 어조로 이렇게 대답했다. "그 친구는 죽을 때까지 계속 돈을 두 배로 불려나가겠지. 너도 알겠지만 내년에는 받을 돈이 두 배로 늘어날 거라고 생각하면서 한 해를 더 기다리는 건 누구에게나 근사한 일이거든!'

캐롤은 1889년에 이 소설을 출간했고, 소설 속에서는 아무도 죽지 않았으므로 만약 교수와 양복점 주인이 해마다 계속해서 만기연장을 했다고 가정하면, "계산하실 게 조금 있다"는 양복점 주인의 받을 금액은 지금쯤 수 조 달러에 달할 것이다. 또한 이 양복점 주인은 아마도 소설 속의 인물 가운데 최대의 채권자가 됐을 것이고, 언젠가 받을 수만 있다면 최고의 부자 등장인물로 꼽혔을 것이다.

혹시 이 양복점 주인이 직업을 잘못 선택한 게 아닐까 하고 의아해할지도 모르겠다. 이 양복점 주인이 당장이라도 소설 속 등장인물을 그만두고 대형 은행의 여신담당으로 자리를 옮긴다면 금방 유명해질 테니 말이다.(안타깝게도 캐롤은 이 양복점 주인에게 성도 이름도 주지 않았다.) 그는 이미 만기 연장이 무엇인지 확실히 이해하고 있고, 그 대가로 받을 징벌적 이자에 대해서도 잘 알고 있다; 그의 징벌 금리는 한 해 100%로, 적어도 심리적인 손익계산서 상에는 수입으로 잡힐 것이다. 사실 그의 채권은 완벽할 정도로 건전하다. 교수가 파산을 선언할 염려는 전혀 없으니 말이다. 물론 양복점 주인이 미망(迷妄)과도 같은 자신의 계획을 스스로 접기 전까지는 말이다.

이와 똑같은 일이 저축대부조합(S&L) 스캔들이 터졌을 때 그대로 반복됐다. 당시 모두들 이제 저축대부조합 산업은 끝났다고 말했다. 그러나 우리는 적어도 몇 개의 저축대부조합은 살아남을 것이라고 결론지었다. 마치 지금도 엘로우스톤 국립공원을 질주하는 버펄로 무리들처럼 말이다. 우리는 아주 건실한 저축대부조합 여러 곳의 주식을 싼값에 사들였고 큰 수익을 올렸다.

	우리는 1996년 7월에도 헐값으로 거래되는 주식을 만날 수 있었다. 당시 첨단 기술 기업 두 곳이, 그것도 동시에 시장이 예측했던 것보다 떨어지는 실적을 발표하자 패닉에 가까운 상황이 연출되면서 무조건 첨단 기술주를 던져버리는 사태가 벌어졌다. 모멘텀 투자를 하는 이들이 몰려들어 어처구니없는 수준까지 주가를 끌어올렸던 많은 첨단 기술주들은 이렇게 50%나 떨어졌지만 여전히 비싼 수준이었다. 하지만 합리적인 가격에 거래됐던 훌륭한 첨단 기술주까지 덩달아 비합리적인 수준까지 주가가 떨어졌다. 시장의 신경질적 반응이 가라앉자 이들 주식은 곧 제자리를 찾아 반등했다.

	우리는 건실한 은행과 훌륭한 기업을 발굴하려고 했다는 점에 주목하라. 어느 업종이나 산업이 폭격을 맞아 초토화되다시피 하면 잔해 더미에서 뭔가 차별적인 기업을 찾아내기란 무척 어렵다. 그러나 공부하고 분석하면 합법적으로 헐값에 사들일 수 있는 기업을 골라낼 수 있다. 그러면 이제 남은 일은 인내심을 갖고 기다리는 것뿐이다.

5 직접 투자해? 아니면 전문가에게 맡겨?
On your own, or call in the experts?

데이비드 아저씨는 주식 투자를 아주 잘 해나가고 있다.

아저씨는 사실 증권업에 대해서는 문외한이나 다름없는 분이다. 그 분은 작은 도시에서 여성의류 소매점을 운영한다. 그 분은 다른 소매업체나 의류 제조업체, 면직물 생산업체처럼 자신이 잘 아는 분야의 기업 주식만 산다. 이런 회사들이 어떤 제품을 만들고, 가격 경쟁력은 어떤지, 또 유통망은 강한지, 그 분은 전부 꿰뚫고 있다. 특히 자신이 투자하는 기업의 재무제표에서 무엇이 핵심적인 사항인지 구별해낼 줄 안다. 즉, 재고자산이나 현금 흐름, 은행 부채의 변동이 무엇을 의미하는지 이해한다. 개인적으로 잘 아는 최고경영자도 있고, 이들이 정말로 뛰어난 경영 능력을 가졌는지, 정직한 사람인지 나름대로 확실한 의견을 갖고 있다.

그러나 아저씨의 진짜 강점은 자신의 상점을 찾는 고객들의 수요 변화를 파악한다는 데 있다. 고객이 많이 찾는 상품이라 해도 곧장 생산 물량을 늘릴 수 없으므로 대개는 몇 달 뒤에나 주문한 상품이 들어온다. 따라서 고객들과 대화를 나누다 보면 의류 제조업체들이 올해 3분기와 4분기에 어떤 실적을 낼지 3월쯤에 미리 알아차린다. 아저씨는 자신이 제대로 이해하고 있는 사업 분야에 투자함으로써 지난 반 세기 이상 주식시장에서 큰돈을 벌 수 있었다.

당신이 가치주 투자에 매력을 느끼든, 혹은 성장주 투자에 마음이 이끌리든 (사실 데이비드 아저씨는 자신이 가치주 투자자인지 성장주 투자자인지 한번도 생각해보지 않았겠지만) 가장 먼저 매우 중요한 결정을 내려야만 한다: 나의 아저씨처럼 당신 스스로 포트폴리오를 구성할 것인가, 아니면 전문가에게 이 일을 맡길 것인가? 전문가라고 하면 투자자문가도 될 수 있고, 은행의 투자신탁부서가 될 수도 있고, 아주 특출한 능력이 있어 보이는 증권회사 직원이 될 수도 있다. 하지만 전문가에게 맡긴다고 하면 대부분의 사람들은 뮤추얼펀드에 투자한다고 생각할 것이다.

주식 투자도 다른 기술이나 똑같다. 당신은 막힌 하수구를 직접 뚫어버릴 수도 있고, 법원에 가서 소장을 직접 제출할 수 있으며, 마찬가지로 당신이 직접 주식을 골라 투자할 수도 있다. 아저씨가 그랬던 것처럼 당신도 잘 할 수 있을 것이다. 또 아저씨처럼 직접 주식 투자를 하면서 즐거움을 맛볼 수도 있을 것이다.

나는 주변에서 아마추어이긴 하지만 목공이나 전기 기술, 혹은 정원을 가꾸는 데 대단히 솜씨 좋은 사람들을 자주 본다. 이들은 무엇을 만들고 수리하고 꾸미기를 즐기는 사람들이다; 그게 이 사람들의 취미다. 그런 것처럼 주식 투자도 괜찮은 취미가 될 수 있다. 주식 투자는 날씨에 관계없이 언제든 할 수 있다. 몸이 건강하지 않아도, 나이가 많아도 아무런 제약이 없다. 당신이 할 수만 있다면 얼마든지 많은 시간을 쓸 수 있다. 유익해 보이는 보고서나 신문, 잡지를 읽을 수도 있고, 방송에 나와 설득력 있게 이야기하는 꽤 똑똑한 출연자의 의견을 들어볼 수도 있다. 더구나 이런 여가 활동을 즐긴다는 사실은 부인이나 남편에게 숨김없이 털어놓아도 문제될 게 없다.

증권분석에 신비한 마술 같은 건 없다. 증권분석을 하는 사람들은 이상한 주술이나 외워대는 종교집단이 아니다. 증권분석이란 어느 기업이 향후 몇 년간 어떻게 될지 이해하고자 끊임없이 질문하는 과정일 뿐이다. 데이비드 아저씨가 그랬던 것처럼 당신이 어떤 업종에 대해 잘 알고 있다면 그것은 당신의 강점이며, 그 업종이 바로 당신이 주의 깊게 살펴봐야 할 분야다. 당신은 보험 산업에 대해 아는 게 많은데, 그냥 경제 전반에 대해서도 잘 안다고 생각하고 컴퓨터 관련 주식에 투자했다면 스스로 자신의 강점을 잃는 꼴이 될 것이다.

> 당신이 제대로 이해하고 있는 주식에서 더 멀리 벗어날수록 당신은 투자가 아니라 도박을 하는 자신을 발견하게 될 것이다.

내가 주식 투자자로서 가장 기본적인 원칙을 터득하게 된 시점은 내가 무엇을 알고 있으며, 무엇을 모르고 있는지를 파악한 다음이었다.

당신이 제대로 이해하고 있는 주식에서 더 멀리 벗어날수록 당신은 투자가 아니라 도박을 하는 자신을 더 자주 발견하게 될 것이다.

뮤추얼펀드에 투자하게 되면 자신이 직접 고른 주식에 투자하는 것에 비해 적극적인 감정이나 흥분 따위는 훨씬 덜 할 것이다. 직접 투자는 약간 게임 같은 요소가 있기 때문이다. 어디에 보물이 숨겨져 있는지 그 단서를 하나씩 찾아나서는 묘미 같은 것 말이다. 하지만 조금만 주의를 게을리하면 그렇게 값비싼 취미도 없을 것이다. 물론 당신이 잘만 한다면 재미도 만끽하고 동시에 돈도 벌 수 있겠지만 말이다.

자신의 스타일은 어떤가

당신이 만약 직접 주식 투자를 하겠다고 결심했다면 내가 당신에게 해줄 수 있는 가장 중요한 조언은 주식의 세계를 바라볼 수 있는 눈, 즉 자신의 투자 전략을 가져야만 한다는 것이다. 어쩌면 불필요한 사족처럼 들릴지도 모르겠지만 직접 투자를 한다는 사람들의 포트폴리오를 잘 관찰해보면 온갖 잡동사니들로 가득 차있다는 사실을 확인할 수 있을 것이다. 친구가 어디서 들었다면서 곧 인수합병 대상이 될 거라는 종목, 〈포브스〉에서 아주 근사한 신제품을 출시했다고 보도한 기업, 주가가 단기간에 너무 급락해 증권회사 직원이 말하기를 거저 줍는 거나 다름없다는 주식, 그리고 엊그제 우연히 들렸다가 가격에 비해 너무나도 멋진 식사를 했던 레스토랑 체인점 주식 같은 것들이다. 한마디로 그냥 아무렇게나 주워 모은 이야기 거리의 집합소다.

주식 투자로 성공하는 사람들은 절대 이렇게 하지 않는다. 이들은 자신이 어떤 부류의 주식에 투자하고 싶은지 분명히 선을 그을 수 있는 투자 철학을 갖고 있고, 끊임없이 스스로 질의응답을 한다. 투자의 세계에서 가장 유명한 인물들, 가령 존 템플턴이나 워런 버펫, 피터 린치(Peter Lynch), 존 네프(John Neff) 같은 사람들을 떠올려보라. 그러면 이들에게 따라다니는 특유의 투자 스타일이 함께 연상될 것이다. 나 역시 에이콘 펀드가 그동안 훌륭한 성과를 낼 수 있었던 가장 큰 이유는 나름대로의 투자 철학, 투자 전략, 가치관, 원칙이 있었기 때문이며, 무엇이라고 이름을 붙이든 이런 것들이 있었기에 장기간에 걸쳐 꾸준한 투자 수익을 올릴 수 있었다고 생각한다.

내가 늘 찾고자 하는 투자 대상은 사업 내용을 이해할 수 있으며, 무엇을 만들든 혹은 무엇을 하든 해당 분야에서 독보적인 지위를 차지하고 있는 작지만 강한 기업이다. 따라서 내가 찾는 기업은 대개 한두 가지의 사업에만 전념한다. 나는 또한 창조적 기업가 정신을 가진 경영진과 강력한 대차대조표를 좋아하는데, 작은 기업의 경우 전자는 대부분 갖고 있지만 후자는 그렇지 않다. 그러나 나는 리스크가 큰 신생 기업이나 이제 막 적자를 탈피하려는 상황에 있는 기업에는 투자하지 않는다. 내가 한 가지 더 원하는 것은 투자 대상 기업이 아직 별로 알려지지 않아서 주가가 매우 싼 편이어야 한다는 점이다.

나는 에이콘 펀드 투자자들에게 처음 이 같은 투자 철학을 알린 이후 30년 가까운 세월 동안 여기서 벗어난 적이 없다. 물론 그사이 나도 한두 가지를 새로 배웠겠지만 나의 기본적인 접근방식은 바뀌지 않았다. 나는 지금도 작지만 강한 기업, 전 세계적으로 수요가 늘어나고 있는 제품이나 서비스를 생산하고 있으면서도 현재 주가는 싼 편인 기업의 주식을 매수하고 싶어한다. 어느 투자자든 주식시장을 대하는 태도를 장기간에 걸쳐 계속 똑같이 유지할 수 있다. 나 역시 내가 주창하는 철학이 알려준 대로 실천해왔다고 자부한다. 자신이 잘 알고 있고, 자신이 가장 잘 할 수 있는 것에서 일탈하게 되면 난관에 봉착하기 십상이다. 훌륭한 투자자는 비전을 갖고 있을 뿐만 아니라 그것을 함부로 버리지 않는 사람이다.

뮤추얼펀드, 특히 소형주에 투자하는 펀드의 경우 개인 투자자들은 겪지 않는 어려움에 부딪칠 수 있다. 펀드가 잘 운용되고 이에 따라 신규 자금이 계속 들어오게 되면 맨 처음에 내세웠던 투자 원칙을 지키기가 갈수록 어려워지기 때문이다. 그러나 이런 문제는 충분히 극복할 수 있다. 우리가 투자했던 기업 가운데 일부는 처음 매수했을 때보다 규모가 더 커지는 경우가 있다. 우리는 이런 주식을 추가로 매수하기도 하지만 투자 대상 기업의 선정 기준은 바꾸지 않는다. 물론 소형주 펀드 자체는 그 규모가 더 커질 수도 있다. 웬저 애셋 매니지먼트(Wanger Asset Management)의 로고는 다람쥐다. 그러나 몸무게가 100킬로그램씩 나가는 다람쥐가 공원에서 뛰노는 광경을 본 적은 없을 것이다.

당신이 만약 뮤추얼펀드에 투자를 한다면 가치주 펀드와 성장주 펀드, 혹은 대형주 펀드와 소형주 펀드에 전부 돈을 넣어둘 수 있다. 하지만 당신이 직접 투자를 한다면 이런 식으로 다양한 부류의 주식을 전부 다 가질 수는 없다. 이렇게 분산 투자를 하려면 포트폴리오의 규모도 커야 하지만, 이런 식으로 해서는 당신 자신의 스타일을 개발하고 단련할 수 없기 때문이다.

많은 사람들이 처음에는 원칙을 갖고 시작하지만 곧 그것을 포기해버리는 경우를 너무나 자주 본다. 원칙은 순결과 비슷하다: 열여덟 나이에 그것을 잃어버리면 다시는 도로 찾을 수 없다. 오늘 당장의 시장 분위기에 편승해 그것을 따라다니기는 무척 쉽다. 신문과 방송에서 자주 인용하는 소위 "전문가들", 당신이 거래하는 증권회사 직원들, 시장 소식지, 함께 골프를 치는 친구들을 비롯해 이 세상 모든 사람들이 당신에게 이것이 좋다고, 혹은 저것이 좋다고 속삭인다. 지금은 첨단 기술주를 사야 할 때라든가, 경기 민감주 혹은 대형 우량주나 유틸리티주, 심지어 중국 주식을 매수해야 한다고 이야기한다. 그러면 십중팔구는 이런 주식이 거의 최고점에 도달했을 때 매수했다가 결국 후회하게 된다.

많은 사람들이 처음에는 원칙을 갖고 시작하지만 곧 그것을 포기해버린다.

당신이 마음속에 항상 새겨둘 원칙들을 찾아내면, 수천 개의 종목이 눈앞에 있다 해도 당신이 소화할 수 있는 투자 대상에만 집중할 수 있다. 당신의 투자 지침들을 한번 종이 위에 써보라. 그러면 아무리 어려운 상황이 닥쳐도 믿음을 잃지 않을 것이다. 이렇게 하면 무엇보다 가장 어려운 결정을 내릴 때 도움이 된다: 다름아닌 매도 시점을 결정할 때다. 이런 기술은 반복적으로 지켜갈수록 점점 더 좋은 습관이 된다. 더구나 이런 습관이 몸에 배면 유행에 따라 이리저리 종목을 교체하고, 그것도 대개는 유행이 끝나갈 때 올라타는 아마추어의 오류에서

벗어날 수 있다.

그러나 이런 습관은 당신 자신의 투자 전략이어야 하며, 당신에게 적합해야 한다. 어느 가수든 자기 노래를 가장 잘 부르는 법이다.

리스크를 받아들이는 자세

비록 우리 자신은 잘 모르지만 나름대로의 투자 철학은 누구나 다 갖고 있다. 실제로 초등학교를 졸업할 때쯤에는 저마다 이미 투자 철학을 갖췄다고 말할 수 있다. 투자자가 자기 자신에게 물어봐야 할 가장 핵심적인 질문은 "나는 리스크를 어떻게 받아들이는가?"이기 때문이다. 이에 대한 대답은 만 12세가 지난 다음에는 거의 바뀌지 않는다.

리스크에 대한 각자의 자세는 아주 뿌리깊고 본능적이다. 그래서 자신이 리스크를 받아들이는 자세와는 반대되는 행동을 하게 되면 왠지 불편해진다. 그렇다면 왜 자기 자신을 불편하게 만드는 데다 돈을 쓰는가? 가령 자신은 리스크를 싫어하는데, 친구가 큰돈을 벌 수 있다고 말하는 바람에 고속성장 중인 소형주를 매수했다면 주가가 급등락할 때마다 자신의 행동이 미워질 것이고, 결과 역시 엉망진창이 될 것이다. 마찬가지로 자신은 리스크를 선호하는 편인데, 잘 아는 자산관리인의 말을 듣고 지방채를 매수했다면 이 역시 참담한 결과로 귀결될 가능성이 높다.

> 투자자가 자기 자신에게 물어봐야 할 가장 핵심적인 질문은 "나는 리스크를 어떻게 받아들이는가?"다. 이에 대한 대답은 만 12세가 지나면 거의 바뀌지 않는다.

그런 점에서 무엇보다 먼저 할 일은 자신이 어떤 사람인지 파악하는 것이다. "너 자신을 알라"는 경구에서 철학적 지혜가 출발하듯이 "네가 리스크를 얼마나 감수할 수 있는지를 알라"는 데서 투자에 관한 지혜가 출발한다. 예를 들자면 에이콘 펀드처럼 소형주에 집중 투자하는 주식형 펀드는 변동성이 높다. 리스크를 감수하기 싫어하는 사람은 이런 펀드에 투자하고 싶지 않을 것이다. 한걸음 더 나아가 리스크라면 딱 질색이라는 사람은 주식의 "주"자만 들어가도 머리를 저으며 은행의 정기예금처럼 고정적인 이자가 나오는 데 돈을 넣을 것이다.

자신의 리스크 선호도가 얼마나 되는지 테스트할 수도 있다. 이런 종류의 투자 안내서도 여럿 나와 있다. 하지만 잠시 리스크를 생각해 보고, 또 스스로에게 솔직하기만 하다면 누구나 자신이 리스크를 얼마나 감수할 수 있는지 알게 될 것이다.

어떤 투자 철학을 가질 것인지 결정하는 것은 자신의 배우자를 고르는 것과 비슷하다. 감수성이 예민하지만 낭만적이며 감성이 풍부한 배우자를 원하는가, 아니면 차분하면서도 진실성이 있지만 매우 냉정한 성격의 배우자를 원하는가? 아무리 오래 있어도 즐겁기만한 친구가 있는 반면, 10분만 함께 앉아 있어도 괜히 짜증이 나는 그런 사람이 있다. 정말로 성공적인 투자자가 되고 싶다면 평생을 함께 할 자신의 스타일을 고수해나가야 한다.

직접 투자해? 아니면 전문가에게 맡겨?

자신의 스타일에 믿음을 가지라. 많은 투자자들이 작년에 유행했던 투자 전략에 솔깃해 원칙과 스타일을 반복적으로 바꾸는 경우를 너무나 자주 봤다. 이미 한참 올라버린 주식만 좇다 보면 자신의 원칙도 못 지키고, 갈아탄 주식에서도 손해를 보는 이중의 아픔만 겪게 된다.

더구나 투자자들은 본능적으로 자신이 지금 얼마나 많은 리스크를 감수하고 있는지에 대해 알고 있을 뿐만 아니라 다른 투자 대상이나 다른 접근방식으로 투자할 때 감수해야 할 리스크가 얼마인지에 대해서도 알고 있다. 만약 빌이라는 친구가 투기성이 높은 선물시장에 투자해 20%의 투자 수익을 올린 반면, 칼이라는 친구는 안전한 국채에 투자해 10%의 투자 수익을 올렸다고 하자. 그러면 적어도 이 책을 읽은 사람들은 빌이 거둔 높은 투자 수익은 자신들이 감당하기 힘들 정도로 리스크가 매우 높은 데 투자했기 때문에 가능했다며, 오히려 안전 자산에 투자한 칼이 상대적으로 더 나은 투자 수익을 올렸다고 이야기할 것이다.

참호 속에서 터득한 가르침

투자 철학만 잘 지켜나간다면 그때그때의 유행을 좇는 데서 야기되는 어려움은 충분히 피할 수 있다. 나는 시장이 급등락할 때마다 이런 경우를 수없이 목격했다.

내가 투자 분야의 일을 처음 시작했던 1961년에는 방산용 전자장비 업체들이 각광을 받았다. 그 이후에는 다시 보지 못할 것 같았던 대대적인 기업공개(IPO) 붐이 일었다. 미래 성장 전망을 부풀릴 대로 부풀린 기업들이 우후죽순처럼 주식시장에 새로 상장됐고, 이들 주식은 최초 상장 예정가격보다 훨씬 높은 프리미엄이 붙어서 거래됐다. 주가 리스크는 아예 무시됐다.

이처럼 뜨거운 시장은 절대 오래 지속될 수 없다. 주식시장은 1962년에 짧지만 아주 급격한 조정을 겪었다. 그 때 상장됐던 기업들 가운데 상당수가 사라져버렸지만 그나마 살아남은 기업들도 주가 폭락을 면치 못했다. 1968년에 또 한 차례 기업공개 바람이 몰아 닥쳤고, 이 바람은 1970년의 약세장으로 꺾였다. 기업공개 붐은 늘 강세장의 막바지에 휘몰아친다; 1997년에도 다시 기업공개 열기가 고조돼 그 해 신규 상장된 기업의 수는 사상 최고치를 경신했다.

1968년부터 1970년까지 이어졌던 기업공개 잔치가 허망하게 끝나버리자 투자자들은 오로지 대형 성장주만 찾게 됐다. 앞서 제1장에서도 설명했던 것처럼 모두가 대형 성장주로 몰려들자 이들 주식의 주가수익비율은 75배까지 치솟았다. 1973~74년의 약세장은 대형 성장주 광기에 조종을 울렸다. 이제 투자자들은 성장주를 멀리했다. 리스크가 낮고, 더 안전해 보이는 고배당주가 다시 이들의 눈길을 사로잡았다.

처음에는 새로 주식시장에 상장되는 IPO 주식을 좇았다가, 다음에는 니프티 휘프티로, 그 다음에는 고배당주로 몰려 다니는 투자자들을 나는 지켜봤다. 나는 합리적인 가격의 성장주가 시야에 들어올 때까지 숨죽인 채로 있었으므로, 펄떡거리는 IPO 주식이 굉음을 낼 때도, 대형 성장주가 천문학적인 주가수익비율로 거래될 때도 비켜갈 수 있었다. 덕분에 1973~74년의 약세장이 찾아왔을 때 아직도 살아남은 좋은 주식들을 헐값에 매수할 수 있었다. 주식시장은 1982년부터 꾸준히 상승 추세를 이어갔지만 그렇다고 해서 심각한 조정이 없었던 것은 아니다. 특히 내재가치에 비해 상상할 수 없을 정도로 주가가 치솟았던 업종의 경우 조정의 폭이 컸다. 엄청난 투자 수익률을 기록한 주식을 따라잡으려고 자신의 포트폴리오를 계속해서 교체했던 투자자들은 이례적일 정도로 강세장이 오랫동안 이어졌던 이 시기에 실망스러운 성과를 거두었다. 투자 철학은 단순히 그 의미를 되새기는 것뿐만 아니라 투자자들이 올바른 방향을 견지할 수 있도록 해준다는 점에서 중요하다.

분명한 투자 철학을 갖고 있다면 증권회사 직원이 지금이야말로 좋은 기회라며 가장 인기 있는 종목으로 교체하라고 이야기해도 귀를 막을 수 있다. 사실 증권회사는 당신이 여기저기로 돈을 옮기면 옮길수록 더 많은 수입을 올린다. 그래서 월 스트리트는 끊임없이 새로운 유행을 만들어 퍼뜨린다. 증권분석의 창시자로 일컬어지는 벤저민 그레이엄(Benjamin Graham)은 1976년에 자신이 60년 동안 주식시장에서 관찰한 내용을 이렇게 간단히 요약했다:

사람들은 부르봉 왕조의 몰락에 대해 이야기하면서 아무것도 잊지 않았다고 말한다. 나는 월 스트리트의 인간들에 대해 이렇게 말할 것이다. 그들은 아무것도 배우지 않았고, 모든 것을 잊어버렸다고 말이다. 월 스트리트의 인간들이 앞으로 어떻게 행동할지 나는 전혀 신뢰할 수 없다.

프로를 고용하라

투자하는 데 필요한 시간과 훈련, 투자를 제대로 하기 위한 기술과 지식, 투자에 소요되는 자금, 투자에 적합한 개인적인 성향 등을 고려할 때 나는 개인 투자자의 95%는 뮤추얼펀드가 가장 합리적인 투자 방법이라고 생각한다.

내가 뮤추얼펀드 사업을 하고 있기 때문이냐고? 아니다. 나는 그런 바람잡이가 아니다. 물론 뮤추얼펀드를 운용하는 게 내 직업이지만 그렇다고 해서 광고까지 할 의도는 전혀 없다. 나는 단지 대부분의 사람들이 직접 투자하기 보다는 펀드에 투자하는 게 더 나을 것이라고 생각할 뿐이다.

> 투자에 필요한 시간과 훈련, 기술, 지식, 돈, 성향 등을 고려할 때 개인 투자자 가운데 95%는 뮤추얼펀드가 합리적인 투자 방법이다.

뮤추얼펀드에 투자하면 가장 기본적으로 당신은 그 즉시 분산 투자를 자동적으로 하게 된다. 10만 달러 정도의 돈을 갖지 않고도 분산 투자를 할 수 있는 유일한 길은 뮤추얼펀드에 투자하는 것뿐이다. 분산 투자는 당연히 리스크를 낮춰준다. 어느 종목이나 업종에 집중 투자를 하게 되면 당신이 맞았을 경우 큰 수익을 올릴 수 있다. 그런데 당신이 틀린다면 큰 타격을 입게 된다. 따라서 리스크를 감수하는 면에서는 누구에게도 뒤지지 않을 자신이 있는 사람이라면 자기가 직접 투자할 것이다. 그래야 자신이 가진 돈을 단 몇 종목에 전부 투자할 수 있을 테니 말이다. 그러나 다시 말하지만 너 자신을 알라.

뮤추얼펀드에 투자하면 또한 아주 여러 방향으로의 분산 투자가 가능하다. 성장주 펀드, 가치주 펀드, 대형주 펀드, 소형주 펀드, 심지어 중국주식이나 일본주식 펀드에도 투자할 수 있다. 이 같은 분산 투자 역시 리스크를 낮춰주고, 연간 투자 수익률을 고르게 해주며, 장기적으로 보면 더 나은 수익률을 올려준다.

하지만 내가 생각하기에 뮤추얼펀드에 투자하면 얻을 수 있는 가장 큰 이점은 투자를 전업으로 하는 프로페셔널이 당신의 돈을 관리해준다는 것이다. 나는 이 분야에서 오랫동안 몸담고 있는 동안 뮤추얼펀드 업계에서 일하는 사람들에게 깊은 감명을 받았다. 이들은 대단히 총명하고, 훌륭한 교육을 받았으며, 열심히 일하고, 헌신적인 사람들이다.(나는 아마도 이들처럼 감동적이지 않은 유일한 예외일 것이다.)

이들의 프로 근성은 단지 경영학 석사(MBA) 학위를 가졌다는 데서 나오는 게 아니다. 펀드매니저는 경험을 갖고 있다: 이들은 강세장과 약세장을 모두 겪었고, 또 강세장과 약세장에서 모두 배웠다. 오랫동안 뮤추얼펀드 업계에서, 월 스트리트에서 인간관계를 쌓아왔고, 회사 안에서도 수많은 동료, 선후배를 두고 있다. 프로는 결정적인 정보가 어디에서 나오는지 알고 있다. 또한 정보망을 갖고 있다. 주식 투자 관련서적을 보면 개인 투자자들도 기업에 직접 전화를 걸어서 알고 싶은 정보를 물어보라고 써놓고 있다. 하지만 개인 투자자가 용기를 내서 전화를 걸어봐야 기업설명(IR) 담당자와 통화하면 가장 운이 좋은 경우다. 펀드매니저나 애널리스트는 기업의 최고 경영진과 터놓고 이야기할 수 있다.

뮤추얼펀드의 최대 강점은 당신의 돈을 투자를 전업으로 하는 프로가 관리해준다는 것이다.

프로 근성은 전문성을 의미한다. 이것은 대차대조표나 손익계산서를 읽을 줄 아는 능력 그 이상이다. 데이비드 아저씨는 의류 소매업과 의류 제조업은 잘 알고 있었지만 투자의 안목은 매우 좁았다. 넓은 의미에서 우리 시대의 가장 눈부신 성장 기회를 내다볼 수 있는 열쇠는 기술을 얼마나 이해하느냐에 달려있다. 단지 컴퓨터 제조업체나 통신 기업, 소프트웨어 개발업체뿐만 아니라 건강 관련 업체를 비롯한 거의 모든 제조업체와 서비스 기업을 분석하는 데 기술은 매우 중요하다. 나의 경우는 학부에서 공학을 전공한 덕분에 기술 분야에 관한 문제는 수월하게 느껴졌고, 이 점은 에이콘 펀드 투자자들에게도 득이 됐으리라고 생각한다. 하지만 공학을 전공하지 않은 다른 펀드매니저들도 자기 회사의 리서치 담당자나 외부 자문가를 통해 언제든 기술에 관한 지식을 얻을 수 있다.

어느 업종이든 저마다 독특한 용어들을 사용하는데, 이런 용어를 제대로 구사할 줄 알면 해당 업종의 사람들과 대화할 때 큰 도움이 된다. 한번은 화학공장에서 사용하는 밸브를 만드는 기업을 방문한 적이 있었다. 그런데 이 공장의 수석 엔지니어라는 친구가 나를 쫓아내 버리려고 했다. 겉으로는 점잖게 대했지만 양복 정장 차림의 내가 공장 사정을 이해할 리 없을 것이라고 단정한 듯했다. 그래서 내가 이렇게 물었다. "밸브를 만드는 주물에 다공질(多孔質)이 너무 많은 건 아닙니까?" 다공질(porosity)이라는 용어는 대학교에서 야금술 강의를 들을 때 배웠던 것인데, 이 말을 듣자 수석 엔지니어가 놀라버렸다. 그는 아마도 속으로 이렇게 말했을 것이다. "세상에 월 스트리트 물이나 먹은 친구가 주물공장에서 쓰는 말을 다 아는군." 어쨌든 그 다음부터는 내가 뭐라고 물어볼 틈도 없이 수석 엔지니어가 공장 돌아가는 사정을 아주 상세하게 설명해주었다.

뮤추얼펀드 회사는 규모와 관계없이 애널리스트 팀을 두고 있는데, 이들은 자신이 맡은 업종의 사업 내용을 꿰뚫고 있을 뿐만 아니라 특수한 용어들, 심지어 다른 나라 말이나 다른 문화에서 온 용어들까지 꿰차고 있다. 투자자로서 알아야 할 모든 것을 다 알고 있는 사람은 아무도 없다. 왜냐하면 인간의 지식이란 그것이 어떤 분야든 전부 투자를 하는 데 쓸모가 있기 때문이다. 주식 투자를 하겠다면 금융과 경제 지식은 당연히 갖추고 있어야 하지만, 기술 분야의 지식과 마케팅, 회계학, 통계학, 심리학, 엔지니어링 쪽도 알고 있어야 한다. 역사와 정치학에 대한 지식도 매우 유용하다. 어느 하나 주식 투자에 필요하지 않은 지식을 찾기가 어려울 정도다. 그래서 뮤추얼펀드 회사들마다 포트폴리오 매니저와 애널리스트 팀을 두고 있고, 이들 각자는 자신이 전문적으로 알고 있는 한두 분야에 전념하면서 최선의 포트폴리오를 관리한다.

> 누구도 투자자로서 모든 것을 다 알 수는 없다. 왜냐하면 인간의 지식이란 모두가 투자를 하는 데 유용하기 때문이다.

당신이 직접 투자를 한다면 아마도 한두 명의 증권회사 직원과 거래할 것이다. 뮤추얼펀드를 운용하는 펀드매니저는 10명 이상의 증권회사 사람들과 거래한다. 에이콘 펀드 역시 메릴린치를 비롯한 여러 대형 증권회사와 거래하고 있다. 재미있는 사실은 지금까지 우리에게 큰 투자 수익을 안겨준 최고의 주식들 가운데 상당수는 비교적 작은 지역 증권회사에서 소개받은 것이라는 점이다. 이들 증권회사는 주로 자신들이 본거지를 둔 지역에서 활동하는 현지 기업들을 정확히 파악하고 있다. 우리는 또한 런던과 프랑크푸르트, 도쿄, 홍콩 등 국제적인 금융거점에 뿌리를 둔 증권회사들과도 거래한다. 우리는 어느 기업의 주식을 사고 팔 때 적어도 수천, 수만 주씩 거래하므로, 증권회사는 물론 투자은행이나 투자 대상 기업들이 주목하게 된다. 개인 투자자로서는 여간해서 기대하기 어려운 일이다. 혹시 빌 게이츠 정도 되는 개인 투자자라면 모를까.

내가 추천하는 방법

개인이 외국 주식에 직접 투자하기란 특히 어렵다. 당신이 사는 곳 주변에서 벌어지는 일들 가운데 어떤 것들이 투자에 영향을 미칠지 어느 정도 이해할 수는 있을 것이다. 그러나 멀리 핀란드에서 벌어지고 있는 일들을 매일매일 파악하기는 어렵다. 핀란드 동향은 파악했다 하더라도 태국에서 어떤 일이 진행되고 있는지는 전혀 모를 수 있다. 설사 이런저런 나라에서 벌어지는 일들을 전부 파악하더라도 그 나라에서 당신이 투자한 회사가 어떻게 돌아가고 있는지를 알기는 정말 어렵다. 미국인 투자자라면 당연히 미국 기업에 대해 알고 있는 정보는 이해하고 싶겠지만, 대부분의 외국 기업은 기본적인 정보도 알려주지 않는 경우가 태반이다.

2년쯤 전에 우리 회사의 서류를 새로 정리하면서 수백 곳에 이르는 해외의 투자 대상 기업들에게 사업보고서와 분기보고서를 보내달라는 편지를 발송했다. 회신이 온 것은 그 중 15%에 불과했다. 외국 기업들 가운데 상당수는 주주나 잠재적인 투자자를 담당하는 부서조차 없다. 당연히 투자자가 보낸 편지를 꺼내볼 담당자도 없는 셈이다. 이런 나라에서 투자 대상 기업의 사업보고서를 구할 수 있는 길은 해당 기업을 잘 알고 있는 현지 증권회사를 통하는 방법뿐이다.

외국 주식에 투자할 때의 걸림돌은 정보를 구하기 어렵다는 점에 그치지 않는다. 특히 이머징 마켓에 투자할 경우에는 거의 모든 문제들이 동시다발적으로 터져 나온다. 매수 및 매도 대금을 결제하고 거래를 종결 짓는 데 몇 주일이 걸리기도 한다. 거래상의 오류도 다반사고 이를 바로잡기도 어렵다. 상당수 국가에서는 내부자 거래가 공공연하게 이뤄져 외국인 투자자 입장에서는 한 수 접고 들어간다는 느낌이 든다. 어렵사리 재무제표를 구했다 해도 현지어로 쓰여진 것밖에 없어 읽으려면 난감해진다. 환율 변동에 노출된다는 점이나 이런 환율 변동에 대비해 헤지를 할 것인지, 한다면 어떻게 할 것인지도 중요한 문제다. 개인 투자자가 동남아시아나 중남미 국가에 직접 투자를 하겠다면 나는 절대 말리고 싶다. 이런 나라에서 주식을 매수한다는 것은 그야말로 사서 고생길로 접어드는 격이기 때문이다. 텔레비전의 묘기 프로그램을 보면 가끔 이런 자막이 뜨는 것을 본 적이 있을 것이

다: "이건 프로 스턴트맨이 하는 묘기입니다. 어린이들은 절대로 따라 하면 안 됩니다!"

> 개인 투자자가 동남아시아나 중남미 국가에 직접 투자를 하는 것은 좋지 않다. 이런 나라에서 주식을 매수한다는 것은 사서 고생길로 접어드는 격이기 때문이다.

그런 점에서 해외 투자로 관심을 돌렸다면 뮤추얼펀드가 아주 매력적인 투자 대상이다. 뮤추얼펀드 회사 중에서도 일류급 회사는 일본이나 독일, 브라질 출신의 직원을 두고 있다. 이들은 그 나라 경제뿐만 아니라 문화도 잘 알고 있다. 현지어로 된 재무제표를 번역해서 읽으려면 한두 주일 걸릴 것을 이들은 즉석에서 이해한다. 뮤추얼펀드 회사들은 또한 매년 거액을 돈을 써가면서 직원들을 외국으로 보내 현지 기업이나 증권회사 관계자들과 만나도록 한다.

요즘은 국내 기업에만 투자한다 해도 외국에 관한 지식을 알고 있어야 한다. 해외 산업 동향을 모르고는 국내 기업이 어떻게 돌아가는지 정확히 파악할 수 없기 때문이다. 더구나 외국 기업들 가운데는 세계 시장에서 국내 기업과 치열한 경쟁을 벌이는 기업들도 많다. 소련과 동유럽 공산국가들이 철의 장막을 걷어내면서 우리는 인쇄 및 포장 관련 기기의 수요가 폭발적으로 늘어날 것이라고 내다봤다. 에이콘 펀드는 독일 기업인 크로네스(Krones)와 미국 기업인 노드슨(Nordson) 주식을 매수했는데, 두 곳 모두 포장 및 라벨 부착 기계를 생산하는 회사였고, 일본 기업인 고모리 인쇄기계(Komori Printing Machinery)에도 투자했다. 또한 미국의 무선통신 기업에 투자한 경험을 살려 영국의 보안서비스 기업인 시큐리커(Securicor)에 투자했고, 영국의 전자식 조판업체인 웨이스(Wace)에서 성공을 거둔 여세를 몰아 미국에서 비슷한 사업을 하는 데번 그룹(Devon Group)에 투자했다. 세계화 시대인 요즘에도 투자는 주로 이런 식으로 이루어진다.

뜨거운 가슴과 차가운 머리

프로 근성에는 또 다른 측면이 있다. 프로는 자신이 하는 일에 감정을 개입시키지 않으려고 노력한다. 감정은 시를 쓰거나 연기를 하거나 사랑을 나눌 때는 신비한 힘을 발휘하지만 리스크가 높은 상황에서는 절대로 멀리 해야 한다. 감정 기복이 심한 조종사가 모는 비행기를 타고 싶지는 않을 것이다. 마찬가지로 감정 변화가 심한 외과의사한테서 수술을 받고 싶지도 않을 것이다. 언제든 예기치 않은 일이 발생할 수 있는 상황에서는 냉정을 유지하는 사람을 원할 것이다.

물론 프로 펀드매니저라 해도 1987년 10월 19일처럼 다우존스 평균 주가가 하루에 500포인트 이상 폭락하는 광경을 지켜보며 감정적인 동요가 없기는 어려울 것이다. 또한 이들 역시 인기주에 마음이 이끌리기도 할 것이다. 그러나 내가 말하고자 하는 것은 이들은 적어도 대부분의 개인 투자자들보다는 객관적이라는 점이다. 이들은 약세장에서도 패닉에 휩쓸려 우왕좌왕할 개연성이 상대적으로 더 적고, 시장이 한창 열기를 내뿜을 때도 회의적인 시각으로 바라보는 경우가 많다. 이들은 대체로 자신의 실수를 기꺼이 받아들이고 재빨리 손절매에 나선다. 이들은 매일 자신의 견해와 반대되는 의견을 수없이 만나고, 덕분에 보다 객관적인 입장을 유지할 수 있다. 간단히 말해 이들은 결정적인 순간에 보다 합리적인 판단을 내릴 수 있다. 또한 이들은 다른 사람들의 돈을 관리하는 데서 오는 무거운 책임감을 느끼는 동시에 스스로 프로 펀드매니저로 일한다는 데 대단한 자부심을 갖고 있다. 사실 대부분의 뮤추얼펀드 매니저들은 자신이 운용하는 펀드에 개인 자산의 상당 부분을 투자해놓는다. 다른 사람들의 평생 저축이 대부분인 펀드 자산을 운용하면서, 여기에 자신의 돈까지 합쳐 리스크를 관리한다면 그만큼 대단한 노력을 기울일 게 틀림없다.

이런 모든 점을 고려할 때 뮤추얼펀드가 대부분의 사람들에게 설득력을 가진다고 이야기하는 것이다. 나는 피델리티 마젤란 펀드의 전설적인 펀드매니저 피터 린치가 한 말을 이해할 수 있다.(사실 약간 과장을 섞어 얘기한 것이 아닌가 하는 생각도 든다.) 그는 이렇게 말했다: "내가 펀드업계에서 20년간 일하면서 자신있게 이야기할 수 있는 것은 보통사람들도 자신의 머리를 3%만 쓰면 월 스트리트의 평균적인 전문가들과 비교해 더 낫지는 않더라도 그 정도 괜찮은 주식은 고를 수 있다는 점이다." 피터 린치는 아마도 데이비드 아저씨 같은 사람을 염두에 두었을 것이다. 그러나 상당한 규모의 자산을 관리하는 일은 단순히 주식을 고르는 것보다 훨씬 더 복잡하다. 끊임없이 주가 변화를 추적해야 하고, 언제 팔아야 할지 판단해야 하며, 다시 적절한 주식을 편입해 포트폴리오를 구성해야 하고, 외국 주식도 일정 부분은 매수해두어야 하고, 그리고 늘 새로운 상황이 벌어진다. 자신의 시간을 전부 쏟아 붓고, 전념을 다해 공부하지 않으면 아마추어들은 도저

직접 투자해? 아니면 전문가에게 맡겨?

히 따라갈 수 없는 작업이다.

나는 사실 평균적인 프로 투자자들이 소위 "시장"(대개는 S&P 500 지수의 변동을 가리킨다)을 이기지 못한다는 연구결과에 별로 개의치 않는다. 연구결과에 따르면 프로 투자자들의 평균적인 수익률은 시장 수익률의 90%정도에 그친다고 한다. 사실 프로 투자자들이 시장의 상당한 부분을 차지한다는 점을 감안하면 대다수 프로 투자자들이 시장 평균 수익률에 미치지 못하는 건 어쩌면 당연한 일이기도 하다.

인덱스 펀드의 경우 펀드매니저가 적극적으로 운용하는 액티브 펀드에 비해 적은 수수료를 받으면서도 시장평균 수익률을 낸다. 특히 장기적으로 수수료 차이가 쌓이게 되면 전체 뮤추얼펀드의 수익률 순위표에서도 인덱스 펀드가 상위권으로 올라설 수 있다. 통계적으로 보면 액티브 펀드의 평균 수익률은 인덱스 펀드 수익률보다 1%포인트 정도 낮게 나온다. 어차피 모든 프로 투자자들이 평균 수익률 이상을 낼 수는 없는 구조다.

인덱스 펀드가 갖는 이점은 두 가지다. 첫째, 장기적으로 보면 우수한 투자 수익률을 올려준다. 왜냐하면 주식이 채권이나 현금보다 장기적으로 투자 수익률이 더 높기 때문이다. 둘째, 장기적으로 우수한 수익률을 "안심하고" 기대할 수 있다. 이건 정말 대단한 이점이다. 가령 어느 펀드 회사에서 당신을 찾아와 굉장한 투자 시스템을 개발했으며 펀드매니저들도 탁월한 인재들이고, 완벽한 조건은 모두 갖췄다면서 10년만 돈을 맡기면 환상적인 투자 수익률을 올려줄 것이라고 얘기할 수 있다. 그러나 이런 말들은 마케팅 전략에 불과할 수 있고, 당신은 결국 시장 평균에도 못 미치는 투자 수익률에 만족해야 할지 모른다. 하지만 인덱스 펀드에 투자하면 이런 걱정은 처음부터 할 필요가 전혀 없다.

인덱스 펀드 대신 액티브 펀드에 투자하기로 결정했다면 펀드매니저를 믿어야 한다. 그의 인격과 철학, 투자 전략, 장기적인 투자 수익률 모두를 신뢰해야 한다. 이렇게 말할 수 있어야 한다. "내가 이 사람에 대해 알아봤더니 장기간 투자하면 시장 평균보다는 더 나은 수익률을 올려줄 것이라는 합리적인 믿음을 갖게 됐어. 정말로 형편없는 수익률을 기록할 위험성은 거의 없는 것 같더군."

나는 이것을 합리적으로 감수할 수 있는 리스크라고 부른다. 어느 분야에서든 늘 평균치보다 못한 실적을 올리는 사람이 있는 게 사실이다. 그래서 펀드매니저의 장기간에 걸친 수익률 기록을 살펴봐야 한다: 최고의 펀드매니저를 찾아가라. 뮤추얼펀드 업계에서는 최고의 펀드매니저라고 해서 더 많은 수수료를 받지 않는다.

> 어떤 경우든 내가 장담할 수 있는 것은 평균적인 프로 펀드매니저라 하더라도 평균적인 개인 투자자의 투자 수익률보다는 더 낫다는 사실이다. 가끔은 우리 프로 펀드매니저들도 어처구니없는 일을 저지른다. 하지만 전형적인 개인 투자자들이 직접 투자를 하면서 자주 저지르는 어처구니없는 일들에 비하면 아무것도 아니다.

뮤추얼펀드에 투자하면 자신이 직접 투자하는 것보다 유리한 점이 또 하나 더 있다. 주식시장이 급전직하하거나 바닥에서 헤어나오지 못할 때 누군가 다른 사람을 탓할 수 있다는 것이다. 당신은 부인이나 남편에게 당초 펀드에 투자했던 돈을 찾아서 올해 집안 인테리어를 새로 하려고 했는데 그만 어렵게 됐다고 알려주면서 이렇게 얘기할 수 있다. "여보, 글쎄 그게 내 잘못이 아니라니까. 나는 원래 주식 전문가가 아니잖아. 그래서 프로 투자자한테 맡긴 거구. 우리 돈이 이렇게 된 건 순전히 그 바보 같은 펀드매니저 때문이라니까. 절대로 내 잘못이 아니야."

신뢰할 수 있는 펀드매니저를 찾아라

그러면 좋은 뮤추얼펀드는 어떻게 고를까? 내가 늘 하는 말이 있다: "알파벳 순서대로 골라보세요."

지난 몇 년 사이 헤아릴 수 없이 많은 새로운 펀드들이 새로 나왔다. 적어도 내가 보기에는 헷갈릴 지경이고, 펀드 숫자에도 제한이 가해져야 할 것 같다는 생각이다. 가령 전체 인구 규모는 넘지 못한다든가 하는 규정이 필요하다. 어쩌면 펀드 숫자가 인구 규모보다 많아진다면 자연스럽게 새로 출시되는 펀드도 줄어들 것이다.

요즘은 뮤추얼펀드만 전문적으로 다루는 매체도 늘어나 대여섯 개의 잡지와 다양한 정보제공 서비스 회사들이 있는데, 솔직히 어느 것이 좋은지는 나도 잘 모르겠다. 이들 매체가 뮤추얼펀드의 순위와 등급을 매기는 기준은 대부분 수익률이다. 물론 과거에 좋은 수익률을 기록했다고 해서 앞으로도 좋은 수익률을 올려준다는 보장은 없지만 지난 10년간 놀라운 수익률을 꾸준히 기록한 펀드라면 굳이 물리칠 필요도 없다.

상위권 순위에 든 펀드의 작년 혹은 최근 3년간 수익률을 알았다고 해서 내년 혹은 앞으로 3년간 어느 정도의 수익률을 올릴 것인지 가늠하기는 힘들다.(단순히 펀드 이름보다 그런 수익률을 낸 펀드매니저가 누구인지 아는 게 더 중요하다.) 관심이 가는 펀드가 있다면 반드시 그 펀드의 투자설명서를 받아보고, 그 내용을 꼼꼼히 읽어봐야 한다. 그 펀드의 운용 철학이 무엇인지 파악하는 것도 좋다. 설명서를 받아봤는데, 운용 철학 따위를 파악하기가 힘들다면 그냥 휴지통에 던져버리는 게 낫다. 투자설명서에 운용 철학이 기술돼 있다면 그것이 당신의 마음에 와닿는지 결정해야 한다. 펀드매니저가 그런 방향으로 펀드를 관리하는 게 과연 합리적인 것인지, 만약 당신이 충분한 시간과 돈이 있다면 똑같은 방식으로 할 건지 판단해야 한다. 어느 펀드든 내년 혹은 앞으로 3년간 얼마나 높은 수익률을 올려줄지 예측할 수 없다. 하지만 당신의 돈을 관리하는 펀드매니저가 펀드를 어떻게 운용하는지에 대해 믿음을 갖는다면 수익률에 관계없이 마음 편하게 지낼 수 있다.

산전수전 다 겪은 50대 중반의 펀드매니저를 선호하는 사람이 있는가 하면, 신선한 아이디어와 넘치는 에너지를 가진 30대 초반의 펀드매니저를 좋아하는 사람도 있다. 어떤 투자자들은 펀드의 매매 회전율이 높아도 "펀드매니저가 그만큼 공격적으로 매매하는구나" 하고 생각한다; 반면에 어떤 투자자들은 매매 회전율이 높은 펀드라면 고개를 돌려버린다. 어떤 이들은 오로지 블루칩 주식만 편입해야 마음이 놓이고, 어떤 이들은 소프트웨어나 무선통신처럼 첨단 기술주라야 직성이 풀린다. 그러나 당신이 투자한 펀드에 주가수익비율이 수십 배 되는 첨단 기술주가 많이 편입돼 있다면, 주식시장이 5% 떨어질 때 당신의 펀드 가치는 20% 하락할 가능성이 높다는 점을 이해해야 한다. 이 같은 높은 변동성을 느긋하게 바라볼 수 없다면 펀드가 돈을 벌어줘도 마음이 편치 않을 것이다. 왜냐하면 시장이 조금이라도 출렁거리면 그 때마다 가슴이 덜컹 주저앉아버릴 테니 말이다.

일단 속을 편안하게 해줄 펀드에 투자해야 하지만 분산 투자도 필수적이다. 당신이 주식의 내재가치를 중시한다면 소형주 펀드든 대형주 펀드든 일단 가치주 투자자로 알려진 펀드매니저가 운용하는 펀드를 골라야 한다. 그렇다고는 해도 당신의 돈 일부는 성장주 펀드에 투자하라. 앞서도 설명했지만 가치주 투자와 성장주 투자는 서로 교대로 음지가 양지 되고 양지가 음지 된다. 양쪽에 투자하면 그만큼 리스크를 분산하고 수익률을 고르게 만들 수 있다. 또한 투자 자금의 20% 정도는 해외 주식에 투자하는 펀드에도 넣어두어야 한다. 이 부분은 제11장에서 좀더 자세히 설명하겠다.

나는 특히 판매수수료를 받지 않는 노로드 펀드(no-load fund)를 옹호하는 사람인데, 단지 에이콘 펀드가 노로드 펀드라서가 아니다. 노로드 펀드야말로 훨씬 경제적이고, 고객의 돈이 고스란히 투자하는 데 들어가지 펀드 영업자의 주머니를 불려주지는 않기 때문이다.

노로드 펀드 투자자에게 더 좋은 점은 펀드 영업자의 말에 기대기보다는 스스로 공부하고 분석한다는 것이다. 일일이 펀드 투자설명서를 구해보고 꼼꼼히 살펴본 다음 어느 펀드에 투자할 것인지 신중하게 결정한 투자자는 자신이 고른 펀드가 올바르게 운용되리라고 확신한다. 자신이 직접 선택한 펀드인 만큼 충성도도 높다. 작년에 최고의 수익률을 올린 펀드를 권유하는 잡지 기사에 마음이 흔들려 펀드를 교체하는 따위의 행동은 하지 않는다. 특히 주식시장이 갑자기 하락할 때 섣불리 환매해 은행 예금으로 돌렸다가 시장이 상승세로 반전한 다음 안타깝게 바라보기만 하는 우를 범하지도 않는다.

> 노로드 펀드 투자자는 펀드 영업자의 말에 기대기 보다는 스스로 공부하고 분석하기 때문에 시장이 갑자기 하락할 때도 펀드에 대한 신뢰를 저버리지 않는다.

무엇보다 중요한 점은 뮤추얼펀드 투자자들은 1등부터 꼴찌까지 펀드 순위가 잡지에 매번 실리더라도 투자 수익률에 그렇게 매달리지 않는다는 것이다. 자기 펀드의 수익률이 S&P 500 지수보다 더 나은 수익률을 올렸는지 생각하며 일요일 오후를 보내는 사람은 거의 없다. 또 지난 달에 자기 펀드 순위가 16등이었는데 이번 달에는 왜 24위로 떨어졌는지 걱정하지도 않는다. A펀드에 투자했으면 자신이 지금 가입한 B펀드보다 3% 더 높은 수익률을 올렸을 것이라며 흥분하지도 않는다. A펀드가 B펀드보다 리스크가 높다는 사실을 이해하고 있기 때문이다. 자신이 직접 공부했고, 펀드매니저를 신뢰하며, 펀드매니저가 자기보다 포트폴리오를 더 잘 관리할 것이라는 점을 잘 알고 있기에 만족한다.

사실 내가 지금까지 경험해본 바로는 수익률 순위 경쟁은 투자자들보다 펀드매니저에게 더 중요하다. 펀드를 운용하는 일은 피를 말릴 정도로 경쟁이 치열한 게임이고, 매일매일 순위가 발표된다. 펀드매니저에게는 주식시장이 아무리 강세장이라 할지라도 단 한 해도 편하게 지나가지 않는다. 자신이 한 해 52%의 꽤 높은 수익률을 올렸다고 해도 다른 펀드매니저가 53%의 수익률을 올렸다면 그에게 1위 자리를 양보해야 하기 때문이다.

프로야구나 프로농구 선수들을 제외하고는 이렇게 통계적인 숫자와 함께 하루하루를 살아가는 직업도 없을 것이다. 변호사나 의사, 기자, 혹은 다른 전문 직종 종사자들은 이런 식으로 끊임없이 정확하게 매겨진 순위표를 의식하지 않아도 된다. 어떤 회계사도 "네, 아시다시피 제가 이 도시에서 활동하고 있는 회계사 271명 가운데 16등입니다"라고는 말하지 않는다. 누구도 어느 교수에게 전화를 걸어서 이렇게 말하지 않는다. "교수님, 작년에는 미국에서 14번째로 우수한 영문학 교수였는데, 올해는 18위로 떨어졌네요. 왜 그렇게 된 거죠?"

> 지난 3년간 시장 평균보다 훨씬 더 높은 수익률을 올린 펀드매니저가 앞으로 3년간도 계속해서 그런 기록을 유지할 것이라고는 말하기 어렵다.

어쩌면 수익률을 기준으로 순위를 매기는 것은 당연한 일일지도 모른다. 신문과 잡지에서 수익률을 기준으로 매긴 펀드 순위표를 싣는 것은 수익률이 측정 가능한 유일한 지표이기 때문이다. 당신이 가진 연장이 망치뿐이라면 모든 문제가 못으로 보일 것이다. 당신의 직업이 뮤추얼펀드를 평가하는 것이라면 어떤 식으로든 평가해야 하지 않겠는가?

당신이 신뢰하는 펀드매니저에 대한 충성도는 아주 중요하다. 왜냐하면 누구도 당신에게 매년 최고의 수익률을 올려주지는 못하기 때문이다. 펀드 수익률에 관한 한 틀림없는 사실은 절대로 내년에도 똑같은 수익률을 기록하지는 않을 것이라는 점이다. 물론 지난 10년간 형편없는 수익률을 기록했던 펀드매니저라면 내년에도 저조한 수익률을 올릴 가능성이 높다. 하지만 지난 3년 혹은 5년간 시장 평균보다 훨씬 더 높은 수익률을 기록한 펀드매니저라고 해서 앞으로 3년 혹은 5년간 계속해서 시장 평균보다 훨씬 더 높은 수익률을 올려줄 것이라고 말하기는 어렵다. 사실 지금까지의 통계를 보면 이런 펀드매니저의 수익률은 오히려 떨어지는 경향이 있다. 평균으로의 회귀 현상이 강하게 작용하는 셈이다. 이 점에 대해서는 다시 자세히 설명할 것이다.

당신이 해야 할 일은 리스크에 대해, 또 주식시장에 대해 당신이 생각하는 방향과 일치하고 그래서 신뢰할 수 있는 스타일의 펀드매니저를 찾는 것이다. 그리고 또 한 가지, 당신이 선택한 펀드매니저는 최고로 좋았던 기간과 그저 그랬던 기간을 포함해 장기간에 걸친 수익률이 그 펀드가 속해있는 펀드 그룹(성장주 펀드 그룹이나 가치주 펀드 그룹, 혹은 대형주 펀드 그룹이나 소형주 펀드 그룹)에서 평균치 이상은 되어야 한다. 일단 이런 펀드매니저를 찾아냈다면 당신이 신뢰할 수 있는 한 끝까지 그에게 돈을 맡겨두라.

6
Themes and Variations

테마와 변조

위대한 피아니스트로 1982년에 세상을 떠난 아르투르 루빈스타인 (Artur Rubinstein)이 생전에 런던에서 열린 피아노 경연대회의 심사위원으로 위촉됐을 때의 일이다. 주최측은 심사위원들에게 참가 학생들의 점수를 최하 0점부터 최고 20점까지 1점 단위로 매겨서 표시하도록 했다. 루빈스타인은 학생들의 연주를 귀를 기울여 들은 뒤 한 명씩 점수를 매겨나갔다. 연주가 모두 끝난 뒤 심사위원들의 기록표를 회수한 주최측 관계자는 깜짝 놀랐다. 다름아닌 루빈스타인의 기록표 때문이었다. 루빈스타인은 대부분의 학생들에게 0점을 주고, 몇 명에게는 20점 만점을 주었다; 중간점수를 받은 학생은 단 한 명도 없었다. 주최측에서는 황급히 이 대가를 찾아가 왜 이렇게 작의적인 평가를 했느냐고 물었다.

피아노 연주의 명인은 이렇게 대답했다. "그거야 아주 간단하지요. 참가한 학생들은 피아노를 칠 줄 알거나, 아니면 피아노를 칠 줄 모르는 두 가지 중 하나였습니다."

내가 주식시장에 접근하는 방식에서도 이 같은 루빈스타인 법칙(The Rubinstein Rule)은 결정적이라고 할 만큼 아주 중요하다. 나는 주식 포트폴리오를 구성하면서 광범위한 종목에 분산 투자하기보다는 향후 몇 년 동안 시장을 이끌어나갈 테마를 결정한 다음, 그 테마에 가장 적합한 일단의 종목들을 구별해낸다. 그래서 나의 주식 포트폴리오에는 비록 많은 종목들이 포함돼 있는 경우라 할지라도, 대부분은 기껏해야 대여섯 가지 테마에 속해있는 주식들이다. 루빈스타인 법칙에 따르자면 주식시장에 상장된 종목들은 투자할 만한 가치가 있거나, 아니면 아예 투자를 고려할 필요조차 없는 두 가지 중 하나이기 때문이다.

그렇다. 내가 테마를 먼저 결정한다는 말은, "탁월한 주식"을 찾기 위해서라면 어디든 뒤진다는 의미의 순수한 "종목 투자자"는 아니라는 뜻이기도 하다. 물론 나 역시 테마를 반영하는 종목 가운데 가장 매력적인 주식을 고른다. 다만 종목보다 테마가 더 앞선다는 점이 다를 뿐이다.

나는 가장 먼저 향후 몇 년 동안 시장을 이끌어나갈 테마를 결정한다. 그리고 나서 이런 테마에 가장 적합한 일단의 종목들을 구별해낸다.

혹시 나의 이런 설명에 실망했을지도 모르겠다. 투자의 세계에서도 루빈스타인처럼 유명인사로 대접받으려면 종목 투자자가 되어야 한다. 이들은 그저 평범하게만 보이는 사람에게서 보석처럼 빛나는 숨겨진 재능을 발견해내는 아주 뛰어난 기술을 가졌다. 하지만 현실적으로 보자면 전 세계적으로 투자가 가능한 상장 종목의 수가 1만5000개가 넘고, 여기서 투자 대상 종목을 고르기란 마치 건초더미에서 바늘을 찾는 것만큼이나 어렵다. 그런 점에서 테마를 먼저 결정하면 탐색 범위를 좁힐 수 있다. 나는 가끔 텔레비전 오락 프로그램에서 볼 수 있는 접시 돌리기 묘기를 떠올려본다. 무대 바닥 위에는 가느다란 막대기들이 줄지어 꽂혀 있고, 서커스 단원 옷차림을 한 사람이 나와 가는 막대기의 맨 위에 접시를 하나씩 올려놓고는 막대기를 격렬하게 휘둘러 접시가 혼자서도 잘 회전할 수 있도록 만든다. 접시 하나가 안정된 모습으로 회전하는 것을 확인하면, 접시 돌리기 묘기의 주인공은 곧 다른 막대기 위에 또 하나의 접시를 올려놓는다. 그러면 첫 번째 접시 옆에 두 번째 접시가 돌아간다. 다시 또 세 번째, 네 번째 접시가 돌아간다. 그러다 보면 첫 번째 접시가 위태롭게 기우뚱거린다. 그러면 이 사람은 막대기를 휘둘러 첫 번째 접시가 다시 잘 돌아가도록 만든다. 이제 또 다시 새로운 접시를 올려놓는다. 이렇게 열 장, 혹은 스무 장의 접시가 돌아간다. 그 와중에도 몇 번씩이나 접시가 떨어질 위기를 아슬아슬하게 넘긴다. 접시가 바닥에 떨어지면 산산조각이 나므로 접시 묘기의 주인공은 갈수록 동작이 빨라진다. 마침내 접시 돌리기가 클라이막스로 치닫게 되면 이 묘기를 보는 사람들은 주체할 수 없는 웃음을 터뜨리게 된다.

그러나 뮤추얼펀드를 운용하는 포트폴리오 매니저는 이런 묘기를 보면서도 웃음을 터뜨리지 못한다. 안타까운 표정으로 지켜보는 이들의 뇌리에는 매일매일 자신의 사무실에서 벌어지는 일들이 스쳐 지나갈 것이다. 자신이 운용하는 뮤추얼펀드 안에 50개, 100개, 혹은 200개 종목을 편입해놓고도, 끊임없이 새로운 종목을 찾으려 애쓰는 자신의 모습이 마치 수많은 접시를 돌리느라 이리저리 뛰어다니는 접시 돌리기 묘기의 주인공처럼 끔찍스럽게 여겨졌을 것이다. 펀드매니저는 낭떠러지를 건너가는 외줄타기 운명에서 영원히 벗어나지 못한다. 자신이 투자한 종목 가운데 몇 개는 늘 급락할 가능성이 있지만, 이런 사실이 알려지면 펀드 투자자는 결코 좋아하지 않을 것이기 때문이다.

> 포트폴리오에 관한 의사결정이 소수에 의해 이뤄질 때만 펀드는 좋은 투자 성과를 거둘 수 있다.

포트폴리오에 편입된 주식은 전부 지금 무대 위에서 돌아가고 있는 접시들이다. 다만 끊임없이 막대기를 휘둘러주는 대신 신중한 증권분석을 계속해야 한다는 점이 다를 뿐이다. 이 같은 증권분석 작업에는 기업 실적과 성장성 같은 기업 고유의 요인뿐만 아니라 정치적, 경제적 변수와 시장 전반의 흐름까지 고려해야 하므로 펀드에 편입된 모든 주식들을 동시에 관리한다는 것은 정말 대단한 일이라고 할 수 있다. 더구나 경쟁은 갈수록 더 치열해지고 있다. 요즘 나오는 포트폴리오 운용 이론에서는 각각의 주식이 갖고 있는 리스크와 수익성을 평가할 때, 이미 포트폴리오에 편입한 다른 주식은 물론 앞으로 편입할 가능성이 있는 모든 주식의 리스크와 수익성을 함께 비교해야 한다고 밝히고 있다. 그런데 문제는 현실적으로 불가능하다는 것이다: 제아무리 큰 조직이라 해도 그렇게 많은 접시를 한꺼번에 돌릴 수는 없다. 가령 에이콘 펀드에서도 더 많은 기업들을 분석하고 검토할 수 있는 대규모 애널리스트 조직을 만들 수 있다. 그러나 이런 조직을 운영한다고 해서 펀드매니저들의 투자 성과가 비약적으로 개선되는 것은 아니다. 게다가 뛰어난 애널리스트는 아주 드물다. 또한 펀드의 투자 성적표는 소수의 탁월한 인물들에 의해 의사결정이 이뤄질 때만 훌륭한 결과로 이어진다.

해안가에서 모래알을 뒤지듯이 주식시장에 상장된 기업들을 하나하나씩 조사해 업종이나 리스크에 관계없이 무조건 괜찮은 종목 100여 개를 골라내는, 상향식(bottom-up) 종목 선정 방식이야말로 앞서 예로 든 접시 돌리기와 똑같다. 나는 이와 반대되는 하향식(top-down) 포트폴리오 운용 철학이 종목 선정에도 훨씬 유리하고 얼을 하기에도 효율적이라고 생각한다. 나는 가장 먼저 내 마음을 사로잡는, 주식시장의 특별한 분야를 찾으려 한다. 그렇게 함으로써 수많은 기업들을 분석하는 작업을 생략한 채 곧장 매력적인 테마 종류별로 뛰어난 종목 몇 개를 투자대상으로 선정할 수 있다.

사실 개인 투자자들은 포트폴리오에 100개가 넘는 종목을 가지고 있을 필요도 없다. 대충 10개 안팎의 종목에 투자하면 충분하고, 이보다 더 줄일 수도 있다. 중요한 점은 장기적으로 2~3배의 투자 수익률을 안겨줄 종목을 고르면서-단기 투자 목적의 트레이더들은 전혀 별개의 문제겠지만-기업의 경제적 환경이 얼마나 양호한지 살펴보고 판단한다면 성공 확률을 더욱 높일 수 있다는 것이다.

트렌드 포착하기

내가 주식시장에서 최대한 주의 깊게 살피고자 하는 분야와 업종은 아주 강력한 경제적, 사회적, 기술적 트렌드로부터 이익을 얻게 될 영역이다.

한걸음 더 나아가 나는 적어도 4~5년 이상 지속될 트렌드를 찾아내고자 한다. 따라서 나의 투자 목표는 애널리스트들의 내년도 실적 추정치라든가 이번 경기순환 사이클보다 훨씬 더 멀리 자리잡는다. 또한 효율적 시장 가설의 속박으로부터도 자유롭다. 이 가설에서는 다음 분기나 내년도 실적은 주가에 이미 반영돼 있다고 주장하지만, 나는 다음 분기나 내년보다 훨씬 먼 장래를 내다보기 때문이다.

> 나는 강력한 경제적, 사회적, 기술적 트렌드로부터 이익을 얻을 분야에 관심을 집중한다. 그리고 이 트렌드는 적어도 4~5년 이상 지속되어야 한다.

앞서도 지적했듯이 주식시장의 기관화가 가속화함에 따라, 또 나 같은 펀드매니저들이 모두 똑같은 정보를 온라인으로 동시에 받아보게 됨에 따라 저평가된 주식을 찾아내기가 갈수록 더 힘들어지고 있다. 너무나도 많은 숫자의 전문적인 투자자들이 향후 1~2년의 전망에 집중해 투자하고, 따라서 이 정도 기간에는 남들보다 뛰어난 투자 성과를 내기가 무척 어려워졌다. 그래서 우리는 한 가지 해결책을 찾아냈다. 우선 대부분의 기관 투자가들이 관심을 보이지 않는 좀더 작은 기업의 주식을 매수하는 것이다. 이들을 이겨낼 수 있는 또 한 가지 대응전략은 다음 분기나 내년도가 아니라, 그 이후를 바라보고 매우 장기적인 트렌드를 찾아내는 것이었다.

투자자가 절대로 범해서는 안 될 오류 가운데 하나가 소위 "전망의 범주로 인한 함정(forecasting horizon trap)"이다. 장기 투자의 원칙을 지키는 투자자의 관점에서 보자면 주식 애널리스트들의 보고서는 분석이라기 보다는 오히려 저널리즘에 가깝다. 애널리스트들은 기업체 간부 직원을 상대로 매출 추이라든가 판매가격의 변동, 원가의 증감 등에 관한 정보를 수집하는 데 많은 노력을 기울인다. 그래서 이들의 단기적인 실적 전망치는 대체로 믿을 만하다. A라는 사람이 1999년 4월 현재 어느 기업의 사장으로 재직 중이라면, 그는 1998년과 1999년 1분기에 회사에 어떤 일이 벌어졌는지 잘 알고 있을 것이다. 1999년 2분기도 진행 중에 있으므로 2분기 실적에 대해 나름대로 타당한 추정치를 내놓을 수 있을 것이다.

그러나 1999년 하반기 실적에 대해서는 어떨까? "네, 하반기 실적은 실물 경기 동향에 큰 영향을 받을 텐데, 경기는 아직 불확실하죠. 일단 실물 경기가 상반기보다 나아질 것이라고 가정하면……" 2000년도 실적 추정치는 이보다도 불확실한 가정을 훨씬 더 많이 해야만 할 것이다. 그렇다면 앞으로 20개월이나 더 멀리 떨어져 있는 2001년 실적이나 더 먼 장래의 전망에 대해서는 어떨까? 대부분의 애널리스트들은 단지 과거의 추세선을 그냥 연장할 것이다. "ABC광산의 연평균 매출액 증가율이 지난 10년간 11%였으므로, 우리는 2001년도 실적 추정치를 산정하면서 ABC광산의 매출액이 2000년도보다 11% 증가할 것이라고 가정했다." 존 메이나드 케인즈는 이미 1936년에 이렇게 갈파했다. "몇 년 뒤의 투자 수익률을 결정하는 여러 요인들에 대해 우리가 가진 지식이라고는 대개 아주 하찮은 것이거나 무시해도 좋을 만한 것들뿐이다."

전망의 범주로 인한 함정에 빠지게 되면 조금이라도 더 잘 알 수 있는 것에 모든 관심을 집중한다. 다시 말해 모두들 그렇게 하듯이 바로 코앞의 전망에 치중하는 것이다. 다른 투자자들도 전부 이 같은 단기 전망에 매달릴 것이므로, 이런 함정에 빠져들 경우 주식거래 수수료까지 감안할 경우 결코 시장평균 수익률을 능가하는 뛰어난 성적을 낼 수 없다.

또 한 가지 반드시 기억해두어야 할 내용은 앞서 제2장에서 언급한 소형주에 관한 부분이다. 장기적으로 보면 잘 고른 소형주가 대형주보다 훨씬 낫다. 작은 기업일수록 성장 잠재력이 쉽게 소진되지 않기 때문이다. 그러나 주식시장에서 소형주를 매매하기는 어렵다. 소형주는 대개 유동성이 부족하고, 그래서 거래비용도 상대적으로 매우 높다. 웬만한 물량을 시장에서 팔려고 하면 매도호가를 꽤 낮춰야 하기 때문이다.(기관 투자가와는 달리 몇 백 주 정도를 보유하고 있는 개인 투자자들은 이런 문제를 개의치 않아도 될 것이다.) 일단 소형주를 매수하면 장기간 보유하는 게 이 같은 높은 거래비용을 피할 수 있는 해결책 중 하나다.

다시 전망이라는 주제로 돌아가보자. 어떤 기업의 주식을 적어도 몇 년간은 보유하겠다고 마음먹었다면 이번 분기 실적이 "어닝 서프라이즈"를 기록할 기업을 찾아낼 필요는 없을 것이다. 갑자기 대단한 실적을 낸 기업이라도 다음 분기에는 평범한 실적에 그치고, 얼마 뒤에는 실망스러운 실적을 기록하기도 한다. 가령 어느 기업의 이번 분기 주당 순이익이 메릴린치 애널리스트의 전망치보다 2센트 높은 28센트로 나왔다고 하자. 나는 이런 실적에 전혀 이끌리지 않는다. 내가 원하는 것은 그 주식을 장기적으로 보유해야만 하는 이유다. 나는 그 기업의 경영진이 경쟁력을 갖춘 사람들이고, 그 기업의 생산라인은 최고의 제품을 만들어내고, 그 기업이 속해있는 산업–새로 발견해낸 틈새 산업이라도 괜찮다–의 전망이 아주 밝다는 점을 나에게 확신시켜줄 수 있는 뭔가를 발견하고자 한다. 한 분기의 실적이 아니라 모든 면에서 내 기준을 충족시켜줄 수 있는 강력한 기업을 찾고자 하는 것이다.

> 어느 기업의 주당 순이익이 메릴린치 애널리스트의 전망치를 2센트 상회했다 해도 나는 전혀 흥분하지 않는다. 내가 원하는 것은 그 주식을 장기적으로 보유해야만 하는 이유다.

그러나 투자할 기업을 선정하는 과정에서 내가 몇 년 뒤의 순이익을 남들보다 특별히 더 정확하게 예측할 수 있는 것은 아니다. 다만 나는 그 기업이 어떤 큰 트렌드, 즉 다가올 몇 년 동안 이 세상 흐름을 주도해나갈 테마로부터 이익을 얻으리라고 믿을 때 누구보다 분명한 확신을 갖고 투자한다.

때로는 이제 막 만개하기 시작하는 업종의 선두주자를 운 좋게 찾아내기도 한다. 마치 전 세계적으로 도박 열풍이 불어 닥치기 직전에 인터내셔널 게임 테크놀로지 주식을 매수하는 경우처럼 말이다. 그러나 새로운 트렌드에서 가장 큰 이익을 보는 업종이라면 굳이 선두주자만 고집할 필요까지는 없을 때도 있다. 가령 국제유가가 오를 것이라고 생각하면 석유를 생산하는 기업에 투자하면 된다; 반면 유가가 떨어질 것이라고 생각한다면 항공 운송업체들처럼 에너지를 많이 소비하는 기업이나 유가 하락에 따른 수혜가 큰 기업들, 즉 호텔이나 리조트 운영업체, 레저용 자동차 생산업체 같은 데 투자해야 할 것이다. 이 때 가장 중요한 것은 새로운 트렌드 덕분에 과연 어느 기업의 순이익이 가장 큰 폭으로 늘어날지 판단해야 한다는 점이다. 골드러시 당시 정작 큰돈을 번 사람은 금광 채굴업자들이 아니라 이들에게 청바지를 팔았던 청바지 제조업자들이었다.

수정구슬을 통해 미래를 내다보다

그렇다면 주식시장의 테마를 어떻게 파악할 수 있는가? 셜록 홈즈는 늘 그의 의사 친구인 왓슨을 향해 "자네는 보기만 할 뿐 관찰하지는 않는다네"라고 이야기한다. 투자자라면 반드시 관찰하는 마음가짐이 몸에 배야 하고, 다양한 독서와 경험을 통해 트렌드를 찾아내는 습관을 길러야 한다. 가령 신문에서 어떤 직종에 구인구직이 몰리고 있다는 기사를 읽게 되면 경제의 어느 부분이 지금 활황기를 구가하고 있으며, 이것이 투자의 기회를 열어줄 수 있는지 생각해봐야 한다. 라스베이거스, 피닉스, 팜스프링스 같은 빠르게 성장하고 있는 도시들 가운데 상당수가 사막 위에 건설됐다. 나는 이 곳에 사는 주민들이 물 문제를 어떻게 해결할 것인지 궁금했고, 나와 똑같은 생각을 갖고 이를 사업으로 연결시킨 웨스턴 워터(Western Water)에 투자할 수 있었다. 어떤 트렌드가 뜨고 있는지는 당신이 하고 있는 일에서도 발견할 수 있고, 일간지보다 먼저 업계의 새로운 조류를 전해주는 해당 업종의 전문지를 통해 찾아낼 수도 있다. 1980년대에 승용차를 타고 시내를 돌아다니다가 토이저러스(Toys"R"Us, 유아용품 및 어린이용품 전문점) 매장 앞에 자동차 행렬이 죽 늘어선 것을 보았다면, 이 같은 대형 매장으로 발전할 다음 차례 주인공은 누가 될 것인지 떠올려보고, 홈디포(Home Depot, 가정용 건축자재 전문점), 스테이플스(Staples, 사무용품 전문점), 스포츠 오소리티(Sports Authority, 스포츠용품 전문점), 보더스(Borders, 서점-이상 옮긴이) 등에 투자했다면 큰돈을 벌 수 있었을 것이다. 개별적으로 벌어지는 하나하나의 사건들을 일반화할 수 있도록 스스로 단련해야 한다. 그리고 마음속으로는 끊임없이 이런 물음을 던져봐야 한다. "이게 과연 무슨 의미일까?"

때로는 바로 당신 눈앞에 테마가 분명한 모습으로 서 있을 수도 있다. 모건스탠리 자산운용(Morgan Stanley Asset Management)의 회장을 지낸 바튼 빅스(Barton Biggs)는 몇 해 전 어떤 사나이에 관한 짧은 이야기를 발표한 적이 있다. 이 사나이는 초자연적인 능력으로 내일자 〈월스트리트저널Wall Street Journal〉을 미리 알 수 있고, 그래서 아주 쉽게 엄청난 재산을 모을 수 있었다는 내용이다. 사실 우리가 하는 일도 이와 정확히 일치한다는 게 내 생각이다. 우리가 이미 알고 있는 몇 가지 일은 장래에 반드시 일어나게 돼 있고, 우리는 이런 지식을 활용해 큰돈을 벌 수 있다. 그렇다면 우리가 어떤 식으로 장래의 어느 날짜에 실릴 신문기사 내용을 파악했는지 한 가지 사례를 소개해보겠다.

저개발 국가들에서 통신 시스템 투자가 크게 늘어날 것이라는 사실을 우리는 분명히 알고 있었다.

미국에서는 100명 당 70대 꼴로 전화가 보급돼 있다. 일본과 유럽 선진국의 전화보급률도 이와 비슷하다. 그러나 멕시코, 러시아, 브라질, 이집트처럼 선진국에 비해 소득수준이 떨어지는 나라로 갈수록 전화보급률도 낮아진다. 전화보급률 순위에서 맨 밑바닥을 차지하는 나라는 중국인데, 100명 당 0.7대에 불과하다. 다시 말해 미국의 전화보급률은 중국의 100배에 달하는 것이다. 어느 나라 국민이든 더 많은 전화를 원할 것이다. 이건 우리가 확실하게 알고 있는 사실이다. 중국인들도 미국인들처럼 서로 전화로 통화하고 싶어할 것이다. 우리가 알고 있는 또 한 가지 사실은 정부가 공식적으로 발표하고 계약서에 서명까지 했다면 그 일은 이루어질 것이라는 점이다. 중국 정부는 앞으로 10년간 1000만 회선의 전화선을 확충해 전화보급률을 100명 당 7명 수준으로 늘리기로 했다. 이렇게 되면 중국의 전화보급률은 현재의 멕시코나 말레이시아 수준이 될 것이다. 물론 멕시코와 말레이시아도 그 때쯤이면 더 높은 전화보급률을 실현시켰을 테지만 말이다.

지금 통신 시스템의 확장은 그리 낯설지 않은 테마일 것이다. 이미 이런 테마에 따라 투자하는 뮤추얼펀드가 여러 개 나와있을 정도다. 하지만 몇 년 전에 이런 테마를 미리 파악하고 투자했다면 투자 원금은 벌써 몇 배로 불어났을 것이다. 멕시코 최대의 통신회사인 텔멕스(Telefonos de Mexico)는 그 중에서도 최고의 상승률을 기록한 대표적인 종목이다.

개발과 관련된 테마는 통신 시스템에 그치는 것이 아니다. 신흥개발국의 중산층은 끊임없이 진화해나가고 있고, 선진국의 중산층은 갈수록 빠르게 변화하고 있다. 이들의 소비지출은 해마다 연평균 10~20%씩 늘어나고 있다. 신흥 개발국에서 중산층이 얼마나 빨리 성장하고 있는가는 앞날을 점칠 수 있는 가장 쉬우면서도 강력한 지표다. 새로이 유산 계급으로 부상한 중산층은 먼저 자전거를 살 것이며, 다음으로는 오토바이를 구입하고, 아마 5년쯤 후에는 자동차를 갖고 싶어할 것이다.

이제 당신이 중산층이라고 하고, 소득이 늘어날 경우 어떤 또 다른 변화를 맞을지 생각해보자. 당신은 아마도 가족들과 해외로 휴가여행을 떠나고 싶어할지 모른다. 특히 국토가 작고 인구밀도가 높으면서, 단일 민족으로 이루어진 나라일수록 이런 나라에 사는 중산층은 다른 나라를 가보고 싶은 강렬한 욕구를 갖고 있다. 그래서 신흥 개발국의 많은 중산층 인구가 다른 문화와 다른 인종, 다른 풍광을 경험하기 위해 호주와 하와이, 스위스, 발리를 여행할 것이다. 우리 회사의 애널리스트들은 이 같은 장래의 여행붐을 투자로 연결지었는데, 덕분에 우리는 싱가포르의 크루즈 여객선회사인 스타크루즈(Star Cruises)와 일본의 여행사인 H. I. S., 호주의 카지노업체인 버스우드(Burswood) 주식을 매수할 수 있었다.

> 신흥 개발국에서 중산층이 얼마나 빨리 성장하고 있는가는 앞날을 점칠 수 있는 가장 쉬우면서도 강력한 지표다. 새로이 유산 계급으로 부상한 중산층은 먼저 자전거를, 다음으로는 오토바이를, 5년쯤 뒤에는 자동차를 사고 싶어할 것이다.

중산층 가운데 일부는 끊임없이 더 높은 계층으로 신분 이동을 한다. 신흥 개발국에는 이미 수십 만 명의 매우 부유한 기업가들이 있다. 이들은 BMW 승용차나 티파니(Tiffany) 귀금속, 에스카다(Escada) 정장처럼 선진국의 명품 브랜드로 자신의 신분 상승을 드러내려고 한다. 이들이 선호하는 명품 브랜드 회사는 모두 주식시장에 상장된 기업들이다.

시장을 풍미할 테마

물론 주식시장의 장기적인 테마라고 해서 전부가 통신 시스템의 발전처럼 그렇게 확실한 것은 아니다. 내가 정말로 심사숙고 해서 내놓은 예측도 완전히 틀려버리는 경우가 있다. 1980년 무렵의 일이다. 나는 석유와 천연가스의 부족 현상이 더욱 심화될 것이라고 내다봤고, 이란과 이라크 전쟁의 발발은 이를 뒷받침하는 사건으로 보였다.(나는 당시 양국간의 전쟁이 그렇지 않아도 불안정한 중동 정세를 더욱 자극하는 기폭제가 될지도 모른다고 우려했다.) 많은 사람들이 나처럼 생각했지만 모두들 틀렸다. 나는 당시 정점에 도달했던 석유 관련 주식들을 계속 매수했는데 실은 그 때 팔아야 했다. 나는 이로 인해 큰 손실을 입었고, 그 후유증은 오래 갔다.

1984년에는 모두들 정보기술(IT) 산업의 성장성이 사상 유례를 찾아볼 수 없을 정도라고 입을 모았다. 나는 당시 가졌던 인터뷰에서 농담처럼 이렇게 말했다. "IBM이 지금처럼 매년 12~15%씩 계속해서 성장한다면 아마도 모든 것을 집어삼켜버릴 겁니다. 그렇게 되면 얼마 가지 않아 미국 정부보다 IBM의 북미 지역본부가 더 커질 수 있지요." 뼈있는 농담이었다. IBM은 실제로 두 자리 수의 높은 성장률이 결코 영원히 지속될 수 없다는 사실을 다시 한번 입증했다.

우리는 미래에 대해 무엇을 말할 수 있는가?

기존의 질서 속에서 이제 막 떠오르려고 하는 새로운 트렌드를 구별해내기란 사실 어렵다. 그저 수정구슬을 통해 앞날을 내다본다고 해서 되는 일이 아니다. 미래는 늘 놀랍게 다가온다. 25년 전만 해도 지금처럼 흡연을 걱정하는 사람은 거의 없었다. 건강을 위해 아침 일찍 일어나 조깅을 하는 사람도 없었다. 아마 그때 사람들이 어떻게 변할지 미리 알았더라면 당시 많은 의대생들이 심혈관계 전문의 대신 스포츠의학 전문의를 선택했을 것이다. 하지만 이제 와서 과거로 돌아갈 수는 없는 노릇이다.

나는 여러 사람들 앞에서 강연하는 경우가 자주 있는데, 투자업계에 종사하는 사람들이 아닌 일반 청중들일 경우 틀림없이 나에게 이런 질문을 던진다. "선생님, 주식시장이 어디로 갈 것 같습니까?"(투자업계에서 일하는 사람들은 내 추측이 자신들의 추측보다 결코 낫지 않다는 사실을 알기 때문인지 이런 질문은 하지 않는다.) 1990년 1월 시카고의 로터리 클럽에서 강연 요청이 왔다. 나는 직감적으로 올 한 해는 물론 1990년대의 주식시장을 예측해달라는 질문이 나올 것이라고 생각했다. 내가 준비한 답변은 이런 것이었다. 우선 꼭 10년 전인 1980년 1월로 돌아가 당시 1980년대의 주식시장이 어떻게 될 것이라고 생각했는지 스스로에게 물어보라고 말이다. 그 때 과연 이렇게 예상했던 사람은 몇 명이나 될까;

1. 미국 경제는 1980년대 중반과 후반에 걸쳐 7년간이나 경기후퇴를 경험하지 않았는데, 이것은 전시(戰時)를 제외하면 사장 최장 기간이다.
2. 동유럽 공산권 국가들에서 반 공산주의 및 반 소련 소요 사태가 벌어졌지만 소련 정부는 아무런 개입도 하지 않았다.
3. 인류를 위협하는 치명적인 질병이 새로 나타났다.(AIDS, 즉 후천성 면역결핍증은 1980년까지도 그런 질병이 있는지조차 몰랐다.)
4. 원유 가격이 절반으로 떨어졌다.(1980년 초에는 누구나 원유 1배럴의 가격이 1990년에는 100달러 가까이 될 것이라고 생각했다.)

5. 1980년까지도 세계 최대의 채권국가였던 미국이 10년 만에 세계 최대의 채무국가가 됐다.

나는 그 날 강연에서 이런 내용들을 이야기하면서 내가 왜 1990년대의 주식시장을 예측하지 않으려 하는지 설명했다. 나는 지금도 그 때 아무런 예측도 하지 않은 게 다행이라고 생각한다. 당시 동유럽 공산권 국가들뿐만 아니라 소련 연방마저도 공산주의 체제가 그렇게 빨리 붕괴될 것이라고 예측한 사람은 거의 없었고, 나 역시 예외가 아니었다. 주식시장의 경우에도 나처럼 투자업계에 종사하는 사람들조차 그 무렵이 바로 역사상 최고의 강세장이 임박한 시점이라는 사실을 전혀 몰랐다. 투자 수익률이 꽤 괜찮았던 1980년대가 이제 막 끝난 상태였으니 더욱 그랬다.

심지어 이미 알려진 기술이 가져다 줄 파급을 예측하기도 매우 어렵다. MIT가 발행하는 〈테크놀로지 리뷰Technology Review〉가 1983년에 발표한 기사를 보면 부끄러울 정도다. 앞서 1972년에 소위 "미래학 전문가들"을 대상으로 1980~85년이 되면 인류의 삶이 어떻게 달라지겠느냐고 물었는데, 〈테크놀로지 리뷰〉가 그 대답들을 검증해본 것이다. 1972년 시점에서 보자면 20가지 예측 모두 충분히 그럴듯한 전망이었다; 전부가 나름대로 학식도 있고, 합리적이라고 알려진 전문가들이 내놓은 예측들인 데다, 이미 발명된 기술이 사회적으로 유용한 이런저런 분야에 활용될 것이라는 전망이었기 때문이었다. 예를 들면 도심 지역에서는 지상에서의 자동차 통행이 금지될 것이라는 예측도 있었고, 화상 통신이 크게 늘어나면서 비즈니스를 위한 출장이 25% 감소할 것이라는 전망도 있었다. 나머지 다른 예측들도 이 두 가지 사례와 마찬가지로 전부 틀렸다.

더욱 중요한 사실은 미래학자들도 전혀 미래를 예측하지 못했다는 점이다. 개인용 컴퓨터라든가 전자오븐, 휴대폰, 비디오 레코더, 연속착용 콘택트렌즈가 널리 쓰이게 될 것이라는 사실을 예측한 사람은 아무도 없었다.

때로는 잘못된 예측을 내놓을 수도 있지만, 그래도 앞으로 몇 년 후에 부상할 중요한 경제적, 사회적, 기술적 트렌드들을 찾아낼 수 있으며, 또 이런 트렌드가 언제 전면에서 사라질지 판단할 수 있다고 나는 생각한다. 이건 주식시장 전체가 어디로 향할지 예측하는 것보다 당연히 쉽고 또한 합리적이기도 하다. 시장은 강세를 이어가거나 약세를 이어갈 수 있다. 새로운 트렌드 효과를 얻을 것이라고 생각하고 매수한 주식도 시장 전반의 흐름에 따라 한동안 강세를 보이거나 약세를 보일 수 있다. 그러나 테마를 정확히 맞추었다면 곧 그 주식은 높은 투자 수익률을 올려줄 것이다. 그래서 나는 시장 전체의 오르내림은 크게 걱정하지 않는다.

나 자신의 예측을 포함해 어떤 예측이든 틀릴 수 있음을 인정하지만, 1996년에 우리가 선정한 "앞으로 몇 년간 시장을 풍미할 투자 테마"를 여기에 소개하겠다.

붕괴된 전 세계 사회간접자본시설의 재건

새로이 자유시장경제로 편입된 나라들에서는 기업활동이 빠르게 성장하고 있다. 하지만 이를 뒷받침하는 시스템은 전혀 그 보조를 맞춰주지 못하고 있다. 지금 전 세계적으로 더 많은 발전소와 고속도로, 교량, 공항, 통신 시스템, 오염방지시설 등이 필요하다. 그런 점에서 건설회사나 엔지니어링회사, 건설장비 제조업체의 주식은 괜찮은 투자대상이 될 것이다. 우리 회사에서 일하는 테리 호간은 발전소 현대화 및 오염저감 사업을 벌이고 있는 서모 일렉트론(Thermo Electron)과 중국에서 발전소를 건설하는 미국 기업 AEA 차이나 제너레이팅(AES China Generating)을 발굴했다.

전 세계 통신 네트워크의 확장

이제 어느 기업이든 스리랑카 지사를 애틀랜타 지사만큼 효율적으로 운영할 수 있다. 싸고 빠른 통신 및 교통수단의 발전 덕분에 세계화가 귀에 못이 박힐 정도로 일반화됐지만, 세계화의 물결은 현실이고 또 앞으로도 계속 이어질 것이다. 그런 점에서 보자면 글로벌 항공물류 기업인 익스피다이터스(Expeditors)가 아주 훌륭한 투자 대상이 될 것이다.

레저 산업

미국은 전세계 레저 산업을 이끌어가고 있다. 아마도 미국인은 일본인만큼 일을 열심히 하지 않고, 스위스인만큼 검소하지도 않지만, 파티를 즐기는 데는 세계 최고일 것이다. 미국이 아닌 다른 나라였다면 디즈니랜드를 만들겠다는 생각조차 하지 못했을 것이다. 여흥과 오락이야말로 아주 진지한 사업 아이템이다.

나는 그래서 방송기업과 영화관 체인업체, 쇼핑센터의 주식을 많이 매수해왔다. 그 중에서도 내가 한동안 가장 비중 있게 보유했던 주식은 카니발 코포레이션(Carnival Corporation)이다. 이 회사가 주력 사업으로 벌이고 있는 크루즈 여행은 충분히 사람들의 눈길을 끌 만했다: 유람선과 여행 대상지, 여행 기간 등을 스스로 선택할 수 있고, 당연히 여행 경비도 자신이 결정할 수 있다. 풍토병에 걸릴 따위의 위험은 전혀 없다. 맛있는 요리를 마음껏 먹을 수 있고, 밤새 춤을 추며 즐길 수 있다. 카니발은 크루즈 여행업계의 시장 점유율 1위 업체였다. 경영진은 업계에서 가장 노련하고 전문적이었고, 영업이익률은 업계에서 가장 높았고, 크루즈 선박은 가장 현대적이었고, 광고와 마케팅은 업계에서 가장 효율적으로 이루어졌고, 여행대행업체들 사이에 가장 좋은 평판을 듣고 있었다. 이 회사의 순이익은 해마다 20%씩 늘어났고 앞으로도 계속해서 늘어날 것으로 보이지만, 만약 쿠바가 크루즈 항로를 개방하게 되면 폭발적으로 늘어날 수도 있다. 쿠바는 마이애미에서 떠나는 크루즈 여객선의 가장 이상적인 목적지이기 때문이다.

착한 포트폴리오와 사악한 포트폴리오

여가를 즐기는 시간이 점점 더 길어지는 요즘 사회에서는 공항과 리조트, 레스토랑, 카지노마다 많은 사람들로 붐비고, 향락의 분위기가 갈수록 짙어져 간다. 그러나 일반 대중들의 정서는 사이클처럼 순환한다. 아마도 가장 오래된 순환 사이클이라고 할 수 있는 대중들의 정서 변화는 좋은 쪽에서 안 좋은 쪽으로, 또다시 좋은 쪽으로 바뀌어왔다.

1960년대에는 좋은 정서가 우세했다. 그 시절 우리는 이타주의와 이상주의적 감성에 젖어있었고, 반전론과 생태학, 통합주의, 반물질주의 등이 등장했다. 도시 재개발과 대기 및 수질 정화, 저소득층의 교육 및 직업훈련, 노동자의 안전, 이 밖에도 여러 가치 있는 사업에 수백 억 달러의 자금이 투입됐다. 나는 이런 사업을 추진하는 데 꼭 필요하다고 생각하는 많은 기업의 주식에 투자했다.

1970년대 말부터 레이건 행정부 시절인 1980년대에는 무게 중심이 반대편으로 넘어갔다. 히피들도 나이가 들어 밥벌이를 위해서는 일터를 찾아가야 했다. 이들은 더 많은 세금을 내고 싶어 하지 않았고, 자신이 번 돈은 자기가 갖고 싶어했다. 완전한 인간과 완벽한 사회라는 이상은 이제 환상이 돼버렸다. 우리가 가난한 사람들을 돕기 보다는 "그들은 스스로 구원해야 한다"는 게 이 시기의 정서였다. 안 좋은 쪽으로 바뀐 것이다.

이제 본론으로 들어가자. 앞으로 우리가 맞이하게 될 경제 환경에서는 과연 두 가지 정서를 대변하는 주식 가운데 어느 쪽이 더 나은 수익률을 보이는지 실험해봤다. 한 쪽은 신성한 기운이 넘쳐나는 종목들로, 또 한 쪽은 왠지 사악한 냄새가 풍겨나는 종목들로 포트폴리오를 구성했다. 역시 사악함이 이겼다. 사악한 쪽이 더 많은 이익을 얻는 건 사실인가 보다.

◆착한 포트폴리오와 사악한 포트폴리오의 36개월간 주가 변동률
(1975년 9월 30일~1978년 9월 30일)

착한 포트폴리오

안젤리카(Angelica) +45%

L. S. 굿(L. S. Good) +5%

처치스 프라이드 치킨(Church's Fried Chicken) +520%

맨굿 인더스트리(Mangood Ind.) +30%

세인트 조셉 라이트(St. Joseph Light) +29%

프랜드리 아이스크림(Friendly Ice Cream) -29%

평균　　　　　　　　　　+100%

사악한 포트폴리오

플레이보이(Playboy) +600%

프레데릭스 오브 할리우드(Frederick's of Hollywood) -23%

골든 너깃(Golden Nugget) +197%

내셔널 디스틸러스(National Distillers) +45%
U. S. 토바코(U. S. Tobacco) +87%
드비어스 마인즈(DeBeers Mines) +59%
평균   +161%

우리의 실험 결과를 입증해주는 결정적인 증거가 나타났는데, 바로 "올해의 최고 급등주"로 선정된 종목이었다. 이 종목은 예전에 매리 카펜터 페인트(Mary Carpenter Paint)라는 "착한" 이름이었을 때는 별볼일 없었는데, 회사 이름을 리조트 인터내셔널(Resorts International)로 바꾸자 급등하기 시작해 1달러에도 못 미치던 주가가 70달러를 넘어섰다.

에너지 개발

텍사코(Texaco), 아모코(Amoco), 아르코(Arco)처럼 회사이름이 'Co'로 끝나는 메이저 석유업체들은 요즘 국외로 달려나가고 있다. 미국 내 유전은 이미 거의 바닥이 났다고 생각하는 것 같다. 미국 내에서 새로 석유 탐사가 진행되고 있는 곳은 알래스카와 멕시코 만 지역을 제외하곤 사실상 없다고 해도 과언이 아니다. 이들의 판단은 옳을 것이다: 미국 본토에서 추가로 발견할 수 있는 대형 유전은 아마도 더 이상 없을 테니 말이다. 그래서 메이저 석유업체들의 주가는 바닥권을 헤매고 있다. 한편에서는 수많은 중소 석유업체들이 사업을 포기하고 있다. 영세한 중소 석유업체들이 버텨나가기에는 업계의 현실이 너무 열악하고, 그러다 보니 기업을 통째로 팔아 넘기는 것이다. 석유업계의 터줏대감 빌리 밥도 떠나려 한다; 그의 나이 일흔둘이지만 더 이상 이런 꼴을 보기 싫기 때문이다.

썩은 고기를 먹어 치우는 자칼과 비슷하다고 해서 자칼 컴퍼니(jackal companies)라고 불리는 기업들이 이제 새로이 등장했다. 이들은 기존의 석유업체들이 포기한 유전들을 헐값에 사들여 생산성을 높이는 작업을 한다. 지질구조를 다시 탐사하고, 유정(油井)을 추가로 더 뚫기도 하고, 집유(集油) 시설과 가압기를 비롯해 필요한 장비를 증설한다. 이렇게 해서 이들은 한계에 부딪힌 낡은 유전을 훌륭한 사업 터전으로 재탄생시키는 것이다. 에이콘 펀드는 이런 일을 하는 자칼 컴퍼니 탐사업체들 여러 곳에 투자했다. 벤톤 오일 앤 가스(Benton Oil & Gas), 베이슨 익스펙테이션(Basin Expectation), 스나이더 오일 코프(Snyder Oil Corp.)처럼 한결같이 작지만 강한 기업들이다. 이들보다는 약간 더 크지만 우리에게 아주 높은 투자 수익을 안겨준 탐사업체는 시걸 에너지(Seagull Energy)였다.

동구권의 자유화

러시아와 구 소련 위성국가들은 자본주의로 이행해가는 과정에 있고, 여기에 필요한 모든 것을 새로 갖춰나가야 한다. 앞서도 언급했지만 내가 노드슨이나 고모리, 크로네스 같은 인쇄 및 포장 관련 기계장비와 용품을 생산하는 업체에 투자한 것도 이 때문이다. 오랫동안 철의 장막 건너편에서 살아왔던 이들 나라가 또 하나 절실하게 필요로 하는 것은 마인 세이프티 어플라이언시스(Mine Safety Appliances)가 생산하는 제품들이다. 이 회사는 독일에 공장을 갖고 있는 미국 기업으로, 세계 최대의 산업안전장비 제조업체다. 보안경과 작업화에서 마스크, 인공호흡장치, 정밀분석장비에 이르기까지 이 회사는 동구권 공장들에 없어서는 안 될 모든 제품을 생산하고 있다.

민족주의

우리가 좋아하든 싫어하든 민족주의는 그 어느 때보다 강력한 위력을 떨치고 있다. 모든 민족이 저마다 자신들의 나라를 갖고자 한다. 이로 인해 나라 이름은 폭발적으로 늘어나고 있다. 그런 점에서 지도 제작 업체야말로 훌륭한 투자 대상이 되겠지만, 안타깝게도 랜드 맥낼리는 개인 소유 기업이다.

아웃소싱

많은 기업들이 기존에 회사 내부에서 조달하던 제품이나 용역을 외부에서 구입한다면 더 효율적이고 생산적이며 경쟁력도 높아질 것이라고 생각하고 있다. 미국 기업들은 물론 외국 기업들도 마찬가지다. 이 분야에서 가장 먼저 각광을 받은 곳은 파견근로업체들이고, 우리는 맨파워(Manpower)라는 기업에 투자해 높은 수익을 올렸다. 요즘은 아예 사무업무를 통째로 다 해주는 서비스업체까지 등장했다. 시스템즈 앤 컴퓨터 테크놀로지(Systems and Computer Technology)는 대학교의 행정업무를 대행해준다. 영국 기업인 캐피타(Capita)는 시청이나 군청의 운전면허 관리업무를 대행한다. 역시 영국 기업인 세르코(Serco)는 교도소와 연구소는 물론 공군기지까지 위탁 운영한다.

아웃소싱은 이제 단순히 사무행정 서비스의 범위를 넘어서고 있다. 가령 철강 기업은 점점 더 제철이라는 핵심 공정에만 집중하고, 원자재 조달이나 운반, 보관과 같은 일은 다른 업체에 맡기고 있다. 철강을 공급받는 기업들 역시 비핵심적인 가공 공정은 외부 업체에 하청을 준다. 예를 들어 대형 제철기업들은 필요할 경우 수요자에게 열연코일을 곧장 공급하는 대신 워싱턴 인더스트리즈(Worthington Industries) 같은 철강업체에 열연코일을 압연 가공하도록 하청을 준 다음 이를 공급해줄 수 있다. 워싱턴 인더스트리즈는 매우 뛰어난 경영진을 보유하고 있는 데다 고객관리 및 노사관계가 탁월해 오랫동안 작지만 강한 기업으로 손꼽혀왔다.

아웃소싱이라는 테마는 앞으로도 상당한 기간 동안 꽤 전망이 좋을 것이라는 게 내 생각이다. 아주 특별한 일을 처리할 수 있는 숙련된 기술자와 전문적인 기술을 보유한 기업에 대한 의존도가 모든 산업에서 갈수록 더 높아질 것이다.

자산관리

서방 선진국 정부들은 대부분 국민들에게 죽을 때까지 걱정 없도록 잘 보살펴줄 것이라고 약속해왔다. 미국의 경우 사회보장과 의료보험 및 의료보조 같은 제도로 이를 뒷받침하고 있다. 다른 나라들도 이와 비슷한 이름의 프로그램을 운영하고 있다.

하지만 이 같은 프로그램은 폰지 사기극(Ponzi scheme)처럼 운영되고 있다. 사실 사회보장을 맨 처음 생각해냈던 사람들은 이 제도가 실현되기 어려우며 법적으로도 문제가 있다는 점을 알고 있었다. 그래도 이들은 하고 싶어했다. 하기만 하면 국민들이 좋아할 것이기 때문이었다. 이들의 판단은 맞았다. 사회보장이라는 아이디어는 뒤늦게 미국에 들어온 개념이다. 사회주의적인 보험구상을 처음 도입한 인물은 독일의 비스마르크였다. 그는 인간의 정년을 65세로 못박은 최초의 인물이기도 하다. 그는 아주 영리했다. 당시만 해도 65세까지 사는 사람은 매우 적었으니 말이다. 요즘은 65세라고 하면 중년 취급을 받는다.

은퇴한 사람에게 줄 연금은 일하는 사람들에게서 걷은 세금으로 충당해야 한다. 일하는 사람의 숫자가 많고, 은퇴한 사람의 숫자가 적을 경우에는 이 같은 프로그램이 잘 굴러간다. 그러나 폰지 사기극이 실패하는 이유는 게임이 지속되기 위해서는 새로운 돈이 계속 들어와야 하는데, 이를 대줄 사람들이 충분하지 않기 때문이다. 지금 정부가 직면하고 있는 현실이 꼭 그렇다. 인구통계학 자료는 정부의 기대와 반대로 흘러가고 있다: 출산율은 급격히 떨어져 앞으로 근로자 숫자가 크게 늘어나기는 어려운 반면, 평균수명은 늘어나 더 많은 숫자의 은퇴자들이 더 오랫동안 연금을 받아야 한다. 이제 숫자가 맞지 않게 됐다. 폰지 사기극이 들통날 지경이 된 셈이다.

정부도 이제는 약속을 지키려면 두 가지 방안밖에 없다는 사실을 깨닫고 있다. 하나는 근로자들의 세금을 큰 폭으로 올리는 것인데, 그러면 거센 반발과 세금납부 거부운동까지 야기할 수 있다. 두 번째는 연금 혜택을 줄이는 것이다. 가령 정년 규정을 바꿔 연금 혜택을 받을 수 있는 연령을 높이거나, 연금 지급액의 기준이 되는 생계비를 낮추는 것이다. 영국과 캐나다, 이탈리아 등 많은 서방 선진국들이 지금 이런 선택의 문제에 직면해 있다.

그러나 또 하나의 대안이 있다: 연금 프로그램을 민영화하는 것이다. 칠레 정부가 이렇게 했다. 칠레에서는 1980년 정부가 운영하던 연금 시스템을 민간이 운영하는 연금저축 시스템으로 대체했다.

이런 흐름은 서방 선진국들로 이어질 것이다. 1997년 초 미국 연방 정부 산하 사회보장자문위원회는 미국의 연금 시스템을 어느 정도 민영화하는 방안을 의회가 고려해야 한다고 지적했다. 민영화는 다양한 방식으로 추진될 수 있다. 현재 근로소득자가 내는 사회보장세는 거의 전적으로 재무부 채권에 투자되고 있는데, 투자 대상을 주식과 회사채, 혹은 인덱스 펀드로 늘릴 수 있다. 일부 위원은 한 걸음 더 나아가 사회보장세 가운데 일정 부분은 근로자들에게 맡겨 노령 연금 계좌에 직접 가입하도록 하자는 의견을 내놓았다. 근로자들이 직접 가입하는 노령 연금 계좌는 뮤추얼펀드 같은 데서 관리하게 될 것이다. 물론 이 같은 방안이 실제로 시행되려면 상당한 시일이 소요되겠지만 어떤 식으로든 민영화는 불가피할 것이다.

어쨌든 많은 미국인들이 현재의 사회보장제도에 대해 불안해하고 있는 건 사실이다. 이들은 정부가 노후를 보살펴주지 않을지도 모른다는 우려와 함께 자신이 직접 노후에 대비한 저축을 하는 게 낫다고 생각하고 있다. 401(k)로 불리는 기업연금처럼 확정기여형 퇴직연금이 급속히 늘어나면서 이렇게 운용되는 자산이 기존의 정부가 운영하는 연금 시스템의 자산을 추월할 날도 얼마 남지 않았다. 이렇게 퇴직 연금으로 몰려드는 자산은 결국 뮤추얼펀드로 흘러 들어갈 것이다.

그래서 우리는 두 회사의 주식에 투자했는데, 주식시장에 상장돼 있는 대표적인 뮤추얼펀드 회사인 T. 로우 프라이스(T. Rowe Price)와 지주회사로서 자산관리회사들을 자회사로 거느리고 있는 유나이티드 애셋 매니지먼트(United Asset Management)였다. 또한 유럽에서도 이와 똑같은 일이 벌어지고 있다는 점을 확인하고는 유럽의 뮤추얼펀드 회사 몇 곳에도 투자했다. 현재 미국의 뮤추얼펀드에는 매주 수십 억 달러의 돈이 유입되고 있고, 사회보장 시스템의 민영화에 따라 새로 수십 억 달러 이상의 돈이 들어올 가능성까지 감안하면 자산관리회사들의 향후 성장성은 그 무엇으로도 막을 수 없는 거센 물결이라고 해도 과언이 아닐 것이다.

주식시장의 사기꾼들이 모이는 곳

그렇다면 이런 테마가 언제 사멸하는지는 어떻게 알 수 있나? 테마의 사멸은 대개 처음 단계부터 아주 분명하게 드러난다: 주가가 너무 높이 치솟고, 월 스트리트에서는 유행에 맞는 새로운 기업들을 무더기로 주식시장에 상장시키고, 신규 상장기업의 이야기가 잡지의 커버스토리를 장식하면 그것이 바로 테마가 사멸하기 시작했다는 증거다.

때로는 그 단서가 약간 모호한 경우도 있다. 확실한 증거를 찾기 힘들 때도 있다. 작자 미상의 문서를 보고 그것을 누가 썼는지 파악하는 데는 문서에 담긴 사상이나 인격, 혹은 문장구조 따위보다는 오히려 사소한 데서 그 의도를 찾아내는 게 빠를 수 있다. 즉, "그것" 보다는 "그러한 것" 이라는 표현이나, "할 것이다" 대신에 "하지 않을까 한다" 식의 표현을 얼마나 많이 썼는지 헤아려봄으로써 이 문서를 누가 썼는지 알아내는 것이다. 내 경험 중에서 아주 고전적인 사례를 하나 소개하겠다. 1983년 7월 〈월스트리트저널〉에 단신으로 실린 짧은 기사가 내 눈에 들어왔을 때 나는 당시의 투자 트렌드 한 가지가 끝났다는 사실을 확실히 읽을 수 있었다.

샌안토니오(텍사스)-페트롤리엄 에이커리지 코프(Petroleum Acreage Corp.)는 개인용 컴퓨터를 제조, 판매하는 사업에 600만 달러를 신규 투자할 것이라고 밝혔다.
석유 및 천연가스를 탐사하고 생산해온 이 회사는 이번 신규 사업 진출을 위해 80%의 지분을 출자한 자회사 팩트 컴퓨터(Pact Computers, Inc.)를 설립할 계획이다. 이 회사는 자신들이 새로 만들 컴퓨터는 대당 판매가격이 3500달러 미만이 될 것이며, 1983년 말까지 출시할 예정이라고 말했다. 또한 이 컴퓨터는 현재 주요 업체의 개인용 컴퓨터에서 쓰이고 있는 소프트웨어를 그대로 쓸 수 있다고 페트롤리엄 에이커리지 측은 덧붙였다.
이 회사 대변인은 컴퓨터 판매가 계획대로 이루어진다면 앞으로 2년 내에 컴퓨터 사업이 회사의 중요한 부분이 될 것이라고 말했다.

기사를 잘 읽어보면 뭔가 이상한 느낌이 든다. 왜 석유회사가 컴퓨터 사업에 뛰어들었을까? 페트롤리엄 에이커리지 코프 주가는 그 날 19/32달러(0.59375달러)를 기록했다. 괜찮은 기업이라면 전혀 어울리지 않는 주가다. 자료를 찾아보니 페트롤리엄 에이커리지가 사업을 시작한 것은 3년도 채 되지 않았고, 1981년 4월에 주당 1달러로 주식시장에 상장된 것으로 나타났다. 주식회사로 설립한 날짜는 1980년 11월 5일이었다. 놀랍게도 석유 관련 주식이 최고의 붐을 탔던 1980년이 끝나기 두 달 전에 주식회사를 차린 것이다. 이 회사는 주식시장의 붐에 편승해 이득을 보려고, 즉 에너지 주식이 정점에 달했을 때 석유회사 간판을 내걸고 등장했다가, 이제는 인기도 높고 주가도 급등하고 있는 또 다른 업종, 즉 개인용 컴퓨터 분야로 옮겨간 것이다.

> 사기꾼들이 모이는 곳을 알게 되면 어떤 그룹의 주식이 정점에 근접했는지도 알 수 있다.

나는 페트롤리엄 에이커리지 코프의 이런 발표야말로 개인용 컴퓨터 주식이 정점에 거의 다다랐다는 사실을 알려주는 경고라는 생각이 들었다. 우리는 즉시 개인용 컴퓨터 회사의 주식 일부를 팔았지만, 나중에 보니 그 때 더 많이 팔았어야 했다. 가령 페트롤리엄 에이커리지 코프가 컴퓨터 사업에 뛰어들겠다고 발표한 1983년 7월 25일에 개인용 컴퓨터 회사 주식을 샀다면 그 해 말에는 투자원금의 3분의 1을 날렸을 것이다. 주식시장의 사기꾼들이 어디에 모여있는지 주목하라. 그러면 지금 어느 업종, 어느 분야의 주식이 인기를 누리고 있으며, 아마도 정점에 다다랐을 것이라는 사실을 알 수 있을 것이다.

틈새시장에서의 독점적 지위

확실한 테마도 없는데 단지 내가 그 회사를 좋아하고 주가도 괜찮다는 생각이 들어서 그 주식을 매수한 적은 없을까? 물론 있다. 나는 일단 좋은 국면을 만나면 절대로 그냥 넘겨버리지 않는 성격이다. 그러나 이런 주식을 살 때의 가이드라인은 분명히 설정해두고 있다: 나는 적어도 틈새시장에서 독점적 지위를 누리는 기업, 혹은 장기적으로 성공할 것이라는 믿음을 줄 수 있을 정도로 아주 뛰어난 기업에 투자하고자 한다. 이런 기업이 프랜차이즈 사업을 하고 있다면 프랜차이즈 자체가 테마가 될 것이다. 일단 투자했다면 이 회사의 독점적 지위나 특장점이 위협을 받기 이전까지는 기간에 관계없이 계속 보유할 것이다. 보유기간에 관한 한 나는 일체 타협하지 않는다.

> 확실한 테마도 없는 주식을 매수한 적이 없느냐고? 물론 있다. 하지만 틈새시장에서 독점적 지위를 누리는 기업일 때만 그렇다.

지역별 휴대폰 사업자의 경우 통신시장의 확장이라는 테마에도 들어맞지만 틈새시장에서 독점적 지위를 누리는 대표적인 사례다. 지역은행 역시 지리적으로 구분된 시장에서 우월한 지위를 갖는다. 미국 내 최대의 산업안전장비 제조업체인 마인 세이프티 어플라이언시스는 틈새시장에서의 독점적 지위와 함께 동구권 국가의 자본주의화라는 테마에도 딱 들어맞아 우리는 이 회사 주식에 오랫동안 투자해 큰 수익을 올릴 수 있었다. 물론 그 반대의 경우도 있었다. FPI 주식회사라는 캐나다 기업이었는데, 이 회사는 한때 세계 최대의 대구 어장이었던 그랜드 뱅크스(뉴펀들랜드 섬 남동부 일대의 바다-옮긴이)에서 독점적인 대구 어획권을 따냈다. 그러나 과도한 남획으로 인해 대구의 씨가 마르자 내가 노렸던 독점적 지위도 허공으로 날아가버렸다.

틈새시장에서의 독점적 지위를 이용해 가장 성공한 사례는 아마도 오토바이 제조업체인 할리 데이비슨(Harley-Davidson)일 것이다. 할리 데이비슨은 미국에서 살아남은 유일한 오토바이 제조업체지만 전 세계적으로 "할리 마니아"가 결성돼 있을 정도다. 할리 데이비슨 이외의 오토바이 회사들은 이런 흥분을 주지 못한다. 할리 데이비슨은 어쩌면 세계 최고의 브랜드일지도 모른다. 코카콜라가 최고의 브랜드로 손꼽히는 건 사실이지만 할리 데이비슨처럼 고객들이 자기 몸에 문신까지 새기고 다니지는 않으니까 말이다.

그러나 내가 정말로 원하는 것은 지금 막 숨쉬기 시작한 큰 테마, 어느 종목에 강력한 날개를 달아줄 테마를 아는 것이다. 이런 테마야말로 지금까지 나에게 가장 큰 투자 수익을 안겨주었고, 그래서 이렇게 하나의 장을 따로 떼어내 자세히 설명한 것이다.

7 기술이 흘러가는 곳을 찾아라
Downstream from Technology

딸아이가 아홉 살 때였으니 꽤 오래 전 일이다. 나는 딸에게 어린아이들이 좋아하는 《매리 포핀스Mary Poppins》를 읽어주었다. 흥미진진한 모험담으로 가득 찬 동화책이었지만, 나는 이 책의 지은이가 마치 당연하다는 듯이 서술한 대목에서 좀 이상한 느낌을 받았다.

지은이는 이 책의 서두에서 뱅크스 가족을 그저 평범한 중산층으로 묘사하면서 이렇게 썼다: "17번지는……이 거리에서 제일 작은 집이랍니다……외관은 페인트칠이 군데군데 벗겨져 있는 게 좀 볼품없는 모양새지요. 하지만 이 집 주인인 뱅크스 씨는 부인에게 늘 이런 식으로 말합니다. 당신은 더 깨끗하고, 더 근사하고, 더 편안한 집으로 이사할 수도 있어. 하지만 그러면 네 명의 아이들을 키울 수는 없지. 뱅크스 씨는 경제적으로 그럴 형편이 안 되니까 두 가지 다 가질 수는 없는 노릇이라고 이야기합니다."

약간 가난한 동네에 살고 있는 뱅크스 씨 집안을 보면 매우 딱한 처지에 놓여있음을 알 수 있다: 유모는 그만 두었고, 이제 주방일을 돌보는 사람과 가정부, 심부름하는 아이 밖에 없어 뱅크스 씨 가족들도 집안일을 도와야 한다. 다행히 매리 포핀스가 우산을 타고 하늘에서 내려와 뱅크스 씨의 자녀들이 뿔뿔이 흩어지는 것을 막아준다.

동화 속 풍경이기는 하지만 평범한 가정에서 하인을 네 명씩이나 둔다는 것은 정말 옛날옛적 이야기 같다. 지금은 주방일이나 가정부가 하던 일을 전부 기계가 해준다. 에너지 혁명으로 누구나 전기를 값싸게 사용할 수 있게 되면서 가정의 생산성은 물론이고 교통이나 산업 전반에 이르기까지 엄청나게 발전했다. 증기기관과 같은 값싼 동력원을 발명해내지 못했다면, 또 석탄과 석유, 천연가스를 발견하지 못했다면 산업혁명은 일어날 수 없었을 것이라고 해도 과언이 아닐 것이다. 우리가 필요로 하는, 해마다 그 수요가 급증하고 있는 에너지를 공급하는 수많은 기업들이 20세기 최고의 투자 기회를 제공해주었다는 점에서도 이는 입증된다.

그러나 1970년대 이후 전혀 새로운 테마가 등장했다. 나는 이미 20년 전에 화석연료를 대신해 제2의 신소재인 실리콘이 산업을 지배할 것이라는 내용의 글을 발표했다. 손톱 크기만한 작은 실리콘 칩에 수천, 수만 개의 집적회로를 담아낼 수 있는 기술은 정보 수집과 정보 분류 시스템에 혁명적인 변화를 몰고 왔다. 에너지 가격은 갈수록 오르는 데 반해 정보 처리 비용은 갈수록 낮아지고 있다. 1970년대 중반에 이미 "전 세계 산업의 동력은 에너지에서 정보로 대체되고 있다"는 게 분명해졌다.

> 정보 혁명은 내가 가장 열심히 공부한 테마이자, 나에게 가장 귀중한 성과를 가져다 준 테마였다. 정보 혁명은 결코 식어버릴 것 같지 않은 테마다.

에너지에서 정보로의 이행을 이해하면 아주 오랫동안 이어질, 대단히 획기적인 메가트렌드(megatrend)를 확인할 수 있다. 나는 이미 1976년 무렵에 이 같은 내용이 구문(舊聞)이 돼 버렸음을 알고 있었지만 그 이후에도 꾸준히 정보 혁명이라는 메가트렌드를 따라 투자해왔다. 정보 혁명은 내가 가장 열심히 공부한 테마이자 나에게 가장 귀중한 성과를 가져다 준 테마였다. 실제로 내가 지금까지 펀드업계에서 성공적인 경력을 쌓을 수 있었던 것은 오로지 정보 혁명이라는 아이디어 하나 덕분이었다. 내가 운용한 포트폴리오의 가장 큰 부분이 바로 정보 혁명이라는 테마를 중심으로 이루어졌기 때문이다. 정보 혁명은 앞으로도 절대 식어버릴 것 같지 않은 테마다.

생산자가 아니라 사용자에 주목하라

나는 그러나 신기술을 개발하는 업체, 가령 컴퓨터나 반도체 칩을 직접 생산하는 기업에는 투자하지 않는다. 반도체는 컴퓨터와 휴대폰, 팩시밀리를 비롯해 거의 모든 전자기기에 들어가는 핵심부품이다. 그러나 내 포트폴리오에 인텔(Intel)이나 모토로라(Motorola)를 편입한 적은 단 한 번도 없다. 페어차일드(Fairchild)는 고전을 거듭하고 있지만 인텔과 모토로라는 반도체 사업으로 성공했다. 하지만 인텔과 모토로라보다 이들 두 회사의 고객들이 더 많은 돈을 벌었다. 신제품은 위험하다. 컴퓨터 분야에서는 특히 더 그렇다. 획기적인 신기술이 나오면 기존 제품은 금방 사양길로 접어들고 가격은 매년 급격하게 떨어진다.

대신에 나는 신기술을 사용하는 다운스트림 사용자를 항상 주목한다. 그래서 나는 컴퓨터와 신종 전자기기를 구매하고 사용하고 효율적으로 활용해 비용을 절감하고, 제품의 기능을 향상시키고, 사업 전반을 새롭게 짜나가는 기업의 주식을 매수한다. 또한 첨단 기기를 활용하는 새로운 방법이 등장하면 과거에 없던 신종 산업이 탄생하기도 한다.(이와 반대로 일부 업종과 기업은 쇠락의 길로 접어들 수 있다. 더 이상 한 곳에 모여 소리 질러가며 주식을 거래할 필요가 없어졌다는 점에서 뉴욕증권거래소(NYSE)도 천천히 죽어갈 것이라는 생각이 든다.)

나는 앞으로도 반도체 기업에는 투자하지 않겠지만, 휴대폰 기업에는 이미 상당한 금액을 투자해 꽤 높은 수익률을 올렸다. 이들 휴대폰 기업은 전부 반도체 칩 사용자다. 또한 나는 아직까지 비디오카세트 리코더(VCR) 제조업체에는 투자한 적이 없지만, 비디오 게임기를 만드는 기업의 주식은 지금도 보유하고 있다. 텔레비전 제조업체들도 반도체 칩 사용자이기는 하지만, 방송국을 운영하는 기업들은 반도체 기업들보다도 훨씬 더 많은 이익을 올리고 있다. 사실 반도체 기업에서 필요로 하는 천재적인 두뇌에 비하면 텔레비전 방송국에서 일하는 직원들은 평범한 인재에 불과할지 모른다. 그러나 반도체 기업과 방송국 기업의 이익률을 비교해보면 현실 세계에서는 천재보다 범재가 더 많은 돈을 벌 수 있다는 사실을 확인할 수 있을 것이다. 반도체 기업에서 일하는 개발자들 대부분은 사실 수재들이고, 이들은 부단히 신기술과 신제품을 만들어내기 위해 밤낮없이 일한다. 그러나 이들에게도 넘지 못하는 장벽이 있다; 늘 치열한 경쟁의 세계에서 살아남아야 하는 것이다. 열심히 했는데 갑자기 텍사스 주 오스틴이나 일본 아오야마의 이름조차 들어보지 못했던 친구가 자신보다 조금 더 앞선 신기술을 선보이기도 한다. 천재들은 이렇게 서로가 서로를 눌러버리는 것이다. 가령 최첨단 64메가바이트 반도체 칩을 발명했다 해도 금방 다른 경쟁자들이 쫓아와 기술적 우위가 사라져버리고 만다. 하지만 만약 어느 텔레비전 방송국 기업이 저녁 7시에 방영되는 "당신의 집을 고쳐드립니다"라는 쇼 프로그램을 히트시키게 되면, 그건 사실상 독점적인 상품이 된다. 당신이 돈만 있다면 케이블 방송국 사업을 시작하는 데는 정부로부터 허가를 받아내고 시청자들의 수요를 파악하기만 하면 된다.

신기술 기업에 바로 투자하는 것보다 신기술로부터 혜택을 얻는 사업 분야에 투자하는 다운스트림 투자가 더 현명한 투자 전략이라는 사실은 산업 혁명 이후 충분히 검증됐다. 역사상 가장 획기적인 발명품 가운데 하나인 증기 기관차와 철도는 새로운 운송기술 그 자체였고, 미국 경제와 사회 전반에 엄청난 변화를 몰고 왔다. 하지만 볼드윈(Baldwin)과 아메리칸 로코모티브 웍스(American Locomotive Works)

같은 증기 기관차 생산업체의 수익성은 형편없을 정도로 낮았다. 철도 기업들 역시 한동안은 그런대로 괜찮은 이익을 올렸지만 결국은 채산성 악화와 함께 대부분 파산하고 말았다.(당시 미국의 철도 기업들은 해외 자본의 투자 덕분에 설립될 수 있었다. 이것은 제2차 세계대전 이후 마샬 플랜으로 미국 자본이 유럽에 투자된 것과 반대라고 할 수 있다. 특히 잉글랜드와 스코틀랜드의 투자신탁에 저축한 자금이 이 때 미국으로 많이 몰려들었는데, 철도 기업에 투자한 자금 가운데 도로 회수된 것은 거의 없다고 해도 과언이 아니다.)

> 신기술 기업에 바로 투자하는 것보다 신기술로부터 혜택을 얻는 사업 분야에 투자하는 다운스트림 투자가 더 현명한 투자 전략이라는 사실은 산업 혁명 이후 충분히 검증됐다.

신기술의 등장으로 진짜 큰돈을 번 사람들은 기관차 제조업체나 철도 기업들이 아니라 1880년대와 1890년대 시카고에 부동산을 사두었던 사람들이다. 철도 부설과 함께 시카고가 인구 300만 명의 대도시로 변모하자 토지 가격은 엄청나게 치솟았다. 철도 기업들 가운데도 그나마 성공을 거뒀다고 할 수 있는 일부 업체가 있었는데, 노선 확장을 위해 정부로부터 소유권을 불하 받은 토지가 하루아침에 금싸라기 땅이 된 덕분이었다. 결국 증기 기관차 제조업체가 전부 합쳐 5만 달러를 벌었다면, 철도 기업을 운영했던 당시의 소위 재벌들은 50만 달러를 벌었고, 나중에 철도 중심지가 된 캔자스 주 위치토 시의 다운타운 지역 토지를 사들였던 투기꾼들은 500만 달러를 벌었다.

프로펠러 비행기보다 훨씬 더 크고 빠른 제트 여객기가 등장했을 때도 마찬가지였다. 제트 여객기는 항공기 산업을 완전히 변모시켰지만 돈을 번 쪽은 제너럴 일렉트릭이나 프랫 앤 휘트니(Pratt and Whitney), 롤스-로이스(Rolls-Royce) 같은 제트 엔진 제조업체가 아니었다. 이번에도 더 많은 이익을 가져간 쪽은 항공사들이었다; 앞서도 언급했지만 나는 당시 항공사들이 제트 여객기 덕분에 큰돈을 벌 수 있을 것이라고 생각했고, 그래서 항공사 주식에 투자해 높은 수익률을 올렸다. 물론 항공사들의 이익 행진은 이제 끝나 항공사 주식도 평범한 투기 대상으로 전락했다. 하지만 제트 여객기 덕분에 얼마나 많은 것들이 변했는지 한번 생각해보라!

에어컨 역시 우리 모두의 삶을 엄청나게 변화시켰지만 캐리어(Carrier) 같은 에어컨 제조업체들에 투자했다면 그렇게 큰돈을 벌 수 없었을 것이다. 오히려 다운스트림 분야에 투자했다면 훨씬 더 큰돈을 벌었을 것이다. 에어컨은 실제로 미국의 남부지역을 새롭게 탄생시켰다. 1930년대까지도 텍사스 주 휴스턴에는 사람 여섯 명과 개 한 마리가 살고 있을 뿐이었다. 개 한 마리도 얼마 뒤 죽었다. 휴스턴은 당시 전 세계에서 인간이 가장 살기 힘든 곳 가운데 하나였다. 그러나 에어컨이 보급되자 남부 캘리포니아와 텍사스, 애리조나 등이 붐을 타기 시작했다. 애리조나 주 피닉스는 여름철 최고 기온이 섭씨 46도까지 올라가는데도 요즘 가장 무섭게 성장하는 도시로 손꼽히고 있다. 에어컨이 없었다면 피닉스는 여전히 인디언이나 멕시코 사람들과 물물거래를 하는 곳 정도로 남아있었을 것이다. 에어컨이 이처럼 도시 전체를 바꿔놓았으니 캐리어도 꽤 돈을 벌었을 것이다. 하지만 진짜 큰돈은 피닉스와 휴스턴에 땅을 갖고 있던 사람, 주택과 쇼핑센터를 지은 사람, 레스토랑 체인을 시작한 사람들에게 돌아갔다.

물론 신기술이 어떻게 활용될지 파악하기 어려울 때도 있다. 가령 팩시밀리의 경우 기업 통신 시스템에 엄청난 충격을 몰고 왔지만 미국은 물론 일본에도 "팩시밀리 전문 제조업체"는 아직 없다. 단지 대기업들 가운데 일부가 여러 제품 가운데 하나로 팩시밀리를 생산하고 있을 뿐이다. 더구나 팩시밀리는 성숙 단계에 이르기 전까지는 제조업체들이 손익분기점을 넘기기가 어려운 고위험 사업이었다. 팩시밀리가 제대로 활용되기 시작한 것은 처음 선을 보인 뒤 10여 년이 지난 다음이었다; 팩시밀리는 나뿐만 아니라 상대방도 갖고 있어야 비로소 쓸모가 있는 제품이기 때문이다. 일단 임계점을 넘어서야 수요가 급격히 늘어나기 시작한다. 그 이전까지는 아무도 잘 쓰지 않다가 갑자기 너도나도 활용하는 것이다. 레이저 산업 역시 이와 비슷하다. 레이저가 잠재력이 무궁무진한 획기적인 기술인 것만은 틀림없지만 아직 레이저 산업 분야에 IBM 같은 대기업은 나오지 않고 있다.

전지전능한 컴퓨터

컴퓨터는 그 자체로 필적할 만한 대상이 없다. 컴퓨터의 발명과 함께 은행업과 보험업, 유통업은 혁명적으로 변모했다. 컴퓨터는 또 신용카드 산업을 만들어냈고, 데이터베이스와 데이터 처리를 기본으로 하는 수많은 산업들을 창조해나가고 있다.

이와는 전혀 다른 측면에서 컴퓨터 기술은 소규모 기업 주식에 새로운 의미를 부여해주었다. 과거 대기업들은 값비싼 메인프레임 컴퓨터 시스템으로 정보를 보다 빨리 얻고 전달할 수 있었고, 이 같은 이점은 대기업이 중소기업들보다 효율적인 업무처리를 할 수 있는 원동력이 됐다. 그러나 개인용 컴퓨터의 발명과 함께 이 같은 이점은 사라졌다; 미국의 거의 모든 기업들이 다운사이징과 분권화에 박차를 가하고 있는 것도 초대형 기업들이 더 이상 이런 이점을 누릴 수 없다는 점 때문이다.

> 현대화한 컴퓨터 기술 덕분에 작은 기업들도 얼마든지 대기업과 경쟁할 수 있다.

값싼 컴퓨터와 통신 네트워크 덕분에 은행 현금인출기(ATM)가 곳곳에 등장하게 됐다. 굳이 은행 창구까지 가지 않고도 가까운 곳에 설치된 현금인출기에서 누구나 편리하게 돈을 찾을 수 있다. 더구나 현금인출기는 24시간 돈을 찾을 수 있고, 정확하고 믿을 수 있으며, 오래 기다리지 않아도 된다. 현금인출기는 은행에도 대단한 효자 노릇을 한다. 은행은 과거 예금 입출금 고객을 끌어들이려면 도시 곳곳에 지점을 새로 열어야 했다. 아무리 작은 지점을 개설해도 만만치 않은 비용이 들어갔다. 요즘은 대부분의 은행이 주유소나 할인점, 도로변 간이매장에 현금입출금 기기를 설치해두고 있다. 이제 더 이상 건물을 임대해 지점을 설치하지 않아도 고객들에게 편리한 서비스를 제공할 수 있고, 이것은 그대로 은행의 이익으로 연결된다. 특히 은행은 현금카드는 물론 신용카드까지 발급함으로써 컴퓨터 네트워크 시스템의 중심점 역할을 하게 됐고, 따라서 은행은 아주 확실한 인수합병 대상으로 떠올랐다; 은행들의 가치가 부르는 게 값이 됐을 정도로 올라버린 것이다. 우리는 솔트레이크시티와 시애틀, 멤피스, 호놀룰루 등지에 있는 지역 은행들 주식을 오래 전부터 보유하고 있다.

현금인출기와 슬롯머신은 겉만 다를 뿐 뜯어보면 거의 똑같은 소형 컴퓨터다. 현금인출기는 어떤 의미에서 내가 맡겨놓은 돈만 찾을 수 있는 단조로운 기능의 슬롯머신이라고도 말할 수 있다. 바꿔 말하자면 슬롯머신은 사용자 편의 기능을 갖춘 컴퓨터라고도 할 수 있다.(물론 당신이 돈을 잃는다면 사용자 편의가 아닐 것이다.) 카지노 고객들 가운데 점점 더 많은 사람들이 블랙잭이나 룰렛 같은 테이블 게임보다 슬롯머신을 더 선호하는 추세다. 카지노에서는 당연히 테이블 게임을 줄이고 이 공간에 슬롯머신을 들여놓고 있다. 슬롯머신은 사실 내부에 아주 단순한 소형 컴퓨터를 내장하고, 디스플레이 기능과 동전을 삼키고 쏟아내는 기능을 추가하고, 한쪽 편에 잡아당기는 손잡이만 부착해놓은 기계일 뿐이다. 이런 기계를 만들어 컴퓨터로 판매하면 한 대에 기껏해야 800달러밖에 받을 수 없지만, 슬롯머신으로 팔게 되면 대당 6000달러를 받을 수 있다. 그래서 나는 세계 최대의 슬롯머신 제조업체인 인터내셔널 게임 테크놀로지 주식을 오랫동안 보유했던 것이다.

> 현금인출기는 내가 맡겨놓은 돈만 찾을 수 있는 단조로운 기능의 슬롯머신이다.

신용카드 역시 최근 20년 사이 소비자들의 행동에 혁명적인 변화를 가져다 주었다. 정보처리 기술의 획기적인 진보가 없었다면 신용카드는 존재할 수 없었을 것이다. 신용카드 사용이 폭발적으로 늘어날 수 있었던 가장 큰 이유는 굳이 은행에 가서 신용을 얻을 필요가 없기 때문이다; 그저 은행에서 신용카드 사용한도만 정하면 된다. 우리는 현재 어드벤타(Advanta)와 퍼스트 USA(First USA), MBNA 같은 신용카드 발급회사의 주식을 보유하고 있다.

마이크로프로세서의 발명에 따라 종래의 소위 "굴뚝산업" 기업들도 엄청난 변화를 겪고 있다. 가령 현대화된 전자기기들은 석유와 천연가스를 생산하는 기업들의 탐사 및 채굴 비용을 크게 낮춰 그만큼 경제성을 높여주고 있다. 텍사스 주 동부의 유전 지대에서 채굴 가능한 석유와 천연가스가 고갈돼가자 석유 기업들은 유정(油井)을 더 깊이 시추하거나, 알래스카 혹은 북해 지역처럼 채굴이 더 어려운 곳으로 진출해야 했다. 그렇게 되면 당연히 탐사 및 채굴 비용이 더 들어갈 것이다. 그런데 실제로 석유 탐사 비용은 과거보다 더 낮아졌다. 3차원 지층탐사 같은 신기술 덕분에 석유 기업들은 땅속 깊은 곳의 지층 구조를 마치 병원에서 환자의 몸 속을 단층 촬영하듯이 컴퓨터가 처리한 이미지로 파악할 수 있다. 이런 3차원 지층탐사 기술을 이용하면 석유와 천연가스가 매장된 곳을 훨씬 더 정확히 찾아낼 수 있고, 잘못된 시추공을 뚫을 가능성이 현저하게 줄어드는 데다, 이미 고갈됐다고 판정한 50년 이상 된 유전 지대에서도 경제성 있는 새로운 유정을 뚫을 수 있다. 북해나 멕시코 만 같은 해저 유전 지대에서도 인공위성을 통해 시추선의 탐사 지점을 불과 몇 야드 오차로 정확히 찾아낼 수 있다. 석유 기업들은 3차원 지층탐사 기술 외에도 수평 시추나 유층(油層) 모델화, 심해 탐사 기술 덕분에 탐사 및 시추 비용을 획기적으로 줄이고 있다. 앞장에서도 설명했지만 나는 이런 신기술을 활용해 대기업들이 팔아넘긴 한계 유전에서 석유와 천연가스를 성공적으로 생산해내는 소규모 석유기업들에 투자하고 있다.

데이터베이스를 모아 귀중한 정보를 제공하는 기업들도 빼놓을 수 없다. 이런 기업들 가운데 우리가 투자한 곳으로는, 제약업체들에게 독점적으로 데이터베이스를 공급하고 있는 IMS 인터내셔널(IMS International)과 판매시점 정보관리(POS) 및 초고속 데이터 처리기술을 이용해 고급 시장분석 정보를 제공하고 있는 시카고의 인포메이션 리소시스(Information Resources)가 있다.

혁신적인 기술이 무엇인지 이해하고, 그것으로부터 혜택을 얻는 다운스트림 분야에 투자하는 것이야말로 개인 투자자가 주식시장에 직접 투자할 때 반드시 염두에 두어야 할 핵심적인 개념이다.

그러나 미래의 다운스트림 제품 가운데 내가 걱정하는 게 하나 있다. 언젠가 컴퓨터 판매점에 가서 80달러짜리 "포트폴리오 매니저" 프로그램을 구입할 수 있는 날이 오면 나 같은 사람은 이 사업을 떠나야 할 것이다.

미래의 목초지대는?

그러면 다음에 등장할 획기적인 신기술은 무엇일까? 당연히 인터넷이 1순위로 손꼽힐 것이다. 개인용 컴퓨터와 광통신 데이터 송수신 기술의 결합이 탄생시킨 인터넷은 저비용, 초고속에 전 세계인이 동시에 접속할 수 있는 커뮤니케이션 시스템으로, 가히 혁명적인 기술이다. 인터넷은 이미 여러 분야에서 세계를 변화시키고 있다.

정치

독재자는 일반 국민들을 통제하기 위해 늘 정보를 독점하려고 한다. 관영 신문과 관영 방송은 독재체제에서 핵심적인 역할을 한다. 독재정부는 해외 방송사의 전파를 차단하고, 외국의 인쇄매체가 유입되는 것을 금지한다. 그러나 인터넷 세계에서는 이렇게 할 수 없다. 중국에서 학생들이 시위를 벌이면 데이터 네트워크를 타고 전 세계로 보내진다. 천안문에 모인 시위대를 중국 정부가 군대를 동원해 해산한다 해도 시위대의 구호와 외침은 인터넷에 그대로 남아있다.

> 다음에 등장할 획기적인 신기술은 무엇일까? 당연히 인터넷이 1순위로 손꼽힐 것이다.

제조업

인텔이 생산하는 펜티엄 칩에서 아주 사소한 결함이 발견됐을 때 인텔은 사용하는 데 지장이 없다며 그냥 넘어가려고 했다. 그러나 인터넷을 통해 거센 항의가 쏟아지자 결국 리콜 조치를 취해야 했다.

인쇄출판업

첨단 기술을 다루는 전문지가 늘 부딪치는 문제는 실험실에서 "마침내 해냈어!"라고 환호성을 지르는 시점과 독자들이 전문지를 받아보는 시점 간에 시차가 있다는 점이다. 기사를 작성하고, 편집진에서 기사의 경중을 결정하고, 편집과 교정 절차를 거쳐 인쇄된 전문지가 독자에게 배포된다. 하지만 요즘처럼 시시각각 새로운 기술이 나오는 세상에 누가 1년이나 묵은 연구결과를 읽어보겠는가? 사실 전문지가 나왔을 무렵에는 관심을 갖고 있는 사람들은 이미 연구결과를 다 알고 있다. 종이에 인쇄된 전문지는 독자들에게 배포되는 게 아니라 단지 도서관에 색인용으로 비치되는 처지로 전락했다. 업계 소식을 알리는 전문지들도 한계에 부딪치고 있다. 이들 역시 온라인 매체로서의 새로운 역할을 모색 중이다.

마케팅

대기업은 막대한 마케팅 예산과 강력한 브랜드, 전국적인 유통망을 등에 업고 제품에 대한 정보 흐름을 독점하다시피 해왔다. 그런데 인터넷이 등장하면서 소기업들도 거대기업과 경쟁할 수 있게 됐다. 뮤추얼펀드 산업을 예로 들어보자. 과거에는 판매수수료가 비싼 펀드들이 뮤추얼펀드의 주류였다. 이들은 광고비 예산도 엄청났고, 자기들의 펀드를 팔아주는 은행이나 증권회사 직원들에게 넉넉한 수입을 올려줄 수 있었다. 요즘은 모닝스타 같은 업체가 등장해 수천 개에 이르는 뮤추얼펀드에 관한 객관적인 정보를 인쇄물이나 인터넷 등을 통해 제공한다. 모든 펀드가 규모에 관계없이, 즉 대형 펀드회사의 것이든 소형 펀드회사의 것이든 전부 한 페이지 분량의 데이터로 요약된다. 이제 값비싼 갑옷으로 무장한 기사들조차 구식 창이 전부인 민병대를 이길 수 없는 세상이 된 셈이다. 오랜 전통을 내세우며 잔뜩 무게나 잡던 대형 펀드회사들도 갓 출범한, 보다 공격적이고 경쟁력을 갖춘 신생 펀드회사들과 똑같이 경쟁해야 하는 시대가 됐다.

인터넷이 각 산업 분야에서 고객과 제품, 고객과 서비스의 관계를 어떻게 변화시킬지 내다볼 수 있을 것이다. 인터넷은 현재를 살아가는 모든 사람들의 삶에 큰 영향을 미칠 것이다. 누구나 온라인을 통해 모든 보험회사들의 보험료를 알 수 있고, 그 중에서 자신에게 알맞는 가장 싸고 적합한 보험을 선택할 수 있는데, 더 이상 보험회사 판매원과 상담할 필요가 있을까? 인터넷에 들어가면 다양한 여행상품과 항공료, 객실료까지 전부 알 수 있는데, 굳이 여행사 직원과 상담할 필요가 있을까? 인터넷 서점에 들어가서 주문하면 바로 다음날 배달되는데, 동네 서점을 찾아가 주문을 해놓은 뒤 며칠씩 기다릴 필요가 있을까? 혹시 당신이 보험회사 판매원 혹은 여행사 직원이거나, 동네에서 작은 서점을 하고 있다면 신중하게 직업에 대해 다시 한번 잘 따져보든가, 당신이 제공하는 서비스의 질을 어떻게 하면 개선할지 깊이 연구해봐야 할 것이다.

인터넷은 이미 여러 분야에서 수많은 변화를 몰고 왔지만 앞으로 더 많은 변화들이 우리를 기다리고 있다. 내가 지금 이 글을 쓰고 있는 1996년 현재 시점에서 보자면, 넷스케이프(Netscape)와 아메리카 온라인(America Online)처럼 인터넷과 직접 관계되는 기업들의 주가는 하늘높이 치솟은 상태다. 인터넷에서도 다운스트림 분야를 찾아봐야 할 시점이지만 아직 큰돈을 벌어들일 만한 다운스트림 기업은 분명하게 드러나지 않은 것 같다.

8 작지만 강한 기업의 세 가지 지지대
The Portfolio Jigsaw, Stock by Stock

아이들 논리력을 테스트하기에 적당한 수수께끼가 하나 있다. 가령 당신이 방금 아이들 세 명을 승용차 뒷자리에 태우고 장거리 여행을 떠났다고 하자. 아이들 나이는 각각 여섯 살, 열 살, 열네 살로 잠시도 가만히 있지 않고 소란을 피운다. 이럴 때 수수께끼를 내면 몇 시간 걸리는 장거리 여행길도 편안하게 운전할 수 있다.

세 아이들에게 이렇게 질문을 던져본다:

"우리가 어느 탄광을 구경하러 갔다고 생각해봐. 지하 깊숙한 갱도에서 광부 두 명이 엘리베이터를 타고 올라오더니 우리 앞을 지나쳐 탈의실 쪽으로 갔어. 그런데 광부 한 명은 얼굴이 깨끗하고, 다른 한 명은 얼굴에 석탄가루가 잔뜩 묻어있는 거야. 그러면 두 사람 가운데

누가 얼굴을 씻을 거라고 생각하니?'

여섯 살 먹은 어린아이가 주저 없이 대답한다: "아빠, 그게 뭐가 어려워? 얼굴에 석탄 가루가 묻어있는 사람이지. 얼굴이 더러우면 씻어야 하잖아. 안 그러면 집에 가서 엄마한테 혼이 날 거야."

당신이 이야기해줄 차례다. "그렇구나. 엄마가 아주 잘 가르쳐주었네. 그런 좋은 습관을 갖고 있으니 너는 커서 훌륭한 주식 중개인이 될 수 있을 거야."

곧 이어 30초쯤 지나면 열 살짜리 아이가 소리를 지른다.(열 살짜리는 늘 소리친다.) "아냐, 내가 정답을 알았어요. 두 광부는 서로 다른 사람의 얼굴을 쳐다보잖아요. 얼굴에 석탄가루가 묻은 광부는 자기 친구가 얼굴이 깨끗하다는 걸 보고는 자기 얼굴도 깨끗할 거라고 생각해요. 그런데 얼굴이 깨끗한 광부는 석탄가루가 잔뜩 묻어있는 친구의 얼굴을 보고는 자기 얼굴도 틀림없이 더러울 거라고 생각해요. 그러니까 얼굴이 깨끗한 광부가 씻게 될 거에요."

"아주 훌륭한 대답이야. 너는 벌써 대개의 사람들이 자기 자신에게 최선이 되는 행동을 하는 게 아니라 다른 사람이 무엇을 할지를 보고 따라서 한다는 사실을 알고 있구나. 너는 커서 훌륭한 주식 애널리스트가 되겠다."

30분 정도 조용한 침묵의 시간이 흐른 뒤에 열네 살짜리 아이가 갑자기 외친다. "말도 안 돼, 아빠! 그건 처음부터 엉터리야. 내가 그 비밀을 알아냈어요. 그러니까 말이지, 광부 한 사람이 그렇게 석탄가루를 잔뜩 묻혔는데, 어떻게 다른 광부는 그렇게 깨끗할 수 있느냐고요? 그런 탄광은 있을 수 없는 거 아니에요? 이제 아빠가 낸 엉터리 수수께끼를 완전히 밝혀낸 거죠?"

"그래, 그래. 너는 이제 넥타이 매는 법과 계좌 관리하는 법만 배우면 대단한 포트폴리오 매니저가 될 수 있겠다. 여기에 고상한 영어를 할 수 있다면 금상첨화겠지. 네 말은 내가 낸 수수께끼가 기본적으로 잘못된 가정에서 출발했다는 뜻이겠지. 당연히 두 광부 모두 똑같이 얼굴에 석탄가루가 묻어있거나, 아니면 둘 다 깨끗해야 하니까 말이야. 실은 내가 낸 수수께끼의 비밀을 네가 정확히 지적한 것처럼 나도 투자의 세계에서 벌어지는 수많은 수수께끼의 정곡을 밝혀냈으면 하고 바란단다."

아무리 눈을 씻고 찾아봐도 매력적인 앞날이 기대되는 기업이 눈에 띄지 않는다면, 기업의 진짜 가치보다 싸게 거래되는 주식을 고르기는 단념하는 게 좋을 것이다. 장기적인 트렌드와 테마를 찾아냈다면 그건 당신의 지식이 대단하다는 증거다. 그러나 정작 문제의 핵심은 바로 그 테마에 생명을 불어넣어줄 최고의 기업을 발굴하는 일이다. 이를 위해서는 먼저 그 기업이 어떤 기업인지 이해해야 한다. 즉, 그 기업이 생산하는 제품을 알아야 하고, 재무구조와 경영진은 어떤지, 또 업종 내 순위는 어느 정도인지 파악해야 한다. 그 다음에는 그 기업의 주가가 현재의 자산가치와 미래 전망을 제대로 반영하고 있는지 판단해야 한다.

이런 작업은 힘들 뿐만 아니라 때로는 따분하기도 하다. 결코 멋지고 화려한 작업이 아니다. 근사하게 보이고 싶다면 차라리 도박을 하러 가는 게 낫다. 사실 많은 사람들이 주식 투자를 하면서 마치 카지노에서 도박을 하듯이 행동한다. 어느 기업의 설립연도가 자신이 태어난 해와 같다고 해서, 혹은 자기 처남이 경리담당 임원이라고 해서 그 기업의 주식을 매수한다. 이런 사람들이 어느 기업의 주식을 보유하는 이유는 참을 수 없을 정도로 가볍다. 이렇게 피상적인 근거로 주식을 매수하면 대개의 경우 낭패를 본다. 물론 그래도 카지노에서 노름을 하는 것보다는 확률적으로 좀 나을 수 있다. 주식시장은 장기적으로 떨어지기 보다는 오를 가능성이 더 높으니 말이다. 그러나 정말로 주식시장을 카지노라고 여기고 덤빈다면, 이런 확률도 별로 소용이 없을 것이다.

> 아무리 눈을 씻고 찾아봐도 앞날이 매력적인 기업이 눈에 띄지 않는다면, 기업의 진짜 가치보다 싸게 거래되는 주식을 고르기는 단념해야 할 것이다.

사실 투자의 세계도 도박이라는 관점에서 바라볼 수 있다. 수천 만 명의 사람들이 도박을 하면서 엄청난 스릴을 만끽한다. 카지노를 가득 메운 사람들은 룰렛이 돌아갈 때마다 들뜬 분위기 속에서 환호하고 탄식한다. 하지만 막상 카지노를 운영하는 사람 입장에서는 이런 흥분을 전혀 못 느낀다. 이들에게는 단지 힘들고 따분한 직업일 뿐이다. 여느 제조업체를 운영하는 것만큼이나 재미없고 어려울 따름이다. 카지노 경영자는 비용을 관리해야 하고, 인력 수급과 광고 계획 등 온갖 중요한 업무를 매일같이 처리해야 한다. 다른 기업의 경영자와 마찬가지로 사소한 문제들까지 일일이 점검해야 한다. 그러나 그것이 아무리 힘들고 따분한 일일지라도 그렇게 해야 돈을 벌 수 있다. 카지노에 와서 스릴과 흥분을 만끽하는 사람들은 카지노에서 매일같이 힘들고 따분하게 일하는 사람에게 돈을 흘려주고 가는 셈이다.

주식을 분석한다는 게 어떤 일인지 한번 비유해봤다. 주식 분석이란 거의가 재미없고, 아주 사소한 것들까지 챙겨야 하는 어려운 작업이다. 어쩌면 이제 처음 제복을 입고 순찰에 나선 경찰관이 하는 일과 비슷하다. 수시로 걸려오는 무전연락을 확인하고, 이것저것 장비를 점검한 다음, 거리에서 무슨 일이 벌어지고 있는지 긴장한 채 돌아다니는 것이다.

카지노에서도 운이 좋으면 대박을 터뜨릴 수 있다. 그러나 긴 시간을 놓고 보면 인내심을 갖고 자신의 투자 자금을 세심하게 관리한 사람이 주식시장을 경마장처럼 여기는 사람보다는 훨씬 더 좋은 성과를 올리게 된다.

투자 아이디어는 어디에서 나오는가

자신의 포트폴리오에 넣을 후보 종목이 없어 고민하는 뮤추얼펀드 매니저는 없다. 증권회사들마다 매일같이 수많은 기업을 자세히 분석한 보고서를 한 무더기씩 내놓는다. 저마다 자신이 잘 알고 있는 기업에 관해 줄줄 외워댈 줄 아는 증권회사 영업자들도 늘 새롭고 아주 특별한 내용들을 쏟아낸다. 펀드매니저들은 또한 종합지나 경제지뿐만 아니라 업계 전문지도 전부 읽는다. 기업체 최고 경영진과 대화를 나누다 보면 다른 회사, 대개는 납품업체나 고객업체들이지만 때로는 경쟁업체들에 대해서도 이야기를 듣게 된다. 애널리스트들과의 식사 모임에서, 혹은 다른 포트폴리오 매니저나 애널리스트와의 일상적인 대화에서도 기업에 관한 이야기는 끊이지 않는다.

펀드매니저처럼 직업적인 투자자들은 개인 투자자들보다 당연히 주식에 관한 아이디어를 더 많이 얻는다. 하지만 (뮤추얼펀드를 통해서가 아니라) 직접 주식 투자를 하는 개인들 역시 이들 못지않게 엄청난 기업 정보를 접한다. 〈월스트리트저널〉이나 〈배런스Barron's〉〈포브스〉 같은 신문과 잡지를 통해, 거래하는 증권회사 직원을 통해, 자기보다 오랫동안 주식 투자를 해온 친구를 통해, 평소 알고 지내던 기업인을 통해 기업에 관한 소식을 알게 된다.

또한 피터 린치가 잘 묘사한 것처럼 쇼핑몰을 돌아다니다 괜찮은 투자 아이디어를 얻기도 한다. 소비자 입장에서 보면 훌륭한 기업들을 얼마든지 발굴해낼 수 있다. 어느날 처음 가보는 스타벅스(Starbucks) 매장 앞에서 커피 한잔을 마시려고 줄을 서 있다가 번뜩하는 아이디어가 떠오를 수도 있다. 혹은 골프장 라커룸에서 친구들이 빅 버사(Big Bertha) 드라이버에 대해 이야기하는 것을 듣고 캘러웨이 골프(Callaway Golf)가 앞으로 최고의 주식으로 뜰 것을 알아차릴 수도 있다. 나도 초창기에 어빙 해리스 밑에서 일할 때 이런 경험이 있다. 당시 그의 부인이었던 로제타가 슈퍼마켓을 가더니 다이어트-라이트 콜라를 캔 여섯 개 들이 두 팩이나 사왔다. 다이어트 콜라는 그게 처음 나온 것이었고, 어빙 역시 그것을 보자마자 안테나를 돌렸다. 그는 곧장 다이어트-라이트를 생산하는 로열 크라운 콜라(Royal Crown Cola) 주식을 매수했고, 다이어트-라이트는 그해 대히트 상품이 됐다.

그런데 이렇게 기업 이름만 알아내는 것은 문제도 아니다. 정작 중요한 문제는 어느 이름을 버릴 것이며, 어느 이름을 매수해서 얼마나 오랫동안 보유할 것이냐 하는 것이다. 투자자가 해야 할 일은 바로 이 것이다. 앞서도 언급했지만 최고의 기업이라고 해서 그 회사의 주식이 최고의 주식이라는 등식은 성립하지 않는다. 따라서 기업을 제대로 평가하고 주식의 적정한 가치를 매기는 훈련을 충분히 쌓지 않는다면 주식 투자가 패가망신의 지름길이 될 수 있다. 설령 당신이 직접 투자 대신 뮤추얼펀드 투자를 선택했다 하더라도 주식 투자를 어떻게 해야 하는지에 대해 반드시 이해하고 있어야 한다. 그래야 당신이 돈을 맡긴 펀드매니저가 합리적인 방식으로 뮤추얼펀드를 운용하고 있는지 여부를 판단할 수 있다. 펀드 투자설명서는 물론 최근에 발표한 펀드의 운용성과 보고서, 신문보도 내용 등을 구해 보면 펀드매니저들마다 얼마나 다른 방식으로 펀드를 운용하고 있는지 확실히 파악할 수 있을 것이다.

그러면 내가 어떤 방식으로 투자 대상 기업을 찾아내는지 설명하겠다. 나는 창조적 기업가 정신이 살아있는 경영진이 운영하며, 매우 중요한 경제적, 사회적, 기술적 트렌드로부터 수혜를 입는 작은 기업, 동시에 틈새시장에서 강력한 주도권을 쥐고서 향후 순이익이 아주 돋보일 정도로 높이 성장할 강한 기업을 원한다. 나는 또한 이렇게 작지만 강한 기업의 주가가 합리적인 수준일 때만 주식을 매수한다.

나의 투자 철학을 보다 간략하게 정리하자면 세 개의 탄탄한 지지대를 갖춘 기업이라고 말할 수 있다. 내가 주식을 매수하는 기업은 반드시 이 같은 세 가지 지지대를 갖고 있어야 한다:

• 성장 잠재력이 뛰어나야 한다.

- 재무 건전성이 우수해야 한다.
- 내재가치가 빼어나야 한다.

첫 번째와 두 번째 지지대는 기업을 분석할 때 필요충분 조건으로 요구하는 것이고, 세 번째 지지대는 현재의 주가와 비교해서 판단하는 것이다.

성장 잠재력

기업의 성장 잠재력이 뛰어나다는 것은 많은 의미를 함축한다. 즉, 기업이 성장하려면 훌륭한 제품이 있어야 하고, 이 제품의 시장이 계속 커나가야 하고, 이 제품을 효율적으로 생산하고 마케팅 할 수 있는 능력을 갖추고 있어야 한다.

   기업의 지속적인 성장과 높은 이익률은 모두 뛰어난 성장 잠재력이 뒷받침해주어야 가능하다: 이를 위해서는 무엇보다 독점적 지위를 누리는 틈새시장을 가져야 한다. 그래야 경쟁업체보다 가격을 낮추지 않고도 판매량을 늘릴 수 있다. 틈새시장을 사실상 지배해야 한다는 말이다. 그런 점에서 한창 각광받는 인기 업종에서 시장 지위가 3등쯤 되는 기업보다는 비록 한계 업종이라 해도 최고의 시장 지위를 가진 기업체가 더 빛나는 보물이 될 수 있다. 내가 일본 기업에 투자하면서 미쓰비시 자동차(Mitsubishi Motors)나 수바루(Subaru) 주식을 매수하지 않고, 일본 최고의 버섯 재배업체인 호쿠토(Hokuto)를 매수한 것도 바로 이런 이유 때문이다.

> 각광받는 인기 업종에서 3등쯤 하는 기업보다는 한계 업종에서 1등인 기업이 더 빛나는 보물이 될 수 있다.

틈새시장에서 독점적 지위를 누리는 기업들의 면면을 살펴보면 내가 이 분야에서 일한 지난 30년 가까운 세월 동안 전혀 변하지 않았다: 이들은 기술적 우위와 함께 훌륭한 마케팅 기법을 갖고 있거나, 지방 신문사 혹은 지방 방송사처럼 해당 지역 내에서는 사실상 시장을 독점하고 있는 기업이다. 오클라호마 가제트(Oklahoma Gazette) 같은 신문을 대만에서 수입할 수는 없는 노릇 아닌가.

많은 사람들이 선망하는 업종이 아니라 해도 틈새시장은 얼마든지 매력적일 수 있다. 인기 높은 업종이지만 그저 그런 경영진이 운영하는 기업보다는 한물간 업종이지만 훌륭한 경영진이 이끄는 기업이 백 배는 더 낫다. 물론 인기 높은 업종이면서도 천재적인 경영자가 운영하는 기업이 있을 수 있다. 그러나 모두가 흥분하는 업종일 경우 이런 기업을 찾아내도 대개는 경쟁업체 역시 천재적인 경영자가 이끌고 있다. 앞서 첨단 기술 기업에 대해 설명하면서 언급했던 것처럼 두 회사 모두 우위를 차지하지 못하는 것이다.

> 인기 높은 업종이지만 그저 그런 경영진이 운영하는 기업보다는 한물간 업종이지만 훌륭한 경영진이 이끄는 기업이 백 배는 더 낫다.

주식시장에서는 모두가 흥분해서 달려드는 주식에 프리미엄을 붙인다. 일종의 오락세(娛樂稅)라고 할 수 있을 것이다. 반면 아무도 쳐다보지 않는 따분한 주식은 할인해준다. 이렇게 할인된 가격으로 거래되는 주식을 많이 사두라. 그러면 나중에 첨단 기술주에서 본 손해까지 전부 벌충해주고도 남을 것이다.

제3장에서 미운 오리새끼가 마침내 화려한 백조로 다시 태어나는 사례로 들었던 뉴웰 인더스트리즈는 프라이팬이나 옷걸이처럼 정말로 하품 나는 제품들이나 생산하는 따분한 업종의 기업이었지만, 지금까지 내가 가장 큰 성공을 거둔 종목 가운데 하나다. 아웃소싱이라는 테마를 설명하면서 예로 든 워싱턴 인더스트리즈 역시 기업은 훌륭했지만 투자자들이 외면하는 철강 업종에 속해있었다. 그런가 하면 우리 회사에서 함께 일하는 척 맥콰이드라는 직원은 더글라스 앤 로메이슨(Douglas & Lomason)이라는 기업을 아주 좋아했다. 자동차용 의자를 생산하는 이 회사는 누가 봐도 첨단 기술 업체라고 할 수 없다. 하지만 이 회사는 1996년에 아주 비싼 가격에 인수합병 됐고, 우리는 높은 투자 수익률을 올릴 수 있었다.

> 아무도 쳐다보지 않는 따분한 주식은 할인된 가격으로 거래된다. 이런 주식을 많이 사두면 나중에 첨단 기술주에서 본 손해까지 벌충해주고도 남을 것이다.

우리 회사의 또 다른 직원인 테리 호간은 전기 모터 제조업체인 볼더 일렉트릭(Baldor Electric)을 오랫동안 주목했는데, 이 회사 역시 인기 높은 업종과는 거리가 멀었다. 그러나 볼더는 특주용(特注用) 모터의 생산라인을 갖춘 업체로, 경쟁이 치열한 모터 시장에서도 아주 강력한 틈새시장의 지배업체였다. 테리는 또 의류용 섬유를 생산하는 유니파이(Unifi)에도 투자했는데, 유니파이는 발군의 수익률을 올려주었다.

무슨 잣대로 재단할 것인가?

내가 관심을 갖고 있는 주식을 평가할 때 가장 잘 쓰는 방법은 "그러면 사직서를 쓸까?"라고 나 자신에게 물어보는 것이다.

이런 식이다. 누가 나에게 전화를 걸어 씨티뱅크에서 내가 눈 여겨 보고 있는 어느 회사의 주식을 현재 시장가격으로 전부 매수할 만큼의 돈을 빌려주기로 했다고 말해준다. 그렇다면 나는 과연 지금의 뮤추얼펀드 사업을 접고, 이 회사를 인수해서 경영할 자신이 있는가?

대부분의 경우 나의 대답은 "아니야, 그렇게는 안 돼"였다. 하지만 아주 가끔씩 나 자신에게 이렇게 말할 때가 있었다. "그래 이거야, 이 회사라면 내 전부를 바칠 만하지." 이런 기업이 바로 내가 확신을 갖고서, 신이 나서 매수하는 주식이다.

한번은 증권회사에서 시스템 앤 컴퓨터 테크놀로지(System & Computer Technology)라는 기업을 담당하는 애널리스트와 친하게 지낸 적이 있다. 에이콘 펀드가 시스템 앤 컴퓨터 테크놀로지에 투자하고 있기도 해서 이 젊고 똑똑한 애널리스트와 대화를 나눌 기회가 많았다. 그런데 어느날 이 친구가 오더니 "앞으로는 애널리스트로서 이야기할 수 없을 것 같군요"라고 말하는 것이었다. 나는 놀라서 "왜, 무슨 일이 있나? 회사에서 징계라도 받은 건가?"라고 물어봤다. 그러자 이 친구는 씩 웃더니 이렇게 대답했다. "아닙니다. 시스템 앤 컴퓨터 테크놀로지로 직장을 옮기게 됐습니다." 아니 세상에! 나는 즉시 시스템 앤 컴퓨터 테크놀로지 주식을 추가로 매수했다.

매우 드물기는 하지만 작은 기업은 최고 경영진이 너무 매력적이어서 회사도 매력적인 경우가 있다. 실은 나 스스로 "사직서를 쓰고 이 회사를 경영해볼까?" 하는 질문을 던져보는 것도 이런 이유 때문이다. 뛰어난 경영자는 틈새시장을 창출해 지속적으로 높은 이익률을 만들어낼 수 있다. 물론 모멘텀 투자자나 기술적 분석에 의지하는 투자자가 아닌 기본적 분석에 기초해 투자를 하는 프로 투자자라면 당연히 "훌륭한 경영진"에 큰 비중을 두고 있다고 말할 것이다. 하지만 말이 쉽지 "훌륭한 경영진"을 정확하게 정의하기는 어렵다. 월 스트리트의 애널리스트들 가운데는 "훌륭한 경영진"을 "입만 살아있는 경영진"으로 착각하는 이들도 있다. 애널리스트들은 무조건 자기에게 협조하고, 월별 매출액 같은 수치를 살짝 흘려주며 기분을 맞춰주는 경영진을 좋아한다. 입이 무거운 경영진은 이들에게 결코 좋은 평가를 받지 못한다.

또한 3분기 연속해서 순이익 성장을 달성한 경영진이라면 월 스트리트에서 말하는 훌륭한 경영진으로서 전혀 손색없다. 혹시 4분기 연속해서 순이익이 증가했다면 훌륭한 정도가 아니라 위대한 경영진으로 칭송 받는다.

그러나 수치상으로 놀라운 실적이 나왔다고 해서 그것이 훌륭한 경영진을 담보하는 것은 아니다. 적어도 내 사전에서는 그렇다. 한두 해 정도의 실적은 단지 운이 좋아서 그렇게 됐을 수도 있다. 혹은 전임 최고 경영진이 다져놓은 기반이 워낙 튼튼해, 후임 경영진이 결코 훌륭한 편은 아니지만 아직도 성장세가 지속되는 경우일 수도 있다. 단지 수치상으로 나타난 실적만 보고 경영진을 평가하고, 그렇게 해서 내린 "훌륭한 경영진"이라는 판단 때문에 비싼 값을 주고 주식을 매수한다면, 포커판에서 상대방이 손에 쥐고 있는 패는 보지 않고 그저 내려져 있는 패만 보고서 베팅하는 거나 마찬가지다.

훌륭한 경영은 또한 과학적 지식으로 이루어지는 게 절대 아니다. 나는 과학적 지식의 요람이라고 할 수 있는 MIT(매사추세츠 공과대학교)에서 산업경영학 석사학위를 받았다. 그런 점에서 훌륭한 경영이란 과학적 훈련만으로 달성할 수 있는 게 아니라는 점을 확실하게 말해둘 수 있다. 훌륭한 경영이란 심리학적 지식과 누구나 수긍할 수 있는 상식, 자연스러운 일의 처리에 달려있다. 훌륭한 경영자는 다른 사람들도 자신이 가고자 하는 방향으로 향하도록 만들 수 있어야 하고, 그 방향이 합리적이라는 점을 신뢰할 수 있도록 해야 한다. 기업의 방향을 바꾸기 위해서는 진짜로 훌륭한 경영진이 필요하다.

> 수치상으로 나타난 실적만 보고 경영진을 평가하고, 그렇게 해서 내린 "훌륭한 경영진"이라는 판단 때문에 비싼 값을 주고 주식을 매수한다면, 포커판에서 상대방이 손에 쥐고 있는 패는 보지 않고 내려져 있는 패만 보고서 베팅하는 거나 마찬가지다.

최고 경영진이 얼마나 경쟁력이 있는지 판단하기란 여간 어려운 일이 아니다. 그것은 지금 회사 내부에서 무슨 일이 벌어지고 있는지 정확히 파악하는 일이기 때문이다. 마치 결혼한 부부를 바라보는 것과 비슷하다. 완벽한 부부처럼 보이는 한 쌍의 남녀가 어느날 이혼을 했다는 소식을 가끔 듣는다. 어떤 때는 최고경영자가 아주 뛰어나다는 평판을 듣는 기업의 임직원과 이야기하다 내가 "당신 회사 사장 훌륭한 분이지요?" 하고 물어보면, 그냥 씩 웃거나 "아직 잘 몰라서 하는 얘기에요"라는 대답을 듣기도 한다.

개인 투자자 입장에서는 최고 경영진이 훌륭한지 여부를 판단하기가 더욱 어렵다. 물론 매년 한 차례씩 발표하는 사업보고서를 참고할 수 있다. 사업보고서를 잘 읽어보면 회장의 사업 철학과 앞날에 대한 비전, 참모진이 어떤 사람들인지 어느 정도 알 수 있다. 그러나 정작 중요한 내용은, 기업에서 당신이 읽지 않았으면 하고 바라는 것이라는 점을 명심해야 한다. 당신이 만약 어느 기업에서 일하는 임직원이나 그 회사에 원재료를 납품하는 업체, 혹은 경쟁업체 사람을 잘 알고 있다면 더 나은 정보를 얻을 수 있다. 또한 오랜 시간을 두고 한 기업을 계속 추적해보면 큰 도움이 된다. 가령 1994년도 사업보고서에서는 캘리포니아에 새로 6개의 매장을 개설했다는 사실을 자랑하면서 "우리가 가장 기대하고 있는 신시장 개척의 포문을 열었습니다"라고 써놓았는데, 1998년도 사업보고서에는 캘리포니아 매장을 폐쇄했다는 사실과 함께 "이로써 재무구조가 더욱 튼튼해졌습니다"라고 공치사를 늘어놓는다면, 일단 경영의 실패를 이런저런 수식어로 위장하고 있는 게 아닌가 의심부터 해봐야 한다.

하지만 정확한 실상을 파악하기란 무척 힘든 일이고, 개인 투자자들 대부분은 이렇게 할 만한 시간적 여유도 없다. 설사 시간이 있다 하더라도 그렇게까지 해야 할 필요를 잘 느끼지 못한다. 그래서 나 같은 사람이 뮤추얼펀드를 운용하고 있는 것이다. 프로 펀드매니저의 가장 큰 이점은 최고 경영진과 직접 대화할 수 있다는 점이다. 우리는 이들에게 핵심적인 문제를 물어볼 수 있고, 이들이 어떻게 답변하는지에 관해 판단을 내릴 수 있다. 에이콘 펀드에서 나 혹은 우리 회사 직원이 기업을 직접 방문하지도 않고 주식을 매수한 경우는 지금까지 단 한 번도 없다.

이렇게 생각하는 사람들도 있을 것이다. 증권회사에 소속된 애널리스트들이 미국 전역의 기업들을 일일이 찾아 다니면서 분석보고서를 쓰고 있으니, 우리 같은 포트폴리오 매니저는 그저 책상머리에 앉아 진한 커피나 마시며 이들이 가져다 준 보고서를 읽을 것이라고 말이다. 물론 애널리스트들이 사실관계나 실적 수치를 집계하고 정리하는 능력은 인정해줄 만하지만 정말로 믿고 의지할 만한 애널리스트는 별로 없다. 더구나 최고 경영진에 대한 이들의 판단은 대개 피상적이고 결정적인 문제점을 짚어내지 못한다. 심지어 상당수의 애널리스트들은 분석보고서를 발표하기 전에 해당 기업으로 하여금 내용을 검토해 보도록 하는 경우도 있다. 이런 애널리스트들은 차라리 기업 홍보팀 소속이라고 여기는 게 낫다. 그래서 매도 의견을 찾아보기 어렵다. 이들이 기업 분석보고서에서 제시하는 투자 의견은 "매수", "적극 매수", "하락 시 매수 확대"가 대부분이다. 스탈린 체제 당시 소련의 관영신문 〈프라우다Pravda〉를 보는 식이다: 이 신문에서 "최상의"라는 단어보다 조금이라도 약한 수식어를 썼다면 그것은 "참담하다"는 의미였다.

어떤 프로 투자자들은 굳이 최고 경영진과 만나지 않으려고 한다. 최고 경영진은 늘 너무 낙관적이고, 그래서 이들과 대화를 나누다 보면 자신도 모르게 장밋빛 전망에 사로잡힐 수 있기 때문이다. 그러나 나는 기업을 방문해 최고 경영진을 만나는 것은 아주 중요하다는 사실을 경험을 통해 잘 알고 있다. 이들과 대화를 나누면 기업의 현재 상황에 대해서는 물론이고, 최고 경영진이 얼마나 솔직하고 유능한지 제대로 평가할 수 있다. 특히 작은 기업일수록 최고 경영진은 핵심적인 역할을 한다. 나는 투자자로서 그렇게 생각한다. 또한 오래 전부터 창조적 기업가 정신을 가진 최고경영자의 파트너가 되고 싶어했고, 그래서 나의 파트너를 미치도록 만나고 싶어 한다.

나는 그래서 늘 내 대리인처럼 느껴지는 최고 경영진을 찾고 싶어한다. 자기 기업이 속해있는 업종에 대해 잘 알고 있으면서, 누구보다 열심히 일하고, 확실한 장래 계획을 갖고 있지만 필요하면 언제든지 수정할 만한 유연성이 있으며, 자신이 대주주이므로 당연히 주주 친화적인 마음가짐을 갖고 있는, 작은 기업의 그런 최고 경영진을 만나고 싶은 것이다. 우리는 항상 기업에 관한 객관적인 의견을 듣기 위해 해당 기업에 원재료를 공급하는 업체나 동종 업계의 다른 기업, 고객들을 찾아 다닌다. 하지만 내가 어느 기업의 최고경영자가 정말로 탁월한 능력의 소유자라는 사실을 알게 되는 것은 거의 대부분 그와 직접 대화를 나눈 다음이었다. 당신이 자동차 수리를 맡길 정비기사가 과연 정직하고 기술이 좋은 사람인지 결정하는 것도 이와 크게 다르지 않을 것이다.

최고경영자가 너무 낙관적이라는 주장에 대해 나는 별로 개의치 않는다. 최고경영자들 가운데는 실적 전망을 높이 잡는 경우도 있지만 반대로 낮춰 잡는 경우도 있다. 실제로 일부 경영진은 내년도 주당 순이익이 2달러쯤으로 예상되면 일부러 주당 1.6달러 정도가 될 것이라고 얘기한다. 또 최고 경영진과 얼굴을 맞대가며 돈독한 관계를 쌓게 되면 해당 기업을 제대로 이해할 수 있는 것은 물론, 고객들의 취향이 어떻게 바뀌어가고 있는지, 납품업체들은 어떤 상황인지 알 수 있고, 심지어 경쟁업체에 관한 비밀정보도 수확할 수 있다. 이런 내용들은 새로운 투자 대상을 찾아내는 열쇠가 되기도 한다.

때로는 일부러 시카고까지 찾아와 애널리스트를 상대로 설명회를 갖는 기업 경영진도 있고, 이들 가운데 일부는 우리 사무실에 직접 들르기도 하지만, 어쨌든 일일이 최고 경영진을 만나서 이야기를 나누고 기업 현장을 확인한다는 것은 매우 고된 일이다. 가령 애널리스트 한 명이 매주 두 곳의 기업을 방문한다면-이건 그리 빡빡한 일정이 아니다-한 해 100곳의 기업을 방문할 것이며, 웬만한 펀드회사는 수십 명의 애널리스트를 두고 있으므로 전 세계의 이름난 기업들은 거의 커버할 수 있을 것이다. 더구나 해외 출장을 나가면 보통 하루에 4~5곳의 기업을 방문한다.

> 최고 경영진은 기업 내부사정에 관해 이야기하는 것을 꺼릴 수도 있지만 경쟁업체에게 물어보면 대개 술술 풀어놓는다.

기업을 방문한다고 해서 꼭 현재 주식을 보유하고 있거나, 매수할 계획이 있는 기업만 찾아 다녀서는 안 된다. 어느 기업이나 업종에 관한 귀중한 정보를 우리가 주식을 갖고 있지도 않은 전혀 다른 업체로부터 얻을 수도 있다. 이런 정보는 주로 투자 대상 기업의 경쟁업체로부터 나온다. 어떤 최고 경영진은 우리가 자기 회사 주식을 많이 보유하고 있다는 사실을 알게 되면 그 다음부터는 기업 내부사정에 관해 이야기하는 것을 꺼리게 된다. 하지만 경쟁업체에 가서 물어보면 대개 있는 그대로 이야기해준다.

당신이 마음을 두고 있는 젊은 여성에 관해 알고 싶을 때와 비슷하다. 이 여성의 어머니에게서 듣는 이야기와 얼마 전에 헤어진 남자친구에게서 듣는 이야기는 완전히 다를 것이다. 우리는 당연히 옛 남자친구가 해주는 얘기를 듣고 싶어한다.

최고 경영진으로부터 감동적일 정도로 강한 인상을 받는 바람에 비록 그 기업의 실적 수치가 통상적인 우리 기준에 미달했음에도 불구하고 과감히 투자하는 경우도 가끔 있다. 2년 전에 우리는 캐털리스트 에너지(Catalyst Energy)라는 신규 상장 기업의 주식을 매수했다. 이 회사는 살로먼 브라더스(Salomon Brothers) 투자은행 부서의 지원을 받아 수력발전소와 열병합발전소를 건설하고 있었다. 우리가 투자할 즈음 이 회사는 겨우 적자에서 벗어나 주당 몇 센트 정도의 흑자를 기록했지만, 당시 주가는 11달러에 달해 주가수익비율은 천문학적인 수준이었다. 이 회사가 앞으로 얼마나 많은 돈을 벌지 가늠할 방법이 전혀 없는 상태였다. 오로지 최고 경영진 하나만 믿고 투자한 나로서는 꽤 낭만적인 베팅을 한 셈이었다. 나는 그들이 뭔가 보여줄 것이라고 느꼈고, 처음에는 내 예상처럼 사업도 순조롭게 풀려나갔으며, 주가도 계속 상승세를 보였다. 그러나 결국 기업 실적이 악화일로를 치닫더니 끝내 파산하고 말았다. 과연 무슨 일이 벌어졌던 것일까? 이 회사의 최고 경영진은 주가가 올라가자 자신이 아주 큰 부자가 됐다고 생각하기 시작했다. 회사가 제 궤도에 오르기도 전에 거부가 됐다는 환상에 취해 정작 사업을 챙기지 않았던 것이다.

재무 건전성

낮은 부채비율과 적정한 운전자본, 보수적인 회계처리기준 같은 재무 건전성이 확보돼야 기업의 지속적인 성장이 가능하다.

  기업의 재무 건전성을 파악하려면 우선 대차대조표를 살펴보고 부채 규모가 너무 과다하지 않은지, 부채가 계속해서 증가하고 있지는 않은지 확인해야 한다. 부채 그 자체는 전혀 잘못된 게 아니다; 기업의 고속 성장을 뒷받침하려면 부채를 조달해야 할 필요가 있다. 또한 부채가 자기자본에 비해 과다해 보이더라도 업종에 따라 용인될 수 있는 경우도 있다. 가령 소비자금융업체는 일반적으로 부채비율이 상당히 높은 편인데, 경기에 민감한 제조업체라면 이런 부채비율은 상당히 위험할 수 있다. 즉, 경기에 민감한 기업이 과도한 부채를 짊어지고 있는 상황에서 경기 부진으로 인해 갑자기 수요가 위축되면 이 기업에 투자한 주주에게 큰 손실이 발생할 수도 있다. 실제로 경기 침체기에 신문을 보면 이런 기업의 파산 소식을 심심치 않게 읽을 수 있다. 일반적으로 경기에 민감한 제조업체나 소매업체의 경우 부채가 자기자본의 절반을 넘으면 문제가 있다고 봐야 한다.

대차대조표에서 확인할 사항은 이 밖에도 여러 가지가 더 있다. 기업이 부담해야 할 퇴직연금 규모가 과다하지 않은지 살펴봐야 한다. 또 하나 내가 꼭 확인하는 것은 기업이 정말로 현금을 벌어들였는지, 아니면 단순히 회계상으로만 이익을 올렸는지 여부다. 많은 기업들이 대차대조표에 영업권이나 각종 무형자산을 자산 항목으로 계상하고 있는데, 나는 기업을 분석할 때 가능하면 이런 자산을 제외시킨다. 재고자산과 매출채권은 제대로 계상됐는지, 최근에 크게 늘어나지는 않았는지, 또 매출액에 비해 재고자산과 매출채권이 과다하지 않은지도 주의 깊게 살펴봐야 한다. 어느 기업의 재고자산이 통상 매출액의 25% 정도였는데, 갑자기 매출액의 50%로 불어났다면 심각하게 의심해봐야 한다. 물론 기업이 워낙 빠르게 성장하다 보니 앞으로 계속해서 늘어날 매출액까지 감안해 재고자산을 크게 늘렸을 수도 있다; 만약 그렇다면 그건 고속 성장의 신호라고 이해할 수 있다. 그러나 재고자산이 갑자기 급증했다면 대개의 경우 어두운 징조로 봐야 한다. 이런 경우는 매출이 부진하다 보니 팔지도 못할 재고를 그냥 쌓아두고 있을 가능성이 매우 높기 때문이다.

> 어느 기업의 재고자산이 통상 매출액의 25% 정도였는데, 갑자기 매출액의 50%로 불어났다면 심각하게 의심해봐야 한다.

기업의 재무 건전성은 한순간에 바뀌지 않고, 상당한 기간 동안 기업에 영향을 미치는 덕목 가운데 하나다. 적자에서 흑자로 돌아설 것으로 기대되는 턴어라운드 기업이나 신생기업, 혹은 주식시장에 이제 막 상장된 기업에 내가 여간해서는 투자하지 않는 것도 이 때문이다. IPO 열기에 들떠서 기꺼이 높은 프리미엄을 지불하고 신규 상장 기업의 주식을 매수하는 사람들을 볼 때마다 나는 깜짝깜짝 놀란다. 1970년대 말과 1980년대 초에 제넨테크(Genentech) 같은 첨단 바이오 기술 기업들이 우후죽순처럼 주식시장에 상장됐다. 물론 나도 단일 클론 항체(monoclonal antibodies)나 유전자 재조합(recombinant DNA)처럼 신비하게만 들리는 첨단 바이오 기술이 엄청난 성장 잠재력을 갖고 있다는 사실을 알고 있었다. 그래서 나 역시 그 주식들을 유심히 지켜봤다.

제넨테크는 1980년대 초 적자 상태였음에도 불구하고 주가는 43달러를 기록했다. 나는 그때 이렇게 생각해봤다. 10년 후에 제넨테크의 연간 순이익이 3800만 달러(주당 5달러)를 기록하고, 주가수익비율이 24배가 된다면(당시 잘 나가던 에너지 기업인 슐룸베르거의 주가수익비율이 이 정도였다) 제넨테크의 주가는 120달러가 될 수 있을 것이다. 이건 상당히 위험부담이 높은 예상 수치였지만 설사 그렇게 된다 하더라도 연간 수익률로 따져보면 고작 10.8%밖에 되지 않았다. 그 시절은 고금리 시대여서 10년 만기 재무부 채권의 수익률이 연 12.4%였다. 결국 제넨테크는 내가 그저 머릿속으로 그려본 테스트조차 통과하지 못했다. 이렇게 아주 간단하게 테스트해봐도 아니라는 걸 알 수 있는데, 많은 사람들이 상식은 뒤로 제쳐둔 채 뜨거운 주식에만 몰려들었다. 당시 바이오 기술주만큼 열기가 뜨거웠던 주식은 없었으니 말이다.

주식시장에서는 언제든 미친 듯이 주가가 치솟는 종목을 발견할 수 있다. 이런 종목은 주의 깊게 봐야 한다. 우리 회사 동료인 테리 호간은 1996년에 서모레이즈(ThermoLase)라는 기업을 관심 있게 지켜봤다. 이 회사는 레이저로 우리 몸에 난 털을 제거해주는 제모 미용실을 열었는데, 그 자체로만 보면 성장 잠재력이 있는 괜찮은 사업 아이템이었다. 그러나 시간을 갖고 기업을 분석해보니 실상은 그게 아니었다. 서모레이즈가 개설한 미용실은 몇 개 되지 않았고, 한 해 매출액은 3000만 달러에도 미치지 못했으며, 겨우 손익분기점을 맞추고 있었다. 그런데도 매력적으로 보이는 사업 아이템에 정신이 나가버린 투자자들이 몰려들어 이 회사의 주가는 24달러까지 치솟았고, 시가총액은 무려 10억 달러에 달했다. 서모레이즈에서 제시한 사업 확대 계획이 전부 실현된다 해도, 앞서 내가 했던 것 같은 간단한 테스트를 해보면 지금 이 회사 주식을 매수한 투자자들이 10년 후에 올릴 수 있는 수익률은 그리 높을 수가 없었다. 따라서 이런 기업에 투자하느니 차라리 카니발 코퍼레이션(Carnival Corporation) 같은 검증된 기업에 투자하는 게 훨씬 낫다. 크루즈 여행 전문업체인 카니발 코퍼레이션은 시가총액이 90억 달러에 달하는 업계 선두주자로, 20억 달러의 매출액과 주당 1.8달러의 순이익을 올리고 있으며, 오랜 기간 동안 20%에 이르는 순이익 성장률을 이어왔다.

내재가치

내재가치가 빼어나야 한다는 말은 투자 대상 기업의 주가가 쌀 때만 그 주식을 매수해야 한다는 말이다. 주가가 싼지 여부를 측정하는 방식은 두 가지가 있다. 우선 어느 기업의 대체원가, 즉 그 기업의 자산 전부를 재조달할 경우 들어가는 비용과 현재의 주가를 비교하는 것이다. 또 다른 방식은 기업의 순이익 성장 전망을 핵심적인 기준으로 삼아 판단하는 것이다. 첫 번째 방식으로 측정해보니 어느 기업의 대체원가에 비해 주가가 매우 싼 편이지만 그 기업의 순이익이 정체 상태를 벗어나지 못하는 경우일 수도 있다; 이와는 반대로 어느 기업의 시가총액이 자산가치에 비해 훨씬 크지만 순이익의 성장 잠재력을 감안할 경우 주가가 아주 싼 편일 수도 있다.

성장주 투자자라면 당연히 순이익에 집중할 것이고, 투자 대상 주식의 매력도를 측정하는 기준으로 주가수익비율을 가장 선호할 것이다. 혹은 주가 대비 매출액이나 주가 대비 현금 흐름을 기준으로 삼을 수도 있다. 어느 기업이든 순이익률이 정말로 돋보이고, 시장에서도 이를 인정한다면 주가수익비율이 높다고 해도 문제가 되지 않는다: 주가수익비율은 얼마든지 더 높아질 수 있으니 말이다.

하지만 주가수익비율은 주의해서 다뤄야 한다. 어떤 경우에는 주가수익비율이 아무런 의미도 없을 수 있다. 어느 기업이 턴어라운드 시점에 있을 때가 대표적이다. 이런 기업은 아직 적자를 보고 있지만 앞으로 흑자로 전환할 것이 확실시된다는 점에서 매력적일 수 있다. 주가수익비율은 주가를 주당 순이익으로 나눈 수치다. 여기서 순이익 항목은 자의적인 회계방식에 따라 얼마든지 조정할 수 있다. 특히 부동산 개발회사처럼 고정자산이 많은 기업을 평가할 때 이 점에 유의해야 한다: 사업보고서에 나타난 순이익이 실은 감가상각을 제대로 하지 않아 가공으로 부풀린 것일 수도 있기 때문이다.

  이와는 반대로 석유 기업 같은 경우 회계상 손실이 났더라도 현금 흐름이 아주 양호할 수 있다. 요즘 애널리스트들은 현금 흐름 대신 EBITDA(순이익에 지급이자와 법인세, 유형 및 무형자산 감가상각비를 더한 금액)를 쓰기도 하지만 기업이 실제로 하고 있는 사업의 수익성을 평가하거나 다른 업종, 혹은 다른 나라의 기업과 비교할 때 가장 유용한 잣대가 바로 현금 흐름이다. 예전에 내 아내이자 회사 파트너인 리 젤이 독일의 맥주회사 바인딩 브라우어라이(Binding Brauerei)에 투자했는데, 당시 주가수익비율은 30배에 달했지만 주가 대비 현금 흐름의 비율은 3배에 불과했다.

  함께 일하는 척 맥콰이드는 최근에 이렇게 지적했다. "애널리스트들이 주가를 평가할 때 가장 자주 저지르는 오류는 하나의 기업에서 각각 독립적으로 운영되는 사업부문을 전부 뭉뚱그려서 전체 순이익이나 현금 흐름을 산출하고, 여기에 나름대로 적정하다고 생각하는 주가수익비율 혹은 주가 대비 현금 흐름 비율을 곱하는 것입니다." 이제 막 새로 시작해 초기 비용이 많이 들어가는 사업부문으로 인해 순이익이 줄어든 것일 수 있는데, 이를 감안하지 않으면 기업 전체의 펀더멘털마저 왜곡시킬 수 있다는 말이다. 척 맥콰이드는 그래서 이런 주장을 덧붙였다. "기업체가 인수합병 시장에 나왔을 때의 가치를 생각해 보세요. 그러면 기업의 사업부문을 하나씩 쪼개낸 다음 그 속에 숨어 있는 가치를 드러내겠지요." 우리는 이것을 "좋은 회사/나쁜 회사" 모델이라고 불렀다. 기업의 좋은 회사 부문은 현재의 주가보다 훨씬 더 높은 가치를 지니고 있다. 따라서 기업의 나쁜 회사 부문을 없애거나 매각한다면 주가는 즉시 올라갈 것이다.

우리는 기업의 자산가치를 매우 중시한다. 우리가 관심을 쏟는 자산가치는 장부가치가 아니다. 장부가치는 기업이 자산을 사들이는 데 들어간 원가에서 감가상각비를 차감한 금액이다. 장부가치는 우스운 숫자놀음일 뿐이다. 예전에도 장부가치는 그렇게 큰 의미를 가지지 못했지만 요즘 세상에서는 더더욱 케케묵은 숫자의 잔고에 불과하다. 더구나 장부가치는 시간이 흐르게 되면 자의적으로 부풀리거나 줄이기가 쉽다. 그런 점에서 장부가치는 누구나 구할 수 있는 수치지만 믿을 수 없는 수치이기가 십상이다.

부동산 개발회사인 루즈 컴퍼니(Rouse Company)의 경우를 예로 들어보겠다. 이 회사의 자산은 감가상각이 거의 끝나 장부가치가 제로에 가까울 정도였다. 하지만 루즈 컴퍼니가 보유한 쇼핑센터의 경제적 가치는 대단히 컸다. 대차대조표만 보면 누구나 루즈 컴퍼니의 장부가치가 주당 2달러 정도에 불과하다는 사실을 알 수 있었겠지만, 이 회사의 실제 자산가치-시장에서 매기는 시장가치-는 주당 25~30달러에 달했다. 기업의 정확한 자산가치를 알려면 모든 것을 고려해야 한다. 기업의 장단기 부채는 물론 브랜드나 특허권 같은 무형자산의 가치도 포함시켜야 한다. 이런 자산가치야말로 기업체가 인수합병 시장에 나왔을 때의 시장가치, 즉 잠재적인 인수자가 지불하고자 하는 금액을 제대로 반영한다고 할 수 있다. 당신이 기업을 인수한다고 생각하고 이 정도 가격, 즉 현재 주가 수준이라면 기업체를 통째로 사들이고 싶은 그런 기업에 투자하라.

현재 주가 수준이라면 기업체를 통째로 사들이고 싶은 그런 기업에 투자하라.

그러나 앞서도 설명했듯이 내가 매수하는 기업은 세 가지 지지대를 갖고 있어야 하고, 그 중 하나가 성장 잠재력이다. 나는 세 가지 모두를 원한다. 그래서 순이익 성장 잠재력을 감안했을 때도 여전히 주가가 싼 기업을 물색한다. 투자 대상 주식을 작은 기업으로 한정한다 해도 이런 기업은 충분히 찾아낼 수 있다.

기억의 천재 푸네스

무엇이든 한번 보거나 듣기만 하면 즉시 기억해 나중에 언제든지 상세하게 전부 설명할 수 있는 인물 이레네오 푸네스라면 최상의 증권 애널리스트가 될 것이라고 생각할지 모르겠다. "그의 인지능력과 기억력은 완벽했다. 우리는 대개 테이블을 한번 보면 그 위에 술잔 세 개가 올려져 있다는 정도로 이해한다. 그런데 그는 포도덩굴을 한번 스쳐 지나가기만 해도 모든 잎사귀와 덩굴손, 포도송이 하나하나를 다 기억했다." 그는 재무제표 역시 한번 슬쩍 보기만 해도 모든 내용을 전부 머릿속에 담아 나중에 언제든 보고서를 쓸 때 인용할 수 있을 것이다.

그러나 푸네스 씨는 아쉽게도 애널리스트로 활동할 수 없다. 그는 아르헨티나 출신의 위대한 작가 호르헤 루이스 보르헤스(Jorge Luis Borges)가 쓴 《기억의 천재 푸네스Funes the Memorious》라는 소설에 나오는 주인공이고, 소설 속에서는 몬테비데오 근처에 살다가 1889년에 죽는 것으로 묘사돼 있다. 하지만 이런 점을 무시하고 푸네스 씨가 이 세상 사람이 되어 에이콘 펀드에 들어온다 해도, 그의 완벽한 기억력은 훌륭한 애널리스트가 되는 데 별로 도움이 되지 못할 것이다. 보르헤스는 소설 속에서 이렇게 썼다. "푸네스 씨는 생각하는 능력은 뛰어나지 않았다. 무엇을 생각한다는 것은 차이를 제거하고, 일반화하고, 요약하는 것이다. 모든 기억이 넘쳐나는 푸네스 씨의 세계에는 오로지 상세한 것들, 언제든지 다시 끄집어낼 수 있는 것들만 있을 뿐이다."

푸네스 씨는 결국 너무 자세한 것들까지 과도할 정도로 기억에 담아둠으로써 오히려 통찰력이 부족했다. 반대로 인지능력과 기억력이 완벽하지 못한 우리 현실 세계의 사람들은 은유적인 형태로 좋은 아이디어를 만들어낼 수 있다. 제이콥 브로노스키(Jacob Bronowski)는 그의 저서 《지식과 상상력의 근원The Origins of Knowledge and Imagination》에서 "뉴턴은 달이 마치 누가 던진 것처럼 지구 주위를 돌고 있는 모습을 보고 중력을 법칙을 발견했다"고 썼다.

주식 투자에 관해 이야기하자면 우리는 기억의 천재 푸네스 씨처럼 그렇게 어느 회사에 대한 상세한 정보를 전부 다 알아낼 수 없다. 하지만 노력하기만 하면 그 기업의 이익과 성장이 어디에서 나오는지, 최고 경영진의 철학과 장래 계획은 무엇인지, 현재 시장의 경쟁은 어떤 상황인지, 향후 전망에 부정적인 영향을 미칠 요인은 무엇인지 등에 대해 이해할 수 있다. 나는 어떤 주식을 보유해야만 하는 이유를 아주 간략하고 분명한 문장으로 표현하고자 애쓴다. 이런 식이다. "호텔과 카지노 사업의 확장에 따라 이 기업의 순이익은 2년 안에 두 배로 늘어날 것이다." 이렇게 써놓으면 나중에 매도 결정을 내릴 때도 도움이 된다. 내가 쓴 문장이 더 이상 유효하지 않다면 그 주식은 팔아야 하는 것이다.

어떻게 적용할 것인가

어느 기업의 이익 전망을 기준으로 했을 때 과연 그 주식이 싼지 여부를 판단할 경우, 다른 말로 표현하자면 기업의 성장 잠재력을 현재가치로 환산할 경우, 우리는 대부분의 기관 투자가들이 그런 것처럼 배당금 할인 모델을 사용한다. 우선 우리 회사의 애널리스트가 생각하고 있는 해당 기업의 순이익 성장률을 받아본다.(배당금은 순이익 가운데 일부를 지급하는 것이니까.) 물론 이것은 추정치일 뿐이다. 우리는 향후 2년 정도의 순이익은 정확하게 예측하려고 노력하지만 실은 그것도 매우 어렵다. 더구나 누구나 자신이 매수하는 주식은 가장 낙관적으로 보는 종목이기 때문에 미래의 순이익을 과도하게 추정하는 경향이 있다. 주식을 적극적으로 매수하는 투자자는 어쨌든 그 기업이 대단한 성과를 올릴 것이라고 믿고 있는 것이다. 그런 점에서 주가는 낙관주의자들이 결정한다. 늘 이 점을 염두에 두고, 실망스러운 결과가 나올 때를 대비하고 있어야 한다.

그 다음에는 우리의 배당금 할인 모델에 현재의 시장 금리를 넣는다. 현재의 시장 금리는 우리가 채권을 보유하지 않고 주식을 보유함으로써 희생하게 되는 수익률이다. 향후 2년간의 주당 순이익 추정치를 갖고 있고, 여기에 시장이 매길 적정한 주가수익비율이 얼마인지 결정하게 되면 향후 주가 예상치, 즉 주당 순이익에 주가수익비율을 곱한 금액이 자동적으로 나올 것이다. 이 때 시장 금리가 높으면 주가수익비율은 낮아지게 된다.

> 누구나 자신이 매수하는 주식은 가장 좋은 종목이라고 생각하므로 미래의 순이익을 과도하게 추정하는 경향이 있다. 주가는 낙관주의자들이 결정하는 것이다.

시장 금리를 이해하는 한 가지 방법은 미래에서 현재로 전해진 메시지라고 보는 것이다; 금리란 장래의 돈이 현재 얼마의 가치가 있느냐를 말해준다. 물가상승률이 높을 경우-이럴 때는 금리 역시 높을 것이다-지금 1달러를 주머니 속에 그냥 넣어둔다면 미래에는 그 가치, 즉 구매력이 떨어질 것이다. 이를 반대로 생각하면 현재가치를 구할 수 있다. 금리가 매우 높을 경우 미래의 일정 금액은 현재가치로 환산하면 구매력이 크게 떨어진다. 가령 1980년에 그랬던 것처럼 연리 12%의 금리로 20년 후에 받을 100달러의 현재가치를 계산해보면 10달러밖에 되지 않는다. 그래서 1980년대 중반 시장 금리가 연 12%에서 7%로 떨어지자, 다시 말해 20년 후에 받게 될 100달러의 현재가치가 10달러에서 26달러로 상승하자, 주가수익비율이 높아지고 주가도 크게 올랐던 것이다. 특히 이런 상황에서는 미래에 더 큰 금액을 받을 것으로 기대되는 성장주가, 우선 당장 손에 쥘 수 있는 금액이 더 많은 배당주보다 주가가 더 빠르게 상승한다.

우리가 만든 모델에서는 이렇게 애널리스트들이 예측한 순이익 추정치와 나름대로 설정한 시장 금리를 반영한 주가수익비율을 기본 변수로 해서 2년 후의 예상 주가를 산정한다; 그 다음에는 이를 다른 애널리스트들이 예상하고 있는 목표 주가와 비교하고, 2년간의 예상 수익률을 뽑아본다. 이런 식으로 종합적으로 계산해낸 우리의 기대치가 시장의 합의보다 높다면 현재의 주가가 싼 것이므로 우리는 매수에 나설 것이다.

물론 시장 금리처럼 우리가 설정한 전제가 처음부터 잘못된 것으로 드러날 수도 있다. 하지만 이것은 마치 지뢰밭을 통과하는 문제와 비슷하다: 만약 당신이 군 지휘관이고 부대원들을 적진을 향해 진격시킨다면, 당신의 부하 장병들은 대부분 지뢰밭을 통과해 전투에서 승리를 거둘 확률이 매우 높다. 그러나 틀림없이 부대원들 가운데 일부는 지뢰를 밟아 목숨을 잃게 될 것이다; 누가 희생될지는 당신도 모른다. 우리는 주식시장이라는 전장(戰場)에서 투자한 종목 가운데 몇 가지는 실패로 돌아갈 것이고, 이로 인해 전체 수익률도 당초 기대했던 것만큼 좋지 않을 수도 있다는 사실을 잘 알고 있다.

> 차트는 아주 간편하게 점검할 수 있는 수단일 뿐이다. 만약 어느 기업의 주가가 지난 6개월간 두 배로 올랐다면 이미 매수 시점을 놓쳤을 가능성이 높다.

나 역시 매수 결정을 내릴 때 주가차트를 살펴본다. 하지만 차트를 들여다보다가 "박스권을 뚫었다"고 해서 무조건 매수하는 일은 절대로 없다. 이런 식으로는 차트를 활용하지 않는다. 다만 차트는 아주 간편한 수단이고, 지금 어느 주식에 무슨 일이 벌어지고 있는지 간단히 점검하는 데 유용할 뿐이다. 만약 어느 기업의 주가가 지난 6개월간 두 배로 올랐다면 이미 매수 시점을 놓쳤을 가능성이 높다.

컴퓨터를 이용하면 더 나을까?

요즘 거의 모두가 그렇게 하듯이 우리도 투자의 전 과정에서 컴퓨터를 폭넓게 활용한다. 데이터를 모으고 분류하는 일은 물론이고, 어떤 특징을 가진 종목을 선별해내거나 배당금 할인 모델처럼 계산이 필요할 경우 컴퓨터에 의지한다. 하지만 우리가 컴퓨터를 사용하는 것은 오로지 분석과 연구를 위해서일 뿐, 보다 창조적이거나 아주 정밀한 작업들은 맡기지 않는다. 컴퓨터는 복잡한 계산을 하거나 명령한 대로 선별해내는 데는 매우 유용하다. 하지만 우리는 주식시장이 어디로 갈 것인지 예측하거나, 혹은 어느 종목을 매수하고, 어떻게 포트폴리오를 구성할 것인지에 대해서는 컴퓨터에게 묻지 않는다.

언젠가는 전적으로 데이터베이스와 컴퓨터에만 의지하는 계량적 분석가들, 즉 요즘 말로 "퀀트(quant)"라고 불리는 사람들이 우리처럼 최고 경영진과 대화하고 주관적으로 판단을 내리는, 즉 기본적 분석에 의지하는 사람들을 수익률에서 앞지를지도 모른다. 하지만 대부분의 퀀트들은 오로지 유의미한 결과만 달성하면 그만이다. 전체 주식시장이 한해 10% 상승했다면 퀀트가 짜놓은 컴퓨터 프로그램은 한해 10.5% 정도의 수익률을 올려줄 수 있을 것이다.

퀀트들은 그래도 지금 잘 하고 있지 않느냐고 주장할 것이다. 그러나 이들이 의지하고 있는 방식이 계속해서 통할 수 있을지는 불확실하다. 평균으로 회귀하는 데는 다소 시간이 걸리기도 하기 때문이다. 이들의 시스템은 테스트하기가 무척 어렵다. 비록 연속해서 계속 맞아 떨어질 수도 있지만 아주 작은 가능성이나마 어디에선가 시스템에 구멍이 뚫려버릴 수 있다. 약간의 이익을 얻을 수 있는 높은 가능성과 엄청난 손실을 볼 수 있는 낮은 가능성을 연결지어서 그 과정 전체를 테스트할 만한 방법은 찾기 어렵다. 가령 어떤 사람이 카지노에 가서 룰렛 휠 게임을 한다고 하자. 이 사람은 오로지 빨간색에만 돈을 걸고, 자기가 지면 판돈을 두 배로 올린다; 언젠가 한 번만 빨간색이 나오면 단번에 잃은 돈을 전부 만회하고도 그만큼 더 벌겠지만 끝내 검정색이 열 번 계속해서 나오게 되면 이 사람은 가진 돈을 모두 잃고 카지노를 떠나야 하는 것이다.

> 컴퓨터는 지난 2년간의 주식시장 추세를 찾아내, 그것이 앞으로 몇 년간 지속될 것이라고 말해줄 것이다. 하지만 그 추세는 갑자기 사라져버린다. 왜냐하면 앞으로의 추세란 처음부터 존재하지 않았기 때문이다.

또 다른 문제는 컴퓨터를 활용한 시스템이 정말로 투자 수익률을 높여주는지, 즉 실제적인 이점을 제공하는지, 아니면 단지 학자들이 말하는 "데이터마이닝 상황(data-mining situation)"일 뿐인지에 관한 것이다. 누구나 컴퓨터를 활용해서 이런저런 프로그램으로 수천 개의 서로 다른 시계열 자료를 돌려볼 수 있다. 그렇게 수없이 돌려보면 현재 주식시장의 모습과 비슷한 데이터를 뽑을 수 있고, 이를 근거로 향후 주식시장의 방향을 예측할 수 있다. 데이터마이닝은 간단히 말해 아주 흥미로운 패턴을 생산해낼 수 있다. 하지만 그건 단지 우연히 일치했을 뿐이다. 컴퓨터는 지난 2년간의 주식시장 추세를 찾아내, 그것이 앞으로 몇 년간 지속될 것이라고 말해줄 것이다. 하지만 그 추세는 갑자기 사라져버린다. 왜냐하면 앞으로의 추세란 처음부터 존재하지 않았기 때문이다.

결론적으로 만약 어떤 시스템이 정말로 시장 수익률을 능가하는 투자 방법을 발견해냈다면, 점점 더 많은 사람들이 이 시스템을 이용할 것이고, 결국 그 비밀이 무엇이었든 시장에 흡수돼 형체도 없이 사라져버릴 것이다.

소위 말하는 "1월 효과(January Effect)"가 아주 좋은 예다. 앞서도 언급했지만 장기간에 걸쳐 소형주가 블루칩보다 수익률이 앞섰다. 이 같은 수익률 차이의 상당 부분이 실은 1월에 발생했다. 좀더 정확히 이야기하자면 12월의 마지막 2거래일과 1월 첫 주에 소형주와 블루칩 간의 수익률 차이가 가장 많이 발생한다.

이런 특이한 현상은 사람들에게 널리 알려지기 이전까지 꽤 믿을 만했고, 따라서 유용하기까지 했다. 그런데 로버트 하우젠(Robert Haugen)과 조셉 라코니쇼크(Josef Lakonishok)라는 두 명의 교수가 1988년에 《믿을 수 없는 1월 효과: 주식시장의 풀리지 않는 미스터리 The Incredible January Effect: The Stock Market's Unsolved Mystery》라는 흥미진진한 책을 펴낸 이후 1월 효과는 더 이상 통하지 않았고 신뢰도 잃어버렸다.

어쨌든 지금까지 나는 전통적인 방식으로 잘 견뎌왔다. 물론 요즘처럼 모든 사실을 누구나 실시간으로 파악할 수 있는 정보사회에서 좀더 나은 방법을 찾아내고, 그렇게 해서 주식시장에서 큰돈을 번다는 건 여간 어려운 일이 아니다.

나는 가끔 존 헨리라는 인물을 떠올린다. 존 헨리는 "강철을 움직이는 사나이(a steel-driving man)"라는 노래에도 나오는 전설과도 같은 인물인데, 철도 레일을 고정시키는 대못을 놀라운 속도로 박아대는 것으로 유명했다. 어느날 사람들이 그에게 오더니 증기기관으로 움직이는 드릴과 시합을 해보는 게 어떻겠느냐고 물었다. 그는 좋다고 대답했고 당당히 기계를 물리쳤다. 그러나 딱 하루뿐이었다. 다음날 증기기관 드릴은 어제와 똑같은 속도로 대못을 박아댔지만, 존 헨리는 녹초가 되어 쓰러져 있었다. "그는 결국 해머를 내려놓고 하늘나라로 갔다네, 신이시여 굽어살피소서." 노래는 그렇게 끝난다.

혹시 누군가 이런 증기기관 드릴처럼 주식시장에도 통하는 컴퓨터 프로그램을 만들어내지 않을까? 그러면 적어도 다른 사람이 이와 맞먹는 프로그램을 만들어낼 때까지는 누구보다 높은 수익률을 올릴 수 있지 않을까? 내 생각은 어쩌면 그럴 수도 있다는 것이다. 아직 그런 프로그램은 보지 못했지만 혹시 언젠가는 가능할지도 모르겠다. 아마 그런 순간이 닥쳐온다면 나는 기꺼이 해머를 내려놓고 신을 뵈러 갈 것이다.

주식시장과 체스판

1996년 2월 세계 체스 챔피언인 개리 카스파로프(Gary Kasparov)가 가장 어려운 상대를 만났다: IBM이 개발한 컴퓨터 딥 블루(Deep Blue)는 초당 1억 회 이상의 연산을 할 수 있었다. 카스파로프는 이 대결에서 컴퓨터를 이겼지만 완벽한 승리는 아니었다: 여섯 판 가운데 첫 번째 판은 딥 블루가 이겼고, 두 판은 무승부로 끝났다.

초당 3억 회 이상으로 연산 능력을 높인 딥 블루가 재도전한 1997년 시합에서는 카스파로프가 무릎을 꿇었다. 컴퓨터의 체스 실력은 시간이 흐를수록 비약적으로 향상돼 인간 체스 챔피언이 아무리 기량을 향상시킨다 해도 따라잡을 수 없다. 하지만 체스는 매우 복잡한 게임이어서 컴퓨터든 혹은 어떤 생명체든 "완벽한" 체스를 두기는 불가능하다. 물론 생명체 가운데는 인간이 가장 나은 편이다. 적어도 다른 동물은 인간을 이길 수 없을 테니 말이다.

체커(두 사람이 64개의 사각판 안에서 하는 놀이-옮긴이)처럼 단순한 게임은 언제든 최선의 수를 둘 수 있는 컴퓨터 프로그램을 만드는 게 가능하다. 하지만 체스에서는 불가능하다. 왜냐하면 앞으로 일어날 여덟 수나 열 수를 미리 내다봐야 하는데, 그러려면 경우의 수가 천문학적으로 늘어나기 때문이다. 그래서 체스 프로그램에서는 컴퓨터가 스스로 최선의 수를 판단하도록 스스로 학습하는 방법을 채용한다. 즉, 킹을 보호하면서 상대편 말을 잡아내고, 각각의 말에 가중치를 부여하는 식이다. 지금까지 나온 최고의 체스 프로그램은 이렇게 스스로 학습하는 방법을 가장 효과적으로 구축한 것이다.

이처럼 체스를 통해 컴퓨터의 가능성을 테스트할 수는 있지만 체스는 규칙이 한정돼 있는 게임이다. 또한 규칙은 절대 변하지 않고, 갑작스런 외부 변수가 개입할 여지도 전혀 없다. 규칙이 이렇게 제한적이다 보니 컴퓨터 프로그램으로 만들 수 있고, 컴퓨터가 수를 계산할 수 있는 것이다. 컴퓨터는 계속해서 발전해왔다. 1960년대 초에 나는 노스웨스턴 대학교에 있는 초대형 컴퓨터와 체스를 두곤 했는데, 거의 대부분 내가 이겼다. 나도 대단한 실력이 아니었지만 컴퓨터 프로그램도 초보적인 수준이었다. 지금은 39.95달러짜리 체스 프로그램만 해도 내가 당해내지 못할 정도다.

　주식시장은 체스와는 다르다. 게임의 규칙이 무궁무진하고, 언제든 일부 규칙이 바뀌기도 한다. 중동에서 전쟁이 터졌다든가, 일본에서 대지진이 발생했다는 뉴스처럼 돌발적인 외부 변수가 게임에 작용하기도 하지만, 누구도 이런 변수를 예측할 수 없다. 체스판의 사각형 숫자가 어떤 때는 64개였다가 어떤 때는 81개로 늘어난다면 체스 프로그램을 짜기가 엄청나게 더 어려워질 것이다. 게다가 외부 변수가 돌출할 때마다 룰이 아무렇게나 바뀐다면 더더욱 복잡해질 것이다. 이처럼 시스템이 개방적일수록 컴퓨터로는 풀기가 더욱 어려워진다.

　물론 컴퓨터가 어디까지 더 발전할지는 가늠하기 어렵다. 그러나 체스 프로그램을 통해 우리는 유용한 교훈을 두 가지를 얻을 수 있다: 우선 투자자는 스스로 학습하는 규칙을 배워야 한다는 점이다. 즉, 기업 규모가 작으면서도 순이익이 계속 성장하고 있고, 주가수익비율이 낮은 주식을 사야 한다. 두 번째는 스스로 학습하는 규칙을 배워서 실제 투자의 세계에서 활용할 줄 아는 사람이 최고의 투자자가 될 것이라는 점이다.

언제 매도할 것인가

인터뷰를 할 때마다 기자들이 묻는 게 있다. "당신의 매도 기준은 무엇입니까?" 나는 두 가지가 있다고 대답한다: 너무 빠른 시스템과 너무 늦은 시스템이다. 두 가지 모두 자로 잰 듯이 정확한 시스템은 아니다.

앞서 이미 분명히 밝혔듯이 나는 4~5년 정도는 보유할 주식을 찾으려고 한다. 소형주의 경우 사고 팔 때 거래비용이 만만치 않은 게 한 가지 이유다. 또 다른 이유는 내가 어느 기업의 다음 분기 순이익을 예측하거나 단기적인 주가 움직임을 포착하기 보다는 트렌드를 확인하고 성장 잠재력이 큰 주식을 발굴하는 데 더 소질이 있다고 생각하기 때문이다. 그래서 나는 잘 팔지 않는 투자자다.

오스트리아 출신의 철학자로 런던정경대학교(London School of Economics)에서 과학철학을 가르쳤던 칼 포퍼(Karl Popper)는 훌륭한 과학적 이론이란 논리가 잘못됐음을 입증할 수 있는 것이어야 한다고 썼다. 만약 당신 머리 위로 차가운 물을 쏟는다면 당신의 얼굴은 젖을 것이고 몸도 차가워질 것이다. 이것이 과학적 이론이 되려면 잘못됐음을 입증할 수 있어야 한다. 그렇다면 실제로 차가운 물을 당신 머리 위로 쏟아버린 다음 무슨 일이 벌어지는지 실험을 해보라. 만약 차가운 물 세례를 맞았는데도 얼굴이 젖지 않고 몸이 따뜻해졌다면 이 과학적 이론은 잘못됐음이 입증되는 것이다. 따라서 과학적 이론의 유효성을 확인하는 열쇠는 그것이 실제로 그런가의 여부를 결정적인 실험을 통해 테스트해보는 것이다.

> 누구나 주식을 보유하는 이유가 있을 것이다. 그 이유에 의심이 들기 시작하면 가능한 한 빨리 당신의 생각을 바꿔야 할 때가 되지 않았는지 자문해봐야 한다.

당신이 주식에 투자하고 있다면 아마도 각각의 종목을 보유하게 된 이유가 있었을 것이다. 만약 그 이유가 잘못된 것일 수 있다는 판단이 들면, 이제 다른 정당한 이유를 찾아내서 그 주식을 계속 보유하든가, 아니면 당신의 입장을 바꿀지 여부를 결정해야 한다. 기억의 천재 푸네스에 관한 얘기를 하면서도 언급했지만 우리는 주식을 매수할 때 반드시 매수 이유를 써놓는다. 가령 우리의 데이터베이스에 이런 매수 이유가 기록으로 남아있다고 하자. "내가 테바(Teva) 주식을 매수한 이유는 이 회사가 다발성 경화증(multiple sclerosis)을 치료할 수 있는 신약을 개발했고, 이 신약은 회사의 성장세를 더욱 가속화할 것이기 때문이다."

이제 두 가지 경우 가운데 하나가 발생할 수 있다. 한 가지 경우는 임상 과정에서 신약을 복용했던 환자의 부작용이 뒤늦게 보고돼 신약 개발이 물거품으로 돌아갈 수 있다. 두 번째 경우는 신약이 대성공을 거둬 기업은 큰돈을 벌고, 주가도 10달러에서 50달러로 급등할 수 있다. 어느 경우든 이 주식을 보유하게 된 최초의 이유는 이제 잘못된 것일 수 있다. 따라서 매도해야 할 것이다.(그러나 이 회사가 추가적으로 엄청난 성장 잠재력을 가져다 줄 또 다른 획기적인 신약을 개발하고 있다든가, 일라이 릴리 같은 대형 제약기업이 이 회사 인수에 전력을 기울이고 있다면 계속 보유할 수도 있을 것이다.)

이런 분석 방식이 지니고 있는 매력 가운데 하나는 숫자에만 의존하려는 경향이 줄어든다는 점이다. 더구나 앞으로 주식시장이 어떻게 될지에 대해서도 애써 추측하지 않아도 된다; 오로지 기업에 대해서만 생각하면 된다. 심지어 실적 수치가 실망스럽게 드러났다 해도 이렇게 자문해볼 수 있다. "그래도 전체적으로 보면 내가 믿고 있는 최고 경영진이 내가 기대했던 수준은 달성해낸 거 아니야?" 이런 식으로 생각하는 포트폴리오 매니저들은 자신이 직접 해보고 싶은 사업 분야의 정말로 좋아하는 기업, 자신이 파트너로서 참여하고 싶은 기업을 투자 대상으로 물색할 것이다.

실제로 포트폴리오를 운용하다 보면 매도 결정을 내리기가 너무 어렵고 힘들 때가 있다. 주식을 매도하는 데 영구불변의 원칙을 적용할 수는 없다. 오히려 하나하나의 상황이 발생할 때마다 끊임없이 재평가해야 한다. 어느 기업의 순이익이 당초 우리가 기대했던 것보다 적다면, 우리는 일단 우리의 추정치를 다시 점검해보고, 최고 경영진과 이야기를 나눠본 다음 우리의 처음 판단이 옳았는지 여부를 결정할 것이다; 그러면 이제 우리가 취해야 할 조치는 두 가지뿐이다. 하나는 장기적인 관점에서 계속 보유하는 것이다.(실망스러운 뉴스로 인해 주가가 급락했다면 추가로 더 많은 주식을 매수할 수도 있다.) 또 하나는 우리의 처음 판단이 실수였다는 점을 인정하고서 주식을 전부 파는 것이다.

주가가 꽤 올랐을 때 역시 매도 결정을 내리기가 어렵기는 마찬가지다. 우리에게 엄청난 이익을 안겨준 인터내셔널 게임 테크놀로지의 경우 우리는 주가수익비율이 8배에서 10배를 오르내릴 때 매수했다.

이 회사의 주가수익비율은 40배까지 치솟았고, 우리는 여기서 팔았다. 주가수익비율이 40배라는 것은 이 회사가 눈이 휘둥그래질 정도의 성공가도를 계속해서 달려야 겨우 투자자들에게 그저 그런 수준의 수익을 올려줄 수 있다는 말이다. 우리가 갖고 있는 모델에서는 이런 주식은 더 이상 수익을 내기 어렵다고 본다. 따라서 매도 신호가 명백한 것이다.

이렇게 말하는 사람도 있다. 연간 순이익 성장률이 25% 수준만 되면 40배의 주가수익비율도 문제되지 않는다고 말이다. 하지만 비록 몇 년 동안만이라도 이렇게 높은 순이익 성장률을 계속해서 유지하기란 어느 기업이든 무척 어렵다. 더구나 장기적으로 이런 성장률을 달성하는 기업은 없다고 해도 과언이 아니다. 또한 만약 어느 기업이 연간 25%의 순이익 성장률을 달성했고, 주가수익비율도 40배 그대로 유지됐다면 투자자가 얻을 수 있는 수익률은 연 25%다. 그러나 그 이상은 절대 무리다. 왜냐하면 주가수익비율이 40배에서 50배 혹은 60배로 올라가는 일은 극히 드물기 때문이다. 그러나 그 밑으로의 추락은 끔찍할 수 있다. 인터내셔널 게임 테크놀로지에서 어떤 일이 벌어졌는지 살펴보면 쉽게 알 수 있다. 이 회사의 주력 사업은 여전히 성장가도를 달렸고, 순이익 역시 애널리스트들의 예상치를 뛰어넘었다. 하지만 주식시장 전반이 약세로 기울고, 카지노 산업에 불었던 투자 열풍도 가라앉자 주가수익비율은 15배로 떨어졌다. 이 회사의 사업은 여전히 번창하고 있었지만 이 회사 주식에 투자한 사람들은 손실만 보았을 뿐이다.

주가수익비율보다 더욱 문제가 되는 것은 순이익이 추락할 수도 있다는 점이다. 사실 결국에는 어느 기업이든 그렇게 된다. 향후 1~5년 간 가장 높은 순이익 성장률이 기대되는 10개의 기업을 골라 실제로 순이익 성장률이 어떻게 되는지 검증한 논문들이 여럿 있다. 공통된 결론은 애널리스트들의 예상치에 못 미치는 기업이 예상치를 웃도는 기업보다 많았다는 것이다. 애널리스트들 역시 흥분해서 잘못된 숫자를 내놓을 수 있다. 일단 가장 쉬운 일은 애널리스트들이 25% 이상의 순이익 성장률을 예상한다고 밝힌 기업은 투자 대상 후보에서 제외하는 것이다.

> 순이익이 추락할 수도 있다. 사실 결국에는 어느 기업이든 그렇게 된다.

현실이 이러할진대 환상적인 초고속 성장이 예상된다는 기업들까지 굳이 가치를 평가할 필요는 없을 것이다.

펀드매니저의 하루

나처럼 자산운용 사업 분야에서 일하는 사람들은 아주 기초적인 문제를 하나씩 가지고 있다. 간단히 말해서 "오늘은 무슨 일을 하지?"라는 문제다. 이 문제에 대한 답은 우리의 투자 과정이 어떻게 이루어지는지 제대로 알려준다.

대부분의 사업 분야에는 이런 문제가 없다. 가령 당신이 커피 매장을 운영하고 있다면 오늘 무슨 일을 해야 할지 아주 잘 알고 있을 것이다. 아침에 일단 매장에 들어와서 여섯 명의 종업원들이 다 출근했는지 확인하고, 매장 청소는 잘 되어있는지, 복장은 깨끗한지 점검한다. 오늘 판매할 커피와 우유의 재고는 충분한지, 컵과 냅킨도 제대로 준비돼 있는지 살펴본다. 그리고 영업을 시작하면 사람들이 줄지어 들어올 것이고, 당신은 이들에게 커피를 만들어주면 된다. 기본적으로 당신이 하는 일은 정형화돼 있어서 내일 해야 할 일 역시 오늘 한 일과 거의 똑같을 것이다.

그러면 이제 뮤추얼펀드 매니저의 사무실로 들어가보자. 사실 다른 자산운용 매니저들도 똑같다. 포트폴리오에는 200개 종목 정도가 편입돼 있고, 새로 대체할 종목이라든가 더 좋은 투자 대상이 없나 하고 살펴보는 종목이 1000개쯤 있다. 여기서 핵심은 어떻게 하면 비싼 돈을 주어가며 고용한 애널리스트들의 진가를 발휘하도록 할 수 있을 것인가 하는 점이다. 과연 어디에 전력을 기울여야 할 것인가? 애널리스트의 분석을 좀더 값지게 만들 수는 없을까? 바쁘게 여기저기 돌아다니면서, 주식을 보유하고 있거나 매수를 고려하고 있는 기업에 전화를 걸어 대화를 나누는 건 쉬운 일이다. 그러나 그런다고 해서 앞서 갈 수 있는 건 아니다. 주가란 거의 언제나 적정한 가격이 매겨져 있다. 따라서 애널리스트가 뭔가 진가를 발휘하려면 적정한 가격이 매겨져 있지 않은 주식을 찾는 데 시간을 써야 한다. 그래야 노력한 자신이 남들과 차별화될 수 있다. 컴퓨터 소프트웨어를 잘 아는 친구들은 이런 상황을 가리켜 데이터베이스 문제라고 이야기한다.

에이콘 펀드에서는 어떤 이유에서든 우리가 매력적이라고 생각하는 모든 기업의 투자 수익률을 예측하려고 애쓴다. 예측 대상은 우리가 보유하고 있는 종목을 포함해 600~700개의 기업이다; 투자 대상 국가가 늘어나고 줄어듦에 따라 우리가 주시하는 기업의 숫자도 바뀐다. 우리는 매주 예측 대상 기업을 점검한다. 점검할 때마다 투자 수익률이 정말로 높을 것으로 기대되는 대여섯 개 기업이 신규 투자 대상으로 떠오르지만, 동시에 그만한 숫자의 기업은 후보군에서 밀려나버린다.

우리는 또한 주식을 언제 팔아야 할지 가격대를 미리 정해두려고 노력한다.(가령 10달러 아래로 떨어지거나 40달러 이상으로 올라가면 매도한다는 식이다–옮긴이) 주가가 이 가격대에서 움직이면 일단 긍정적으로 봐도 된다. 긴장을 해야 할 순간은 주가가 이 가격대를 벗어났을 때, 즉 갑자기 우리의 주가 예측과 시장의 주가 예측 간에 급격한 괴리가 발생했을 때다. 그러나 이런 신호가 왔다고 해서 즉각 행동을 취할 필요는 없다. 이런 신호는 단지 무슨 일이 벌어지고 있는지 알려줄 뿐이며, 지금 벌어지고 있는 상황과 앞으로 무슨 일이 벌어질 것인지 주의해서 확인하라는 것이다.

만약 당신이 초콜릿 칩 쿠키 공장을 운영한다면 생산되는 쿠키를 전부 검사하지는 않을 것이다. 쿠키에 초콜릿 칩을 7개씩 박아 넣는 장치를 들여놓은 다음 일정한 개수의 쿠키가 생산될 때마다 제대로 칩이 박혀 있는지 검사하는 장비를 갖추면 된다. 쿠키에 칩이 7개씩 박혀 있으면 검사 장비에 파란 불이 들어오겠지만 갑자기 칩이 5개씩 박혀 있다든가 9개씩 있으면 빨간 불이 들어올 것이다. 빨간 불이 들어오면 기계를 멈추고 초콜릿 칩을 박아 넣는 장치를 정비하면 된다.

우리가 일을 하는 방식도 이와 다름없다. 우리는 포트폴리오에 편입된 종목을 포함해서 분석 대상 기업들을 살피지만 빨간 불이 들어 들어왔을 때, 즉 다른 대부분의 애널리스트들이 예측한 순이익이나 실제로 드러난 순이익이 우리의 당초 예측과 크게 차이가 났을 때만 주의 깊게 들여다본다. 마치 초콜릿 칩이 엉뚱하게 박힌 쿠키를 발견한 경우다. 그렇다고 해서 그 자체로 무조건 칩이 너무 많이 박혔다든가 너무 적게 박혔다고 단정짓는 것은 아니다. 다만 무언가 다른 일이 진행되고 있으니 주의를 기울여 보라는 신호다. 쿠키 공장처럼 일관 공정이 이루어지는 시스템에서는 이 방식을 통계적 품질관리(statistical quality control)라고 부른다. 우리는 이 방식을 "괴리(乖離) 기업 찾기 시스템"이라고 부르고, 우리 회사 애널리스트들은 이런 특이 종목을 찾아내는 데 집중한다.

우리는 분석 대상 기업들 전부에 대해 우리 회사 애널리스트들의 순이익 추정치와 장래의 적정한 주가수익비율을 토대로 앞으로 2년 후의 주가를 예측한다. 만약 우리 회사 애널리스트는 예상 순이익을 주당 1달러30센트로 제시했는데, 나머지 다른 애널리스트들의 공통된 의견, 즉 시장의 합의는 예상 순이익이 주당 1달러로 나타났다면 우리는 이 괴리를 확인하는 작업을 벌일 것이다. 처음에 우리가 어떻게 예측했는지, 또 지금 무슨 일이 벌어지고 있는지 등을 주의 깊게 살펴보는 것이다. 대개의 경우 나머지 다른 애널리스트들의 공통된 의견이 맞는다; 주당 1달러의 순이익을 올릴 가능성이 높은 것이다. 우리 애널리스트가 중요한 요인을 하나 빼먹었을 수도 있고, 우리 모델에 최근의 실적 수치를 집어넣지 않았을 수도 있다. 어쨌든 그렇게 해서 예측을 수정했다면 이제 문제는 해결한 것이다.

그런데 가끔은 우리 회사 애널리스트가 이렇게 얘기하기도 한다. "아녜요, 진짜. 이 회사는 정말 너무너무 잘 나갈 겁니다. 주당 1달러 30센트 쪽이 훨씬 더 가깝다니까요." 그렇게까지 자신한다면, 만약 우리가 이 종목을 보유하고 있지 않을 경우 매수할 수도 있다. 이와 반대되는 상황이 벌어졌는데, 만약 우리가 그 종목을 보유하고 있을 경우 당연히 매도할 것이다.

우리는 이런 식의 의사결정을 내리면서 하루하루를 보낸다. 우리는 큰 차이를 야기시킬 수 있는 결정적인 문제에만 관심을 집중한다.

황금 손가락 증후군

이렇게 끊임없이 점검하고 재확인하기 위해서는 산더미 같은 재무제표도 꼼꼼히 챙겨야 하고, 전 세계를 돌아다니며 기업체 최고 경영진과 대화도 나누어야 한다. 살벌할 정도로 치열한 경쟁이 벌어지는 이런 사업에서 정말 열심히 하지 않는다면 절대로 좋은 성과를 거둘 수 없다. 그런데 때로는 스스로 자기 무덤을 파는 경우가 있다. 누구에게나 해당되는 것이기도 하지만, 특히 프로 투자자들이 자주 빠지는 치명적인 함정은 "황금 손가락 증후군"이라고 불리는 병이다.

가령 이런 식이다. 어느 날〈월스트리트저널〉을 보다가 A라는 기업에 관한 기사가 눈에 띄었다. "이 종목 마음에 드는데." 그렇게 하고는 주식 시세표를 보고 이 종목을 찍었다. 매수하자마자 주가가 상승하더니 얼마 가지 않아 30%나 올랐다. 한 달 뒤에는 배런스를 읽다가 B라는 종목을 또 찍었다. "아주 멋진 기사가 났군, 이 회사 마음에 들어." 그렇게 해서 샀더니 또 40%나 상승했다. 이런 식으로 두어 번만 더 하게 되면 자신 있게 이렇게 말한다. "내 손가락은 신비한 마력을 지닌 것 같아. 내가 찍은 종목마다 전부 황금으로 변하니 말이야. 무엇이든 이 마법의 손가락만 있으면 다 돼. 이제 힘들여 기업 분석이고 뭐고 할 필요도 없어. 나는 직감으로 주식을 고르는 데는 이 세상에서 최고니까 말이야." 황금 손가락 증후군은 이보다 훨씬 더 중증으로 발전할 수도 있다. 빨리 증상을 파악해서 치료하지 않으면 큰 재난을 초래한다.

절대로 이 이야기를 우습게 들어서는 안 된다. 특히 강세장이 이어질 때는 황금 손가락 증후군 환자가 급격히 늘어난다. 자신도 모르게 자기가 100% 승률의 천재라고 믿는 것이다. 정말로 무서운 끔찍한 질병이다. 축적된 경험으로 터득한 직감은 투자의 세계에서도 중요하다. 하지만 그 어떤 것도 신중하고 세심한 분석을 대신할 수는 없다. 뮤추얼펀드 회사가 고용한 애널리스트들은 현미경을 들여다보듯 기업을 분석하는 데 전력을 기울인다. 많은 투자자들이 뮤추얼펀드에 돈을 맡기는 게 더 낫다고 생각하는 것은 바로 이런 이유 때문이다.

# 9 시장의 타이밍을 잴 수 있을까?
Is There a Time for Timing?

 프로 투자자들인 내 동료들에 관한 비밀 한 가지를 말해주겠다: 주식시장의 타이밍을 재는 것이다. 함부로 발설해서는 안 되지만 사실 많은 포트폴리오 매니저들이 이런 비밀스런 습관을 공통적으로 갖고 있다.

 언론과 인터뷰할 때면 이들은 한결같이 정색을 하고서 목청을 높인다: "주식시장이 어떻게 될지 예측하려고 애써봐야 쓸데없는 일일 뿐입니다. 우리는 시장의 방향에는 별로 신경을 안 씁니다. 우리가 관심을 집중하는 것은 지금 보유하고 있는 기업이 어떻게 될 것이냐는 것이지요."

 그러나 투자하고 있는 기업들의 현황을 파악하고, 사업이 잘 되고 있는지 기업 경영진과 대화를 나누고, 경제지표와 시장 흐름, 연방준비제도이사회(FRB)의 동향, 달러화 추이, 소비자 심리 등을 점검하고, 월 스트리트 전략가들의 숱한 투자 보고서들을 읽어보고, 심지어 친구들과 만나 경기 동향이 어떤지 이야기를 나누면서도, 앞으로 주식시장이 어디로 갈지에 대해서는 아무런 주관도 갖고 있지 않다면 그거야말로 멍청한 짓이다. 시장이 어디로 향할지에 관한 개인적인 판단은 정도의 차이는 있지만 결국 투자자 대부분의 포트폴리오 구성에 영향을 미친다. 시장이 부정적으로 보일 때에는 신규 투자를 자제하고, 투자 비중을 낮추기도 하며, 반대로 시장을 긍정적으로 볼 때에는 좀더 공격적으로 투자한다.

나 역시 별반 다르지 않음을 고백해야겠다. 물론 어느 기자가 나에게 앞으로 주식시장이 대세상승으로 갈 것 같은지, 혹은 대세하락으로 기울 것 같은지 물어온다면, 나는 대수롭지 않다는 표정을 지으며 "당연히 둘 중 하나겠지요"라고 대답할 것이다. 그러나 책상 앞으로 돌아와서 매수와 매도 결정을 내릴 때면 나의 주관적인 시각이 개입될 것이다.

이 점 또한 지적해두어야 할 것 같다: 내가 그런 식으로 임기응변을 하지 않았더라면 훨씬 더 좋은 성과를 거두었을 것이다.

그렇다고 해서 내가 늘 주식시장이 어느 쪽으로 향할지 생각하며 지내는 건 아니다. 다만 그런 경우가 좀 많을 뿐이다. 때로는 내 생각이 맞기도 하고 틀리기도 한다. 결론적으로 내 의견은 사실 아무 의미도 없다. 만약 내가 계속해서 틀리기만 한다면 끔찍할 것이다. 정말로 그렇다면 누군가 내 예측을 역발상의 정확한 근거로 삼아 큰돈을 벌 수 있을 것이다.

시장의 타이밍을 예측하려는 시도는 쓸모 없는 짓이다.

몇 해 전 일이다. 새해를 시작하면서 우리 직원들과 함께 근사한 점심식사를 한 뒤 다우존스 산업평균 주가가 그 해 말 얼마가 될지 예상해봤다. 당시 다우 주가는 2190이었는데, 나는 2316을 썼다. 우리 모두 각자의 예측치를 적어서 제출했는데, 우연의 일치였는지 나의 아내이자 파트너인 리 젤에게 물어보니 그녀 역시 2316을 예상했다.

"당신, 어떻게 해서 그런 주가를 예상했어?" 내가 물었다.

"그러니까, 내 생일이 23일이잖아요, 그리고 우리 딸아이 생일이 16일이고, 그래서……" 그녀의 대답이었다.

"말도 안 돼! 세상에 그런 미신이나 믿다니!"

"좋아요, 그런데 당신도 2316을 적었다면서요. 경제예측을 잘 하시는 당신께서는 왜 그렇게 예상했지요?"

"그야 간단하지. 내가 다니는 헬스클럽의 회원번호가 2316번이잖아."

그런데 그 해 말 다우 주가는 2342로 끝났다. 우리가 예측한 수치에서 크게 벗어나지 않은 것이다. 향후 주가지수를 정확히 예측하려고 애쓰는 복잡한 시스템만큼이나 우리의 "대충 찍기"도 그런대로 신뢰할 만한 점수를 얻은 셈이다.

누구나 주식시장이 대폭락하기 하루 전에 보유 주식 전부를 팔 수 있는 능력을 가졌으면 하고 바란다. 그러나 어떻게 그럴 수 있는가?

신문과 방송에서 쏟아져 나오는 숱한 분석과 견해들은 시각차가 뚜렷하고 혼란스러울 정도지만, 대부분은 결국 주식시장이 어디로 흘러갈지에 대한 강력한 자신감을 바탕으로 한다. 이건 매우 위험하다. 이런 견해는 현재의 시장 분위기를 그대로 반영해줄 뿐이다. 이런 견해를 따른다면 시장이 과열됐을 때 매수에 나서거나, 비관주의가 팽배해 주가가 아주 쌀 때 오히려 매도에 나서는 우를 범하게 된다.

시장의 타이밍을 중시하는 사람들은 직관보다 좀더 객관적인 근거를 찾기 위해 주가차트와 함께 각종 경기지표와 경제 및 시장 통계수치로 눈을 돌린다. 일부 개인 투자자들은 자신이 직접 이런 차트와 지표들을 추적해보기도 하지만, 대부분은 그렇게 할만한 시간이나 인내심이 없다. 이들은 결국 거래하는 증권회사의 소위 투자 전략가들이나 투자 정보지에 글을 쓰는 필자, 신문에서 이름을 인용하는 전문가들의 판단에 의지한다. 하지만 주식시장의 미래를 예측한다는 게 결코 쉬운 일이 아니라는 사실을 알려주는 첫 번째 단서는 이런 예언자들 모두가 똑같은 자료를 갖고 시작했지만 결국에 가서는 전혀 다른 시나리오로 결말을 짓는다는 점이다. 어떤 데이터를 모으고, 그 중 어느 것에 가중치를 둘 것이며, 거기서 어떤 메시지를 얻어낼 것인가에 따라 결론은 완전히 달라질 수 있다. 더구나 시장의 방향에 대한 예언자들의 의견이 거의 일치하는 극히 예외적인 경우조차 시장이 정반대 방향으로 튀어나가는 일이 비일비재하다.

시장의 타이밍을 잴 수 있을까?

잘못된 메신저로서의 과거

이런 일이 발생하는 이유는 간단하다. 주가차트나 지표들은 과거에 일어났던 사건들에 기초해 앞으로 무슨 일이 벌어질지 예측하기 위해 만들어진 것이고, 과거의 경험들은 미래를 예측하는 기초로 삼기는 취약하기 때문이다. 시장의 타이밍을 재려는 사람들은 누구나 나름대로의 신호를 갖고 있다. 이런 신호는 앞서 유효하게 기능했지만, 문제는 다음 번에는 유효하게 작용하지 않는다는 점이다.

프랑스의 정치철학자 베르트랑 드 주브넬(Bertrand de Jouvenel)은 《예언의 기술The Art of Conjectur》에서 이렇게 지적했다:

우리는 내일이 오늘과 똑같을 것이라고 미리 단정짓는 경향이 있다; 이와 마찬가지로 무슨 일이 진행될 때 우리는 오늘이 어제와 달랐던 것과 똑같은 방식으로 내일이 오늘과 달라질 것이라고 가정한다. 그런 가정은 우리 마음속에 깊이 뿌리 박혀있다. 인간의 수명은 옛날보다 길어졌고, 따라서 앞으로 더 길어질 것이다. 인간의 연간 근로시간은 옛날보다 짧아졌고, 따라서 앞으로 더 짧아질 것이다. 인간의 생활수준은 옛날보다 나아졌고, 따라서 앞으로 더 나아질 것이다. 이런 가정을 정당화해주는 근거가 아무리 정확한 것이라 하더라도, 그것은 이미 모든 일들이 그렇게 진행돼 왔으므로, 앞으로도 모든 일들이 그렇게 될 것이라는 단순하면서도 자발적인 확신을 정당화해줄 뿐이다. 과거의 흐름에 대한 우리의 지식이 더 쌓여갈수록 미래도 계속해서 그렇게 흘러갈 것이라는 우리의 확신도 더 강해질 것이다.

드 주브넬은 과거의 사건들이 우리의 미래에 대한 바람을 확인시켜 줄 경우 더 큰 신뢰를 부여한다고 덧붙였다. 그리스의 역사가 투키디데스(Thucydides) 역시 이런 경향을 이미 간파했다: "인간이란 대개 자신이 무엇을 바랄 경우 그것에 거스르는 요인은 무슨 이유를 들어서든 거부하는 반면, 그 바람에 순응하는 요인은 아무런 거리낌없이 받아들인다."

> 시장의 타이밍을 재려는 사람들은 누구나 나름대로의 신호를 갖고 있다. 이런 신호는 앞서 유효하게 기능했지만, 문제는 다음 번에는 유효하게 작용하지 않는다는 점이다.

과거의 자료에 근거해 귀납적으로 미래를 예측하는 외삽법(extrapolation)은 일견 자연스럽고 그럴듯해 보이지만 틀릴 수 있다. 우리는 FRB와 의회가 지난 번에 이런 결정을 내렸을 때, 또 달러화가 이렇게 움직였을 때 시장에 무슨 일이 벌어졌는지 알고 있고, 이번에도 똑같은 일이 벌어지면 똑같은 결과가 나타날 것이라고 직감적으로 느낀다. 하지만 대개의 결과는 그렇지 않다. 왜냐하면 시장에 영향을 미치는 다른 변수들이 너무나 많기 때문이다. 경제학자이자 자산운용가이기도 했던 헨리 카우프만(Henry Kaufman)은 "외삽법은 지금 무슨 일이 벌어지고 있는지 이해할 수 있도록 도와주기는 하지만 앞으로 무슨 일이 일어날지 알려주지는 못한다"고 말했다.

외삽법은 주식 애널리스트들이 널리 애용하는 방식이다. 애널리스트들이 기업의 향후 순이익을 예측한 자료를 보면 거의가 외삽법과 별로 차이 나지 않는 방식을 채택하고 있음을 알 수 있을 것이다. 특히 단기적인 예측의 경우에는 아주 단순한 모델도 프로 애널리스트들의 정교한 모델과 큰 차이가 없다. 아주 단순한 모델이란 그저 기계적인 몇 가지 등식을 가지고 미래를 예측하는 것이다. 가령 어느 기업의 순이익을 예측하면서 지난해와 똑같은 증감률을 그대로 적용하는 방식이다. 실은 이런 예측이 저지르는 오류의 정도는 한 해 연봉이 100만 달러에 이르는 평균적인 주식 애널리스트와 별반 차이가 없다.

외삽법은 일견 자연스럽고 그럴듯해 보이지만 틀릴 수 있다.

슈퍼보울과 수정구슬

주식시장에서 투자 자문가로 잘 알려진 로버트 스토벌(Robert Stovall)은 10년쯤 전에 프로 미식축구 슈퍼보울 우승팀과 주식시장 간의 상관관계를 발견해냈다. 매년 1월에 열리는 슈퍼보울에서 "원래의" NFC(내셔널 풋볼 컨퍼런스) 소속팀이 승리하면 그 해 주식시장이 상승세로 마감할 것이고, AFC(아메리칸 풋볼 컨퍼런스) 소속팀이 승리하면 하락세로 마감한다는 것이다. 여기서 "원래의"라는 단어를 쓴 것은 볼티모어 레이번즈와 피츠버그

스틸러스처럼 지금은 AFC 소속팀이지만 과거에 NFC 소속이었던 팀들도 NFC 소속팀으로 간주한다는 뜻이다. 스토벌이 슈퍼보울 우승팀과 주식시장 간의 상관관계를 처음 발표한 1987년까지 이 가설이 틀렸던 적은 단 두 차례, 1970년과 1984년뿐이었다.

이 같은 슈퍼보울 지표는 곧 인구에 회자됐고, 슈퍼보울이 열릴 때면 신문과 방송을 통해 자주 언급된다. 스토벌은 그저 재밋거리로 발표한 것이었지만 사람들은 이 상관관계에 높은 관심을 보였다. 주식 투자를 하는 사람 숫자에 비해 슈퍼보울에 열광하는 사람이 훨씬 많은 게 사실이니 그럴 수도 있었다.

두 가지 데이터간에 통계적 상관관계가 있다 하더라도 둘 간의 연결고리는 찾을 수 없다. 특히 슈퍼보울과 주식 투자처럼 아무런 관계도 없는 데이터일 경우는 더욱 그렇다. 그러나 둘 간의 연결고리가 전혀 없으므로, 슈퍼보울과 주가지수의 순서를 바꿔도 상관관계가 성립되지 않을까? 그래서 나는 주식시장의 흐름을 가지고 그 해 슈퍼보울 우승팀을 예측해보기로 했다. 만약에 이 것도 정확히 들어맞는다면 슈퍼보울 경기가 열리는 날 우승팀 맞추기에 큰돈을 걸면 된다. 슈퍼보울 지표에 따라 주식시장이 움직이는지 알아보기 위해 11개월이나 노심초사하며 기다릴 필요가 없는 것이다.

내가 "에이콘 슈퍼보울 비밀(Acorn Super Bowl Secret)"이라고 이름 붙인 이 상관관계는 스토벌의 슈퍼보울 지표를 뒤집은 것이다:

1. 만약 S&P 500 지수가 1월의 첫 5거래일 동안 상승한다면 슈퍼보울에서 "원래의" NFC 소속팀이 승리한다.
2. 만약 S&P 500 지수가 1월의 첫 5거래일 동안 하락한다면 AFC 소속팀이 승리한다.

1987년까지 열린 21차례의 슈퍼보울 결과를 따져보니 내가 만든 에이콘 슈퍼보울 비밀은 90% 정확도로 우승팀을 예측해냈다. 이제 슈퍼보울 우승팀 맞추기에 큰돈을 걸어도 되는 것이다!

그런데 1988년에는 어떻게 됐을까? 그 해 1월의 첫 5거래일 동안 S&P 500 지수는 하락했다. 따라서 에이콘 슈퍼보울 비밀에 따르면 AFC 소속팀인 덴버 브롱코즈가 승리해야 한다. 그런데 덴버는 슈퍼보울에서 졌고, 우리의 비밀 역시 브롱코즈처럼 죽사발이 났다.

다행히 그 이후 8년 동안은 에이콘 슈퍼보울 비밀이 잘 들어맞았다: 우리의 비밀에 따라 우승팀 맞추기에 돈을 걸었다면 여섯 번은 땄을 것이고, 한 번은 잃었을 것이다.(1990년에는 1월의 첫 5거래일 동안 S&P 500 지수가 보합으로 끝났으므로 돈을 걸지 않았을 것이다.) 하지만 얼마든지 다른 결과가 나타났을 수 있다. 나는 에이콘 슈퍼보울 비밀을 믿고 우승팀 맞추기에 돈을 걸지는 않을 것이다. 주식시장의 기술적 분석가들은 어떨까? 사실 두 변수 간에 어떤 합리적인 연결고리도 없는 통계적 상관관계는 아무런 의미도 없다.

외삽법으로 성장률을 예측할 경우 단기적인 성장률 변동과 장기적인 트렌드를 혼동해서는 안 된다. 가령 여성용 운동화 업체를 투자 대상 기업으로 분석한다고 하자. 그러면 장기적인 매출 성장률은 해당 업종 평균치인 연 2%가 적당하다. 만약 당신이 분석하는 기업이 최근 붐을 타고 있는 여성용 마라톤 운동화를 생산하고, 지난 2년간 매출이 연 15%씩 성장했다고 해서 앞으로도 5년간 계속해서 그 같은 성장률을 유지할 수 있을까? 단기적으로, 즉 한두 해 정도는 15%의 성장률을 이어갈 수도 있지만, 그 이후에는 다시 평균으로 회귀할 가능성이 높다고 봐야 한다. 5년째 되는 해에는 2% 정도 성장한다고 예측하는 것이 아마도 합리적일 것이다.

예외적일 정도로 높은 성장률은 그 자체로 하락을 예비하고 있는 경우가 많다. 카지노 산업은 누가 봐도 매력적인 사업 분야다. 건물이나 여객선을 빌려 슬롯머신을 갖다 놓으면, 사람들이 알아서 돈을 들고 와 당신에게 갖다 바친다. 당신은 대단한 서비스나 제품을 추가로 제공할 필요도 없다. 카지노 산업이 네바다 주와 애틀랜틱 시티에만 제한적으로 허용됐을 때에는 새로운 카지노 호텔과 카지노 유람선이 문을 열면 그 즉시 엄청난 수익성이 보장됐다. 이 시기에 최대의 수혜업체였던 하라스(Harrah's) 카지노는 1990년 3달러에 불과했던 주가가 1993년에는 40달러로 치솟았다.

하지만 곧 이어 자유시장 시스템이 개입한다. 이처럼 높은 수익성이 보장되는데 누가 카지노 산업에 뛰어들지 않겠는가? 경쟁이 치열해지고, 카지노가 우후죽순처럼 늘어나고, 이익은 쪼그라든다. 하라스는 지금도 여전히 돈을 잘 벌고 있지만, 순이익은 당초 예상보다 크게 줄어들었고, 1998년으로 접어들자 주가도 1993년에 비해 절반으로 떨어졌다.

경쟁이 치열해질 것이라는 점은 충분히 예측 가능하다. 강물에 떠있는 카지노 유람선이 하나밖에 없을 때는 주차장 같은 편의시설만 확보하고 있으면 된다. 카지노 유람선의 입장료도 받을 수 있다. 그런데 두 번째 카지노 유람선이 생기고, 곧 이어 여러 척이 추가로 영업을 시작한다. 선발 카지노 유람선 업체는 이제 값비싼 시설들을 갖춰나가야 한다: 작은 유람선을 한 척 더 띄우고, 진입로를 정비하고, 대형 주차장을 새로 개설하고, 호텔과 레스토랑, 영화관, 놀이방 같은 부대시설도 마련해야 한다. 경쟁으로 인해 입장료는 받을 수 없어진 반면 광고 입간판은 늘어나고, 슬롯머신의 당첨금 비율도 높여주어야 한다. 결과적으로 영업이익률은 떨어졌지만 투자비용은 증가해 카지노 산업의 높았던 수익성은 평균으로 회귀하게 된다.

그러나 이 같은 평균으로의 회귀 압력이 분명히 존재함에도 불구하고, 단기적으로는 순이익 성장률이나 주가 상승률이 한계 이상으로 치솟는 순간이 있게 마련이다. 이런 경우를 노리고 투자하는 사람들도 있다. 앞서 설명했던 모멘텀 투자자들이 바로 이런 사람들이지만, 사실 물리학에서 쓰는 "모멘텀"이란 단어는 여기서 잘못 쓰인 말이다. 뉴턴은 질량을 가진 물체는 관성을 갖고 있음을 발견했는데, 그래서 어떤 물체의 운동방향을 바꾸려고 하면 어느 정도의 시간이 걸리는 것이다. 주가의 경우에는 질량을 갖고 있지 않으므로 얼마든지 빨리, 아주 빠르게 변동할 수 있다. 한동안 잘 나가던 종목의 주가가 어느 날 부정적인 뉴스가 나오자마자 갑자기 50%나 급락하는 경우를 본 적이 있을 것이다. 이렇게 "모멘텀"은 찰나에 사라져버린다.

지난해 최고의 성적을 올린 뮤추얼펀드에 투자하면 다음해에도 그런대로 괜찮은 수익률을 올린다는 연구결과가 있다. 모멘텀이 몇 달 정도는 지속된다는 것을 보여주는 사례라고 할 수 있다. 높은 수익률을 거둔 뮤추얼펀드의 성과가 다음해까지 지속되는 이유는 그 펀드의 성격이 시장의 흐름과 잘 맞기 때문일 가능성이 높다. 즉, 그 펀드의 포트폴리오 구성 방향이 마침 그 시기에 시장이 가고자 하는 방향과 일치한 것이다. 다른 펀드들은 그렇게 하지 못했는데, 그 펀드는 딱 맞아떨어지는 업종과 영역을 선택한 덕분이다. 이처럼 지난해 우수한 성적을 거둔 펀드에 우호적으로 작용했던 트렌드는 앞으로도 3~5분기 정도 더 지속될 수 있다. 그것을 모멘텀이라고 부르든 말든 관계없이 시장의 트렌드는 일단 자리를 잡으면 한동안 이어지기 때문이다. 어떤 통계적 상관관계를 발견하면 그것이 몇 분기 정도 더 지속되는 경우를 쉽게 볼 수 있을 것이다. 그러나 그것 역시 통계적으로 볼 때 미래를 예측하는 수단으로서의 효용성은 약하다는 사실을 발견하게 될 것이다. 이제 남는 문제는 과연 어떤 트렌드가 얼마나 지속할 것이며, 언제 그 방향을 틀 것인가 하는 점이다. 이런 문제의 답을 찾기란 상당히 어렵다.

시장에서 무슨 일이 벌어질지는, 단기적으로는 거의 대부분 예측 불가능하다. 하지만 아무도 이 사실을 인정하지 않는다. 물론 어제 시장이 내려갔든 올라갔든 어떤 이유가 분명히 있을 것이다. 그러니까 〈월스트리트저널〉을 비롯한 신문과 방송에서 애널리스트나 펀드매니저에게 전화를 걸어 이유를 물어보는 것이다. 하지만 신문에서 읽는 내용은 논리적으로 잘못된 추론인 경우가 많다. 무슨 사건이 벌어진 뒤 무슨 일이 발생하면, 처음에 일어났던 사건이 다음에 일어난 사건의 이유가 되는 식이다. 가령 채권시장에서 국채 가격이 급등했다고 하자. 기자는 급히 살로먼 브라더스의 채권 트레이더에게 전화를 걸어 이유를 물어본다. 트레이더는 자기 이름이 신문에 오르는 것도 괜찮을 것이라고 생각할 것이고, 단말기를 바라보며 이렇게 이야기한다. "네, 프랑스 중앙은행(Bank of France)이 어제 금리를 인하했습니다. 그게 미국 시장에도 긍정적인 영향을 미친 것 같군요."(시장금리가 떨어지면 채권가격은 올라간다-옮긴이) 기자는 이 말을 기사화하고, 기사는 내일 아침 자 신문에 나간다. 독자들은 이제야 이해하겠다는 듯 고개를 끄덕거린다. 그러나 진실은 어제 채권시장이 과연 왜 그렇게 움직였는지는 아무도 모른다는 것이다.

> **시장에서 무슨 일이 벌어질지는, 단기적으로는 거의 대부분 예측 불가능하다.**

나 자신도 기자들에게 이런 식으로 이야기하고 있으니 스스로 잘못을 인정해야 할 것이다. 1987년 10월 주식시장이 폭락했을 무렵, 나는 사실 중동지역의 긴장을 우려하고 있었다. 이미 해상 유전 시설이 공격을 받고 있었다. 나는 전쟁이 임박했다고 생각했다. 주식시장은 사실 중동지역의 긴장과는 아무런 관계도 없는 다른 요인들 때문에 하락했지만, 당시 누가 나에게 전화를 걸어 대폭락(10월 19일 월요일) 하루 전이었던 금요일(10월 16일) 시장이 왜 그렇게 출렁거렸느냐고 물어봤다면, 나는 아마도 전쟁 우려 때문에 그랬을 거라고 자신 있게 말해주었을 것이다.

혹시 이런 생각을 할지도 모르겠다. 강력한 성능의 컴퓨터와 어떤 오차도 허용하지 않는 프로그래머를 활용하면 거의 틀림없는 시장 예측 시스템을 만들 수 있지 않겠느냐고 말이다. 안타깝게도 아직까지는 그렇지 못하다. 이런 시장 예측 시스템이 부딪치는 한계는 다시 말하지만 데이터마이닝 문제 때문이다. 아주 훌륭해 보이는 시장 예측 시스템조차 실제로는 첫 단추부터 잘못 끼워진 경우가 많다; 앞서 설명했던 슈퍼보울 지표가 아무런 연결고리가 없는 두 변수의 상관관계로 시장을 예측하려고 했던 것과 같은 논리다.

이런 얘기를 들어봤을 것이다. 개인 투자자들에게 시장 정보를 제공하는 어느 사람이 128명에게 무료로 시장 정보를 발송하면서, 64명에게는 IBM 주식을 매수하라는 의견을 제시하고, 64명에게는 IBM 주식을 매도하라는 의견을 제시한다. 한 달 뒤 IBM 주가가 5% 떨어지면, 이 사람은 앞서 이 주식을 매수하라는 의견을 제시했던 사람들의 명단을 지워버리고 나머지 64명에게만 다시 시장 정보를 제공한다; 32명에게는 마이크로소프트 주식을 매수하라는 의견을, 32명에게는 매도하라는 의견을 제시한다. 이렇게 두 번만 더 하면 이 사람이 연달아서 정확한 의견을 제시해준 8명만 남는다. 이 사람은 남은 8명 각각에게 점잖은 필체로 쓴 편지를 팩시밀리로 보낸다. "안녕하십니까, 지금까지 충분히 보셨다시피 저는 이 분야에서 최고의 예측가입니다. 저는 이제 다섯 번째 투자 의견을 제시하려고 합니다. 지난 네 번과는 비교도 되지 않을 엄청난 종목이고, 당연히 100% 정확합니다. 지금 즉시

1000달러 수표를 끊어서 보내주십시오." 이 사람은 무작위로 벌어진 일련의 사건들을 교묘히 결합해 자신의 엄청난 실적으로 바꿔버린 것이다.

뮤추얼펀드 회사 가운데도 이런 식으로 가공의 투자 성과를 꾸며낸다는 의심을 받는 곳이 있다. 가령 당신이 자산운용회사를 설립해 10개의 펀드를 출범시켰다. 펀드 각각의 최초 투자 원금은 10만 달러다. 펀드를 운용하는 10명의 펀드매니저에게는 한 가지 지침만 주어졌다: 서로 다른 방식으로 펀드를 운용해야 한다는 것이다. 펀드매니저 한 명은 성장주만 사고, 다른 한 명은 금 관련 주식만 사고, 또 다른 한 명은 재무부 채권만 사는 식이다. 펀드매니저들의 운용 방식이 서로 차별적이기만 하면 된다. 이렇게 한 해가 지난 다음 가장 좋은 투자 수익률을 올린 3개의 펀드를 골라낸다. 나머지 7개 펀드는 없애버린다. 무밭에서 무를 뽑아버리듯 가차없이 추려내는 것이다. 다시 한 해가 지난 뒤 또 최고의 투자 수익률을 올린 1개 펀드만 골라낸다. 나머지 2개 펀드는 뽑아버리고, 신문과 잡지에 전면 광고를 내 남은 1개 펀드만 집중적으로 선전한다. "지난 2년간 이 분야에서 최고의 투자 수익률을 올린 뮤추얼펀드!" 이번에도 역시 무작위로 벌어진 일련의 사건들에서 하나를 골라낸 것이지만, 다른 사람들에게는 대단한 것처럼 보일 것이다.

패턴은 과연 존재하는가

우리는 왜 이런 속임수에 넘어가고, 점쟁이에 비해 하등 나을 것도 없는 시장 예언가들의 말을 듣는 것일까? 그 이유는 인간의 마음이란 원래 패턴을 찾고자 하는 속성을 갖고 있기 때문이다. 우리는 모두 패턴을 잘 찾아내는 조상의 후손들이다. 먼 옛날 우리의 선조들이 사냥을 나갔다가 10미터쯤 떨어진 숲 속에서 뭔가 바스락거리는 소리를 들었다. 한 사람이 "저건 바람소리야"라고 말했다. 다른 한 사람은 "내가 보기에는 표범 같은데"라고 응수했다. 그러자 앞서 바람소리라고 말했던 사람이 숲 속으로 성큼성큼 들어갔고, 결국 표범의 먹이가 돼버렸다. 숲 속에서 난 소리를 정확히 읽어낸 사람이 바로 우리 선조가 됐다. 우리는 이처럼 패턴을 찾아내는 데 뛰어난 능력을 갖고 있는 조상의 후손들이다.

> 우리는 왜 점쟁이에 비해 하등 나을 것도 없는 시장 예언가들의 말을 듣는 것일까? 그 이유는 인간의 마음이란 원래 패턴을 찾고자 하는 속성을 갖고 있기 때문이다.

살아가면서 한 번쯤은 언덕에 누워 먼 하늘을 바라보면서 뭉게구름이 만들어내는 온갖 형상들을 즐겁게 떠올려봤을 것이다. 그런 경험이 없다면 꼭 한번 해보기를 바란다. 혹시 최근에 그렇게 해본 적이 없다면 대여섯 살짜리 자녀나 조카를 데리고 근처 언덕에 올라가보라. 아주 멋진 경험을 하게 될 것이다. 그냥 떠다니는 것 같은 뭉게구름이 말처럼, 고래처럼, 심지어 사람얼굴처럼 보이기도 한다.

이런 형상을 볼 수 있는 것은 우리 인간이 선천적으로 패턴을 인식하도록 훈련 받았기 때문이다. 인간은 즉시 할 수 있는데도 컴퓨터는 처리하는 데 오랜 시간이 걸리는 게 무엇이냐고 컴퓨터 공학자에게 물어보면 패턴 인식이라는 대답을 듣는다. 인간은 누구나 수천 명의 얼굴을 즉시 기억한다. 이름은 기억해내지 못할 수 있지만 한번 본 얼굴은 반드시 인식한다. 컴퓨터는 이런 패턴을 인식하기가 어렵다. 인간의 두뇌는 그 자체가 고성능 컴퓨터이기도 하지만, 패턴 인식 같은 기능을 수행하는 데 적합하게 프로그램 돼있다. 숲 속에서 난 바스락거리는 소리가 바람소리인지, 혹은 표범이 움직이는 소리인지를 인식하는 것은 결정적인 것이다. 마찬가지로 저 멀리서 걸어오는 군인들이 적군인지 아군인지 구분하는 것 역시 자신의 생명이 달린 문제다.

잘못된 은유를 발견하라

잠깐만 생각해보면 주식 투자라는 게 전부 은유적이라는 사실을 알 수 있다. 증권회사 직원이 전화를 걸어와 이렇게 말한다. "저, 머레이입니다. 아주 괜찮은 종목이 있는데, 틀림없이 제2의 인텔이 될 만한 종목입니다." 이 말은 은유다. 은유는 유사하지 않은 대상들 사이에서 공통된 패턴을 찾아내는 방법이다.

유사하지 않기 때문에 비교하는 대상이 어느 정도 닮았는지, 또 어느 정도 닮지 않았는지 은유법과 직유법을 통해 떠올려보는 것이다. 고전적인 예를 들어보자. "내가 사랑하는 여인은 한

떨기 붉은 장미꽃 같아." 실체와는 전혀 어긋나는 표현이다. 자신이 사랑하는 여인이 아무리 아름답고, 자신이 아무리 사랑한다 하더라도, 그녀가 꽃밭에서나 자라는, 가느다란 줄기에 가시가 박혀 있는 장미꽃이라고는 생각하지 않을 것이다.

그런 점에서 투자자에게 은유만큼 중요한 것은 냉정하면서도 철저한 분석이다. 1994년 12월 멕시코 페소화 가치가 붕괴됐다. 멕시코 경제는 휘청거렸고, 멕시코 주식시장은 추락했다.("붕괴되다", "휘청거리다", "추락하다" 같은 단어 역시 비교 대상과의 연관성은 조금 있지만 은유적인 표현들이다.) 당시 투자자들은 아르헨티나 주식마저 대거 매도에 나섰다. 이로 인해 아르헨티나 주식시장도 급락했고, 아르헨티나 페소화 가치도 떨어졌다. 사실 그 무렵 아르헨티나 경제나 은행 시스템에는 아무런 문제도 없었다. 투자자들은 단지 스스로 만들어낸 은유를 적용한 것이었다: "두 나라는 똑같이 스페인어를 쓰고, 통화 이름도 페소화잖아. 그러니까 두 나라 다 똑같은 거야." 부에노스아이레스는 멕시코시티에서 비행기를 타고 4609마일을 날아가야 할 만큼 멀리 떨어져 있다. 이처럼 잘못된 은유를 믿는 사람들 덕분에 좀더 냉정하게 사고하는 사람들이 때로는 좋은 기회를 잡기도 한다.

잘못된 은유는 언제든 투자자들을 함정에 빠뜨릴 수 있다. 이런 식의 분석 보고서는 수도 없이 읽어봤을 것이다. "지금 시장은 1966년 4월의 재판(再版)이다." 물론 비슷한 점이야 있겠지만 거기에 의지할 수는 없다. 주가차트를 읽는 것 역시 은유적인 방식이다. 모멘텀 투자도 마찬가지다. 사실 미래를 예측하는 거의 모든 모델은 의심 어린 눈초리로 바라봐야 한다. 에이콘 펀드가 자체적으로 은유 검증 위원회(Metaphor Committee)라는 팀을 만들어서 운영하는 것도 이런 이유 때문이다. 막강한 조사 권한을 갖고 있는 이 위원회는 피도 눈물도 없을 정도로 아주 냉정한 팀원들로 구성돼 있는데, 언제든 과도한 직유적 표현이나 은유가 섞여 있는 표현을 끄집어내 삭제해버린다.

이 위원회에서 하는 작업 가운데 가장 복잡한 영역은 주가 흐름을 예측하는 수학적 모델을 비판하는 부분이다. 최근에는 어떤 은유적 표현을 컴퓨터가 연산할 수 있는 일련의 수학적 공식으로 바꿈으로써, 정확한 수치로 계산했으니만큼 오류를 지적할 수 없게끔 만드는 연막 전술이 유행처럼 돼버렸다.

"귀뚜라미의 한계(Cricket Limit)"처럼 어떤 모델이든 그 유효성에는 태생적인 한계가 있게 마련이다. 귀뚜라미의 울음소리와 대기 온도 간에는 거의 완벽한 수학적 상관관계가 있다. 기온이 떨어져 화씨 50도(섭씨 10도)에 가까워질수록 귀뚜라미의 울음소리는 점점 느려진다. 그러면 밤이 깊어져 기온이 50도에서 45도로 떨어질 경우에도 귀뚜라미의 울음소리가 계속 느려질 것이라고 생각할 수 있다. 그러나 이런 일은 벌어지지 않는다; 귀뚜라미는 기온이 화씨 50도 아래로 떨어지면 날개를 접어버리고 아예 울음소리를 내지 않기 때문이다.

두 가지 변수간의 상관관계가 (시장금리와 인플레이션의 관계

> 처럼) 아무리 높다 하더라도, 지금까지 경험해보지 못한 수준까지 계속해서 그 상관관계가 이어질 것이라고 판단할 근거는 없다.(사상 초유의 하이퍼 인플레이션이 벌어졌을 경우 시장금리가 어떻게 될지는 알 수 없듯이 말이다.)

투자의 세계에서 외삽법을 활용해 과거의 데이터에서 패턴을 찾아내는 방식은 신뢰성이 떨어진다. 투자의 세계 자체가 끊임없이 변화하는 속성을 갖고 있기 때문이다. 쉬운 말로 하는 변화의 속도가 갈수록 빨라진다는 표현조차도 나는 사람들이 그 의미를 진정으로 이해하고 있는지 의심스럽다.

예를 들면 주식시장의 기관화 현상은 시장의 흐름에 엄청난 영향을 미쳤다. 개인 투자자들은 대개 한번 보유한 주식을 계속 가져가는 경향이 있다; 반면 기관 투자가들은 포트폴리오에 편입한 주식의 교체 비율이 연간 100% 정도 된다. 물론 기관 투자가들이 전부 시장의 타이밍을 맞추기 위해 이러는 것은 아닐 것이다. 사실 대부분의 포트폴리오 매니저들은 늘 펀드 자금 전부를 주식에 투자하고 있다. 하지만 포트폴리오에 들어있는 종목을 끊임없이 바꾸고 있는 것이다. 많은 포트폴리오 매니저들이 실제로 하고 있는 잦은 종목 교체는 마치 결혼식 피로연에서 신부가 이혼할 계획이 있다고 발표하는 것이나 마찬가지다. 더구나 개인 투자자들은 동시에 우르르 몰려나와 매도하지 않는 반면, 기관 투자가들은 무리를 지어 행동하는 경향이 있다. 앞서 설명했던 얼룩말 무리의 경우로 돌아가보자. 이들은 어떤 충격이 가해지면 일제히 비슷한 행동으로 대응한다.

이번에는 얼룩말들이 계곡에 있고, 계곡이 끝나는 지점에 사자가 잠이 든 채 누워있다. 얼룩말들은 신선한 풀을 먹기 위해 사자의 코앞까지 한 마리 한 마리씩 다가간다. 이런 행렬은 계속 이어지다가 사자가 갑자기 달려들면 얼룩말 무리는 혼비백산해서 달아난다. 그러나 불행하게도 계곡에서 빠져나가는 길목은 좁아서 얼룩말 무리는 쉽게 전부 빠져나가지 못하고 몇 마리는 사자의 포식거리가 되어야 한다. 수십억 달러의 포트폴리오를 운용하는 많은 대형 기관 투자가들은 이렇게 유동성이 부족한 시장에 갇혀도 자신들은 재빨리 이 종목에서 저 종목으로 교체하거나, 주식에서 현금으로 빠져나갈 수 있다고 자신한다. 그러나 그럴 수는 없다. 우리가 요즘 목격하고 있듯이 기관 투자가들이 그렇게 해서 주식시장의 변동성을 높여놓았다. 시장의 타이밍을 맞추려는 투자자들에게 이런 상황은 시장 전반에 파급이 미치는 규모인 데다, 너무나 갑작스러운 것이어서 따라잡기가 불가능하다. 시장에서 무슨 일이 벌어지고 있는지 파악했을 무렵에는 이미 너무 늦어버리는 것이다.

많은 포트폴리오 매니저들이 실제로 하고 있는 잦은 종목 교체는 마치 결혼식 피로연에서 신부가 이혼할 계획이 있다고 발표하는 것이나 마찬가지다.

경제 시스템과 주식시장의 세계화는 불과 10년 전과도 비교가 되지 않을 만큼 가속화하고 있다. 세계화는 그 자체로 주식시장에서 벌어지는 모든 상황에 엄청난 충격을 가해왔다. 산업화 사회에서 서비스 사회로 이행했다는 건 이미 구문이 되어버렸다. 프로그램 거래와 파생상품 같은 월 스트리트의 신종 발명품들은 시장을 더욱 복잡하게 만드는 새로운 요인을 만들어내고 있다. 최근에는 뮤추얼펀드로 수천억 달러의 신규 자금이 흘러 들어오면서 또 다른 파급 요인으로 작용하고 있다.

과거의 주식시장 흐름을 토대로 현재의 강세장이 끝날 시기를 예측해내려는 외삽법 방식이 통하지 않는 것도 이런 모든 요인들 때문이다. 대표적인 예를 하나 들어보겠다. 1992년 10월에 S&P 500 지수 구성종목의 배당 수익률은 연 3% 밑으로 떨어졌다. 통상 배당 수익률이 이 정도 선까지 하락하면 시장이 약세로 돌아서는 게 상식처럼 받아들여져 왔다. 늘 그래왔듯이 예언가들은 1987년의 사례까지 들어가며 약세장의 도래를 강력히 주장했다. 당연히 그렇게 될 것이니까. 끝내 약세장이 오지 않자 시장의 타이밍을 재는 예언가들은 금리 인하와 기업 순이익의 증가 탓으로 돌렸다. 그리고는 시기만 늦춰졌을 뿐 약세장의 도래는 불가피하다고 다시 한번 강변했다. 그러나 배당 수익률은 계속해서 3%를 하회했지만 강한 조정은 여전히 나타나지 않았다. 1998년 중반에는 S&P 500 지수 구성종목의 배당 수익률이 사상 최저치인 1.4%까지 떨어졌는데도, 주식시장은 사상 최고치 행진을 이어나갔다.

이제서야 비로소 전문가들도 목소리를 바꾸기 시작했다. 그래, 예전의 신호는 더 이상 유효하지 않은 거야. 이들은 새로운 논리를 전개한다: "요즘 투자자들은 배당금 수입보다 주가 상승에 따른 수익을 더 원한다. 기업들도 순이익을 사업 확장이나 자사주 매입에 사용한다. 그래서 배당 수익률이 계속해서 낮은 수준을 유지하는 것이다."(아무도 이런 논리에 반박하려고 하지 않았지만, 주식 투자자의 비중을 보면 배당 소득 비과세자는 늘어난 반면 배당 소득에 대해서도 세금을 납부하는 투자자는 줄어들었다.) 펜실베이니아 대학교 와튼 스쿨의 제레미 시걸(Jeremy Siegel) 교수는 그의 저서 《장기적으로 본 주식 투자Stocks for the Long Run》에서 이렇게 지적했다. "주식의 가치를 재는 척도는 그것이 아무리 견고한 이론적 기반을 갖고 있든, 혹은 한 세기 이상에 걸쳐 잘 통해왔든 관계없이 결국은 작동을 멈출 수 있다."

> 시장의 타이밍을 재는 예언가들 가운데 최고의 투자 수익률을 올린 경우조차 "바이 앤 홀드(buy-and-hold)" 투자 전략보다 더 나은 투자 수익률을 올리지 못했다. 물론 이들은 자신들이 현금 비중을 늘려왔으므로 포트폴리오의 변동성을 낮췄다고 주장할 것이다.

어쨌든 그 무렵 상당수의 포트폴리오 매니저들이 낮은 배당 수익률 지표와 다른 부정적인 신호를 지켜보면서 주식 비중을 대폭 줄이고, 채권과 현금으로 옮겨갔다. 이들의 투자 수익률은 그 후 몇 년간이나 바닥권을 헤매야 했다.(당시 시장의 타이밍을 재다가 수렁에 빠졌던 대표적인 펀드매니저가 제프 비니크(Jeff Vinik)였다. 피터 린치에 이어 피델리티 마젤란 펀드를 맡아 운용했던 비니크는 1995년 말부터 1996년 초까지 펀드에서 주식이 차지하는 비중을 크게 줄이고 그 자리에 채권을 집어넣었다. 주식시장은 조정을 받을 것으로 보았고, 채권가격은 (금리가 떨어져) 랠리를 보일 것으로 예상했던 것이다. 그러나 두 가지 예상 모두 빗나가버렸다. 그는 얼마 뒤 피델리티를 떠나야 했다.) 먼 장래까지 감안하면 주식시장이 조정을 보일 것이라는 비관적 예언가들의 주장도 맞을 것이다.(이 글을 쓰고 있는 현재까지는 아직 약세장이 오지 않았다.) 그러나 시장의 타이밍을 재는 것보다는 차라리 자신이 좋아하는 기업의 주식을 그냥 들고 있는 게 더 낫지 않을까 하는 생각이다. 적어도 지금까지는 이들 시장의 타이밍을 재는 예언가들 가운데 최고의 투자 수익률을 올린 경우조차 "바이 앤 홀드(buy-and-hold)" 투자 전략에 비해 조금도 더 나은 투자 수익률을 올리지는 못했다. 물론 이들이 내세우는 주장이 하나 있다; 자신들은 (약세장에 대비해) 현금 비중을 늘려왔으므로 비록 낮은 투자 수익률이라 하더라도 변동성 역시 낮았다고 말이다.

 주식시장은 적어도 단기적으로는 기업의 순이익과 배당금 이외에도 수많은 다른 변수들의 영향을 받는다. 인플레이션과 금리, 신규 상장주식 물량, 통화 공급, 투자 심리, 정부 정책, 국제정세를 비롯한 온갖 요인들이 서로서로 영향을 미치면서 미묘하면서도 예측 불가능한 방식으로 주식시장을 요동치게 만든다. 사실 주식시장은 그 영향이 지체되기도 하고, 또 다시 되돌아오기도 하는 수많은 연결고리를 가진 복잡한 시스템이다.

 이런 복잡한 시스템은 한결같이 정확한 예측을 어렵게 만드는 특징을 갖고 있다.(가령 어느 자치단체가 저소득층을 위해 의욕적으로 공공주택을 지었지만 결과적으로 가난한 농촌인구의 유입만 초래해 자치단체의 재정은 파탄나고 공공주택 역시 슬럼화되는 식이다.) 장기적인 파급 효과는 종종 단기적인 파급 효과의 반대 방향으로 일어날 수 있다.(임금과 물가를 강제로 억누르면 처음에는 인플레이션이 가라앉는 것 같지만 곧 이어 가격 왜곡 현상이 발생해 상황은 더 악화된다.) 한 부분만 보고서 복잡한 시스템이 어떻게 될지 예측하려고 하면 반드시 부정확한 결론을 도출하게 된다.(기업의 순이익 한 가지만 보고 시장을 예측하려 하면 이런 오류에 빠질 것이다.) 복잡한 시스템의 한 부분만 바로잡으려는 정책은 전체 시스템에 더 큰 재앙을 초래하는 경우가 있다.(자동차 배출가스를 줄이려고 도입했던 환경규제로 인해 자동차 연료 소비량이 늘어나면서 전체 환경 시스템에는 오히려 부정적인 영향을 미칠 수 있다.)

> 주식시장은 경제 전반이 어떻게 될지 알려주는 훌륭한 선행지표지만, 그것을 반대로 돌려놓아봐야 아무런 도움도 되지 못한다.

이렇게 생각하는 사람도 있을 것이다. 적어도 경제 전반의 상황은 주가의 흐름을 알려주는 방향타 역할을 할 것이라고 말이다. 그러나 피터 린치는 이렇게 말했다. "나는 경제를 분석하는 데 1년에 15분만 쓴다. 주식시장에서 손실을 보려면 우선 경제 전반의 큰 그림을 그리는 것부터 시작하라." 주식시장은 경제성장률이 3%가 되든, 1%가 되는 큰 차이가 없다. 주식시장에 이보다 훨씬 더 큰 영향을 미치는 것은 얼마나 많은 돈이 들어오고 나가느냐 하는 점이다. 주식시장은 경제 전반이 어떻게 될지 알려주는 훌륭한 선행지표라는 게 학자들의 공통된 견해지만, 그것을 반대로 돌려놓아봐야 아무런 도움도 되지 못한다. 최근 미국의 연간 경제성장률은 평균 2.5% 수준에서 움직인다. 투자자 입장에서 보면 그 정도 경제성장률을 가정하면 된다. 경제성장률이 더 높아지지 않는다고 안달할 이유는 하나도 없다. 단지 자신이 신뢰할 수 있는 주식, 즉 자신이 생각하기에 기업을 맡길 만한 충분한 이유가 있는 최고 경영진이 이끌어가는 기업의 주식을 보유해야 한다. 그 다음에는 자신의 신뢰가 그대로 유지되는 한 언제까지든 계속 갖고 있으면 된다.

> 주식시장이 내려가는 것은 당신이 어리석기 때문이 아니다. 주식시장이 올라가는 것 역시 당신이 똑똑하기 때문이 아니다.

그러나 누구나 시장의 방향을 얘기하고픈 충동을 이겨내지 못한다. 나는 가끔 투자자들이 돈을 버는 것보다 오히려 자신이 얼마나 똑똑한지 입증하려고 애쓰는 게 아닌가 하는 생각이 든다. "주식시장은 자기 의지를 갖고 있을 거야, 그래. 그렇지만 웃기지 말라고. 누가 이기는지 한번 해보자니까." 이건 정말 어처구니없는 도전이다. 주식시장이 내려가는 것은 당신이 어리석기 때문이 아니다. 주식시장이 올라가는 것 역시 당신이 똑똑하기 때문이 아니다.

마법에 걸린 강세장

시장의 타이밍을 믿지 않는 투자자들조차 물리치기가 가장 어려운 충동은 강세장이 매우 오랫동안 지속됐고, 이로 인해 주가 수준도 상당히 높은 수준까지 올라왔을 때 물러나고 싶은 욕구다. 일단 옆으로 비켜나는 게 신중한 행동인 것처럼 보이기도 한다.

최근 주식시장이 이렇게 쉬지 않고 가파르게 올라갈 즈음 나는 C. S. 루이스(C. S. Lewis)가 쓴 《나니아 연대기Chronicles of Narnia》를 두 아이에게 읽어줄 기회가 있었다. 제6권 《은빛 의자The Silver Chair》의 첫 번째 장을 보는데 섬광처럼 스쳐 지나가는 게 있었다. 오랫동안 이어진 강세장의 유혹을 아주 멋지게 은유적으로 표현한 구절 같았다. 온갖 마법과 주술을 가지고 있는 사악한 마녀가 어른과 아이들에게 자신의 지하세계야말로 이 세상에서 유일하게 실재(實在)하는 곳이고, 지상에 있는 모든 것과 하늘의 해, 달, 별들은 전부 환상에 지나지 않는다는 믿음을 심어주는 대목이었다:

그리고는 마녀의 목소리가 들려왔다. 마치 졸음에 겨운 여름날 오후 세 시 무렵 오래된 정원의 높다란 느릅나무에 앉은 산비둘기가 더없이 부드러운 지저귐으로 속삭여대는 것 같았다. "너희들이 이야기하는 태양이 과연 무엇이더냐? 말로 표현할 수 있겠느냐?"

"네, 그렇게 할 수 있어요." (아이 가운데 한 명인) 스크럽이 대답했다.

"너희들의 태양은 꿈일 뿐이다······" 마녀는 천천히 엄숙한 목소리로 반복했다. "태양이란 없단다." 그리고 아무도 말문을 열지 못했다. 마녀는 다시 한층 더 부드럽고 가라앉은 목소리로 되풀이했다. "태양이란 없단다." 잠시 침묵이 흘렀다. 네 사람은 마음속에서 무언가가 격렬하게 소용돌이치는 것을 느꼈다. 그리고 다 함께 입을 열었다. "맞습니다. 태양은 없습니다." 일단 단념하고서 그렇게 이야기하자 안도감이 밀려들었다.

　강세장의 마지막 국면에서 투자자들이 직면하는 바로 그런 장면이다. 뭔가 아주 강력한 마녀가 우리 귀에 대고 속삭인다. "리스크란 없단다. 주식시장은 오르기만 할 거니까. 신규 상장 기업은 얼마나 신비스러운가 말이다. 네가 거래하는 증권회사 직원은 네게 가장 훌륭한 벗이다. 그저 가만히 있어도 헤아릴 수 없는 엄청난 부가 네게 돌아올 것이다."
　《나니아 연대기》에서는 마지막 순간 우리의 주인공이 나타나 마법과 주술을 무찔러 없애버린다. 사악한 마녀는 곧 끔찍한 모습의 거대한 뱀으로 돌변해 정체를 드러낸다. 한때 마법에 빠져있던 왕자가 적시에 등장해 칼을 휘두르고 마녀는 죽음을 맞는다. 그리고 모두 행복한 삶을 되찾는다.
　강세장은 더없이 달콤하고 사랑스러운 목소리를 가진 여인처럼 우리를 유혹에 빠져들게 한다. 그러나 강세장은 어느 순간 끔찍한 야수로 돌변할 수 있다. 그렇다면 현실 세계에서 주식시장의 마녀를 무찌를 방법은 없을까? 당신은 일단 스스로 마법에 걸렸다고 의식하면 가장 먼저 마법에서 벗어나기 위해 가진 것을 전부 팔아버릴 것이다. 그러나 우리가 알고 있듯이 시장의 타이밍을 재는 것은 쓸데없는 짓이다. 사실 시장이 "과도하게 평가돼" 있다는 게 옳을 수도 있지만, 이런 고평가 상태가 몇 년이나 더 지속될 수도 있다. 강세장은 얼마든지 연장될 수 있다. 시장을 바라보면서 신경과민 증세에 빠져들 때 가장 확실한 처방책은 장기 투자자처럼 생각하는 것이다. 무시무시한 괴물이 눈앞에 있더라도 정신을 집중하고, 인내심을 갖고, 냉정한 눈으로 바라본다면 최후에는 보상을 얻을 것이다.

강세장은 얼마든지 연장될 수 있다.

인간이라는 변수

비록 누군가가 시장의 타이밍을 정확히 잴 수 있어서 바이 앤 홀드 투자 전략을 능가하는 투자 기술을 구사한다 해도 반드시 고려해야 할 또 한 가지 결정적인 요소가 있다: 인간으로서 느끼는 심리적 부담감이다. 개별 종목을 살 것인지 말 것인지, 혹은 뮤추얼펀드에 투자할 것인지 말 것인지, 끊임없이 고민해야 하기 때문이다.

가령 당신은 주식시장이 고평가됐거나 저평가됐을 때 이를 분간하는 아주 뛰어난 재능을 지니고 있다고 하자. 하지만 시장의 정확한 전환점을 한치의 오차도 없이 딱 집어내는 경우는 아주 드물 것이다. 따라서 시장의 타이밍을 비교적 정확하게 맞춘다 해도 시장이 계속 상승하는 동안 몇 주나 몇 달씩 현금을 보유한 채 기다리고 있어야 하거나,

시장이 계속 하락하는데도 주식을 붙들고 몇 주나 몇 달씩 기다려야 한다. 당신은 매일같이 자신이 옳고, 다른 투자자들은 틀렸다고 스스로 다짐할 것이다. 이렇게 하려면 상당한 심리적 압박감이 뒤따른다.

시장의 타이밍을 재는 투자자가 부딪치는 가장 큰 어려움은 일단 주식시장에서 다 팔고 빠져 나온 다음 언제 다시 들어갈 것인지 결정할 때다. 시장의 타이밍을 재려면 결국 한 번이 아니라 두 번 정확한 판단을 내려야 한다.

만약 당신이 주식을 전부 매도했다고 하자. 당신이 판 다음 주식시장은 며칠 떨어졌다. 당신은 회심의 미소를 지으며 자신의 판단에 자부심을 느낄 것이다. 그런데 갑자기 주식시장이 랠리를 보이더니 당신이 매도했을 때보다 더 높이 올라갔다. 당신은 이제 상당한 심리적 부담을 느낄 것이다. 시장에서 빠져 나온 게 실수였다고 인정하고 싶지는 않지만 이미 시장의 상승폭 가운데 상당 부분을 놓쳐버렸다. 더구나 당신이 만약 뮤추얼펀드 매니저라면 매우 불안하고 초조할 것이라고 나는 단언할 수 있다. 펀드의 주식 편입 비율을 그대로 놔둔 채 가만히 앉아있던 한가한 펀드매니저들보다도 수익률이 더 뒤져 있으니 말이다. 당신은 나름대로 생각한 끝에 영리하게 행동했지만, 어느새 가만히 있느니만 못한 행동이 돼버렸다. 아마도 이렇게 말하는 게 가장 일반적인 반응일 것이다. "아냐, 내가 옳았어. 지금도 그래. 이번 랠리는 단지 함정일 뿐이야. 이런 함정에는 바보들이 잘 빠져들지. 여기서 2% 정도 더 올라가면 바보들은 허겁지겁 전부 몰려들겠지. 나는 바보가 아니거든. 절대 그런 함정에 빠지지 않아." 이런 반응이야말로 아주 달콤하지만 위험천만한 항변이다. 그렇게 함으로써 당신의 최초

결정은 정당화되지만, 자신이 현명하고 정확하다는 사실을 입증하기 위해 추가적인 행동을 취할 수도 있기 때문이다.

그러나 주식시장이 강세장의 함정을 만들다 꼬꾸라지지 않고 계속해서 랠리를 이어간다고 해보자. 세상에 어떤 미친 바보들이 이렇게 사대는 거야! 당신은 한밤중에도 벌떡 깨어난다. 혹시 이러다 펀드매니저를 그만 두는 게 아닌가 하는 걱정으로 온몸은 땀으로 흠뻑 젖는다. 이번에는 조용히 스스로에게 다짐한다. "좋아, 내가 틀렸어. 완전히 잘못했다고. 맨 처음에 보유 주식을 팔았던 게 첫 번째 잘못이고, 그 다음에 재빨리 매수했어야 하는데 그렇게 하지 않은 게 두 번째 잘못이지. 차라리 내가 틀렸다고 인정하는 게 좋아. 여기서 다시 따라잡으면 되는 거지. 물론 지금은 너무 뒤져있는 상태고, 과연 따라잡을 수 있을지는 모르겠지만 말이야." 혹시 이런 결정을 내릴지도 모른다. "아니지, 약세 시각을 유지할 거야. 지금 상태에서 좀더 시장을 지켜보겠어. 시장은 곧 하락할 수밖에 없잖아, 그렇지 않아?" 그러나 이런 결정을 내리는 당신은 너무너무 초초하고 긴장돼 있을 것이다. 당신은 지금 도저히 타협할 수 없는 두 가지 선택을 놓고 갈등하는 것이다. 이런 식으로 남들보다 뒤지는 투자 수익률을 올리게 되면 펀드매니저로서의 경력에 큰 오점을 남기게 될 것이다; 어쩌면 이런 실수를 영원히 만회하지 못할 수도 있다.

강세장에서 이루어지는 상승폭의 큰 부분은 강세장이 시작된 첫 몇 주간에 일어난다는 이야기를 들어본 적이 있을 것이다. 예를 들자면 1991년에 S&P 500 지수는 30.5% 상승했는데, 이 같은 상승폭의 절반 이상이 걸프전이 시작된 그 해 1월 16일부터 22거래일 동안 오른 것이다. 나머지 상승폭 가운데도 7.8%포인트는 그 해 마지막 6거래일 동안 이루어진 것이다.

강세장에서의 투자 수익률은 아주 집중적으로 이루어진다. 미시간 대학교의 연구결과를 보면 1969년부터 1993년까지 일간 상승률이 가장 높았던 90일(전 기간의 겨우 1%에 불과하다) 동안의 상승폭이 이 기간 중 상승폭의 95%를 차지했다. 조사대상 기간을 좀더 늘려보자. 만약 당신이 시장의 타이밍을 재다가 1926년부터 1990년까지 780개월의 기간 중에 결정적인 순간이었던 단 7%의 기간 동안만 주식시장에서 빠져 나와 있었다면, 이 64년간 당신이 거둔 투자 수익률은 거의 제로에 가까웠을 것이다.

> 시장의 타이밍에 의지하는 뮤추얼펀드 매니저치고 15년 이상 자리를 지킨 경우를 나는 아직 보지 못했다.

뮤추얼펀드 매니저가 시장의 타이밍을 재면서 "지금 팔아야 하나, 아니면 지금 팔지 말아야 하나" 하는 딜레마에 빠지게 되면 결국은 제 수명을 재촉할 수밖에 없다는 게 내 생각이다. 시장의 타이밍에 의지하는 뮤추얼펀드 매니저치고 15년 이상 자리를 지킨 경우를 나는 아직 보지 못했다.

개인 투자자들 역시 시장의 타이밍을 재려고 했다가는 이와 똑같은 화를 자초하게 된다. 시장의 타이밍을 맞추려고 애쓰는 건 자기 자신을 불안과 초조의 깊은 늪으로 빠뜨리는 가장 손쉬운 방법이다. 이렇게 하는 트레이더가 있을지 모르지만 성공하는 경우는 극히 드물다.

내가 보기에는 프로 펀드매니저들이 시장의 타이밍을 재기가 훨씬 더 힘들다. 심리적 압박도 더 크다. 개인 투자자들은 그저 자기가 원하는 대로 할 수 있다. 주식 대신에 채권을 사고 싶으면 그렇게 하면 되고, 주식도 싫고 채권도 싫으면 부동산을 살 수도 있다. 그런다고 해서 누가 "그건 옳지 않아. 그러다가는 해고당할 거야"라고 말하지 않는다. 당신이 만약 투자 손실을 입었다면 가족들이 불평할 수도 있겠지만, 그래도 당신이 주식 투자를 하는 건 그나마 가족들 가운데 가장 낫다고 생각하기 때문일 것이고, 그래서 "응, 그건 내가 좀 공격적으로 투자하다가 그렇게 됐을 뿐이야"라고 얘기하면 그뿐일 수도 있다. 그러나 프로 펀드매니저들은 자신의 경력이 중요하고, 자존심의 문제도 있다. 휴일에 친구들과 골프장에 나가 내기골프를 치다가 퍼팅을 실수하면 몇 만원 잃는 게 전부다. 하지만 텔레비전으로 중계되는 PGA 골프투어에서 퍼팅을 실수하면 수십 만 달러의 상금이 날아가버린다.

한 번에 한 기업씩

어떤 이유로든 꾸준히 또 정확하게 시장을 예측해서 돈을 벌기란 불가능하다는 사실이 충분히 입증됐다. 많은 사람들이 과거에 잘 들어맞았던 여러 지표들을 개발해서 그렇지 않다고 우리를 설득하려고 한다. 이들의 예측은 한동안 잘 맞을 수도 있지만 처음부터 틀려버릴 수도 있다. 신문이나 방송에 자주 나오는 인기 있는 전문가들조차 한두 해 정도, 기껏해야 3년 정도면 수명이 끝난다. 1987년 10월의 대폭락 사태 이후 얼마나 많은 전문가들이 앞으로 5년 동안 약세장이 이어질 것이라고 예측했는가? 언제나 시간이 지나면 새로운 현자가 나타나 유명세를 타지만 이들도 다음 번에 틀리는 그 순간까지만 그런 행세를 할 수 있을 뿐이다. 한때 최고의 예언자로 불렸던 조셉 그랜빌(Joseph Granville)에 관한 기사가 각종 언론 매체를 장식했고, 그 뒤에는 로버트 프레처(Robert Prechter)가 그랬지만 지금 이들을 기억하는 사람은 거의 없다. 시장의 변곡점을 예언하는 이들의 능력은 절대 대단한 게 아니지만, 이들이 실패하기 전까지는 대단한 것처럼 받아들여진다. 로마의 철학자 키케로(Cicero)는 원로원에서 이렇게 연설했다: "다른 예언가를 바라보며 가소롭다는 듯이 웃지 않을 예언가는 아마도 없을 것입니다."

나는 누구든 훌륭한 주식과 뮤추얼펀드를 찾는 데 시간을 쏟고, 장기간 보유하는 게 훨씬 더 나은 성과를 올릴 것이라고 자신한다. 이 말은 매일같이 발표되는 시장금리의 변동이나 채권시장과 주식시장의 시황 따위는 무시하라는 의미다. 적어도 내가 이 책을 쓰고 있는 현 시점에서 앞으로 10년 정도는, 시장의 타이밍을 재다가 몇 달 이상씩 주식 대신 현금을 보유한다면 실수가 될 것이다. 물론 주식시장의 "조정" 국면이 몇 년간 이어질 수도 있다. 하지만 시장은 결국 신고가를 경신할 것이다. 그래서 주식 투자 비중이 늘 100%인 천하태평의 낙관론자는 은퇴한 다음 신형 최고급 승용차를 타고 다니는 반면, 경제가 직면한 온갖 문제점과 정치적인 위기를 줄줄이 꿰차고 있는 똑똑한 비관론자는 다 낡은 중고차를 타고 다녀야 하는 것이다.

물론 기업 경기에도 사이클이 있다. 하지만 경제 전체의 순환 국면과 시장의 사이클보다는 더 쉽게 눈에 띄고 대응하기에도 용이하다.

아주 멋진 운동화를 생산해 대히트를 친 기업이 있다고 하자. 이 기업은 2~3년, 길면 4년 정도는 뛰어난 실적을 올릴 것이다. 하지만 곧 이어 경쟁업체들이 더 나은 운동화를 만들어낼 수도 있고, 사람들의 취향이 바뀌어 운동화 매출 자체가 줄어들 수도 있다. 이처럼 주식시장 전체의 변곡점을 찾아내는 것보다는 어느 한 종목의 매도 시점을 파악하는 게 훨씬 더 적중률이 높다. 따라서 한 번에 한 종목, 한 업종에만 초점을 맞춰야 한다. 뮤추얼펀드를 고를 때도 앞으로 주가지수가 100포인트 오를지, 아니면 100포인트 내릴지를 맞추려 하기 보다는 이렇게 한 종목, 한 업종에 초점을 맞추는 펀드매니저를 선택해야 한다.

> **다른 예언가를 바라보며 가소롭다는 듯이 웃지 않을 예언가는 아마도 없을 것이다.**

어느 주식이든 "진정한 가치"에 비해 주가가 높을 수도 있고, 낮을 수도 있다. 여기서 진정한 가치란 공인재무분석사(CFA)가 전부 신앙처럼 믿고 지지하는 해당 기업의 핵심 가치이자 진짜 가치라고 말할 수 있다. 물론 아무도 이 같은 진정한 가치를 본 적이 없고, 핵심 가치나 진짜 가치 역시 어쩌면 꿈속에서나 만날 수 있는 건지 모른다. 하지만 내가 확실히 말할 수 있는 것은 주식시장 전체가 고평가됐는지 여부보다는 어느 종목이 고평가됐는지 여부를 파악하는 게 훨씬 더 쉽다는 점이다.

나의 투자 철학은 그래서 내가 갖고 있는 주식을 한 종목 한 종목씩 찬찬히 들여다 보는 것이다. 우리가 보유하고 있는 종목이 다른 종목에 비해 더 매력적이라면, 우리는 그 종목에 더 많은 금액을 투자할 것이다. 만약 다른 종목에 비해 덜 매력적이라면, 우리는 그 종목을 팔고 그 돈을 다른 종목에 투자할 것이다. 새로운 투자 대상 후보가 나타나면 똑같은 방식으로 평가할 것이다. 이런 작업은 고단한 일이고, 앞서도 지적했듯이 멋지거나 화려한 일은 결코 아니다. 하지만 해볼 만한 직업이다. 실제로 좋은 성과도 거둔다.

정말로 당신의 눈길을 끌어당기는 종목을 찾을 수 없다면 그냥 현금을 보유하라. 이런 자세는 시장의 타이밍을 재는 투자자가 "나는 이번 주말까지 현금 비중을 32%로 맞추고 싶어, 그러니까 지금부터 주식을 팔아야겠어"라고 얘기하는 것과는 차원이 다르다. 한 번에 한 종목씩 살펴보게 되면 현금은 그저 다음날로 넘겨지는 금액일 뿐이며, 그것이 너무 많다고 해서 걱정할 필요도 없다. 억지로 어둡고 깊은 곳까지 뒤지려고 애쓰는 것보다는 이렇게 하는 게 훨씬 더 합리적일 것이다.

10 주식시장 대폭락의 의미
Living Through the Crash

1987년 10월 19일 주식시장이 마치 절벽에서 추락하듯이 급전직하했을 때 나 역시 동요했던 게 사실이다. 그 날 하루 다우존스 산업평균주가가 508포인트(22.6%)나 폭락했고, 우리는 지난 1년 동안 벌어놓은 수익을 일주일 만에 날려버렸다. 마치 교통사고를 당한 뒤 병원에서 깨어나 보니 자신의 한쪽 다리가 사라져버린 것을 발견했을 때의 심정이 이와 비슷할 것이다. 대체 무슨 일을 당한 건지 믿을 수가 없는 그런 경우다.

앞선 금요일, 그러니까 10월 16일에 나는 오싹하는 느낌을 처음 받았고, 뭔가 결정적이면서도 거대한 소용돌이가 몰려오고 있음을 직감했다. 나는 무슨 일이 발생하는지 시시각각 모든 상황을 일기 형식으로 적어두기로 했다. 만약 당신이 대격변의 한가운데 서 있다면, 그것이 주식시장의 대폭락이든, 혹은 기업의 파산이나 개인적인 재난이든, 그 시점에는 온갖 대응을 다 하겠지만 지나고 보면 희미한 기억밖에 남지 않을 것이다. 불과 1년이 지난 뒤에 그 당시의 상황을 다시 떠올려보면 왜 그렇게 대응했는지조차 잊어버릴 수 있다. 당신은 그 때 무슨 일이 벌어지고 있는지 즉각적으로 이해했고, 또 항상 정확하고 냉정하고 영웅적으로 대처했다고 생각할지 모른다. 그러나 진실은 당신 역시 다른 모든 사람들처럼 패닉에 휩싸여 우유부단하게 대응했고, 그로 인해 상당히 고통을 느꼈을 것이라는 점이다.

주식시장이 비틀거리기 시작했을 때 나는 시장에서 무슨 일이 벌어지고 있는지 내가 느끼는 대로 기록하고 싶었다. 이렇게 일기 형식으로 기록한다는 아이디어는 최근에 출간된 조지 소로스(George Soros)의 저서 《금융의 연금술The Alchemy of Finance》에서도 잘 읽을 수 있다. 전설적인 헤지펀드 매니저인 소로스는 1985년 8월부터 1988년 11월까지 외환시장과 주식시장, 채권시장의 숨막히는 격변의 순간들을 지켜본 자신의 생각들을 정리했다. 그가 남긴 기록은 소위 매크로 투자(macroinvesting)의 대가가 어떻게 사고하는지에 관해 일반 독자들이 조금이나마 이해할 수 있도록 해준다. 그의 기록은 또한 진짜 승부수를 날리는 사람은 어떻게 의사결정을 하는지 알려준다. 소로스는 매우 똑똑한 인물이다. 이 점은 인정한다. 그가 기록을 남긴 의미가 있듯이 나 역시 기록을 남긴 의미가 있다. 그러면 정신 없이 보내야 했던 5일 동안 내가 적어두었던 기록 가운데 요점만 뽑아서 옮겨보겠다.

10월 16일, 금요일

오늘도 상쾌한 아침을 맞았다. 주식시장은 7주째 약세에서 벗어나지 못하고 있다. 예년에도 자주 있었던 일이지만 올해 9월의 급격한 하락은 주가의 고평가 현상을 어느 정도 해소해주지 않았나 싶다. 주식시장이 사상 최고치를 기록했던 지난 8월 25일 이후 에이콘 펀드는 S&P 500 지수보다 더 나은 성적을 올리고 있다. 소형주보다 블루칩이 더 가파르게 떨어졌기 때문이다. 에이콘 펀드의 포트폴리오는 (미국 주식시장의) 웬만한 하락은 견딜 만큼 상당히 견고하게 짜여있다. 포트폴리오 가운데 12%는 미국과 일본의 단기 국채에 투자하고 있고, 16%는 아시아와 유럽 주식에 투자하고 있다. 최근의 연구결과를 보면 해외 주식시장과 미국 주식시장 간의 상관관계는 그리 높지 않은 것 같다. 이런 현상은 오늘 현재까지도 이어지고 있다. 미국 주식시장의 약세에도 불구하고 아시아 주식시장은 계속 사상 최고치를 기록하고 있으니 말이다. 더구나 에이콘 펀드는 S&P 500 지수 선물을 90계약 매도해놓고 있고, 이와는 별도로 밸류 라인 지수 선물(Value Line Index Futures) 80계약 매수와 S&P 500 지수 선물 80계약 매도로 스트레들(straddle, 만기가 같은 두 종류의 선물이나 옵션을 동시에 매수 또는 매도 포지션을 취해놓는 투자 전략)을 짜놓았다.(벨류 라인 지수는 뉴욕증권거래소와 나스닥 시장 등에서 거래되는 1700여 종목을 대상으로 하는 것으로, 모든 종목의 가중치가 같아 소형주 비중이 매우 높다. 반면 S&P 500 지수는 뉴욕증권거래소와 나스닥 시장에서 거래되는 시가총액 상위 500종목을 대상으로 하고, 산출방식도 시가총액을 기준으로 하므로 대형주의 비중이 절대적으로 높다. 따라서 밸류 라인 지수 선물을 사고, S&P 500 지수 선물을 팔게 되면 전체적으로는 중립을 유지할 수 있지만, 소형주가 대형주보다 더 크게 오르거나 더 작게 떨어지면 이익을 볼 수 있는 구조다.)

상쾌한 아침은 상쾌한 오후로 이어졌다. 오후가 되자 시장은 강력한 메시지를 전해주기 시작했다. 거래량이 엄청나게 불어나면서 주가가 급락하고 있는 것이다. 지수 선물의 가격은 정상적인 범주를 벗어났다; 12월 만기 지수 선물의 가격은 이론적으로 현물 가격보다 2포인트 정도 높아야 하는데, 오후 내내 현물보다도 더 낮은 가격에 거래돼 지수 선물 거래 자체를 어렵게 만들었다.(선물을 매수하게 되면 레버리지 효과 덕분에 현물에 비해 훨씬 더 적은 금액으로 주식을 확보할 수 있으므로, 금리를 감안할 때 만기가 멀수록 선물의 이론가격은 현물보다 높아진다–이상 옮긴이) 이날 주식시장은 3억4300만 주라는 새로운 거래량 기록을 세우면서 마감됐다. S&P 500 지수는 15.14포인트, 무려 5.1%나 급락했다. 에이콘 펀드의 자산가치는 다행히 1.7% 하락하는 데 그쳐 주식시장 전체와 비교하면 아주 훌륭한 성적을 거뒀다. 무언가 행동에 나설 필요가 있는 상황이었다; 나는 해외 주식 7종목에 대해 매도 주문을 냈다. 이들 종목에서 이익을 실현한 뒤 미국 주식에 투자할 생각이다.

10월 19일, 월요일

페르시아 해역에서 어두운 뉴스가 전해졌다. 이란이 쿠웨이트의 유류 저장고를 향해 미사일을 발사했다. 뉴욕 주식시장이 열리기 전에 개장한 일본과 홍콩, 유럽 주식시장은 이미 공포에 사로잡혔다는 소식이 전해졌다. 내가 매도 주문을 내놓은 해외 주식 물량 가운데 계약이 체결된 것은 4분의 1밖에 되지 않았다. 뉴욕 주식시장의 대폭락으로 전 세계가 패닉의 먹구름에 휩싸이면서 세계 각국의 주식시장은 잇달아 사상 초유의 폭락 사태를 경험해야 했다. 이날 오후 증권거래소를 임시 폐쇄한 홍콩 주식시장만 예외였다.(홍콩 주식시장은 금요일까지 문을 닫았다.) 패닉의 먹구름이 아시아와 유럽을 거쳐 오늘 다시 미국을 덮칠 것이 분명했다.

패닉에 휩싸인 상황이었지만 나는 적극적으로 행동하기로 결심했다. 이런 상황일수록 많은 주식들이 투매에 가까운 가격까지 떨어진다는 사실을 잘 알고 있기 때문이다. 나는 에이콘 펀드의 핵심 애널리스트들인 척 맥콰이드와 테리 호간, 리 젤, 이렇게 세 명을 불러 별도의 지시가 있을 때까지 새로운 아이디어를 발굴하는 작업은 현재 상태에서 일단 중지하도록 주문했다. 대신 이들 각자에게 주가와는 관계 없이 4~5개의 괜찮은 기업을 찾아보라고 지시했다. 내 생각으로는 결국 주가도 우리가 충분히 매수할 수 있는 수준까지 떨어질 것으로 보였다. 이들이 찾아낼 기업 명단은 현재 보유하고 있는 종목 가운데 어느 것을 팔고, 새로 어느 종목을 매수할 것인지 내가 의사결정을 하는 데 결정적인 역할을 할 것이다.

주식시장의 하락은 상상을 초월했다. 그동안 미국 주식을 사들였던 외국인 투자자들은 매도로 방향을 틀었다. 뮤추얼펀드 매니저들은 환매 요구에 대비해 대규모 매물을 내놓았다. 이들에게 펀드 투자자들은 이제 신중한 투자자에서 공포에 사로잡힌 폭도로 돌변해버린 것 같다. 포트폴리오 리스크를 관리하는 매니저들은 지수 선물을 매도하기에 바빴다. 이로 인해 지수 선물은 사상 유례가 없을 정도로 현물에 비해 크게 할인된 가격에 거래됐고, 그 결과 프로그램 트레이더들은 선물과 현물의 가격차이를 이용해 현물을 팔았다. 이에 따라 주가는 더 떨어지는 악순환이 벌어졌다. 헤지를 위한 주식 거래는 제대로 체결되지 않았다. 늘 그렇지만 헤지 기술은 이렇게 필요할 때는 무용지물이 돼버리고 만다. 주식 거래량이 폭발적으로 늘어나는 바람에 뉴욕증권거래소의 구형 컴퓨터 단말기는 주가 정보를 한 시간 이상이나 늦게 제공했고, 이 같은 혼란은 그렇지 않아도 불확실한 상황을 더욱 악화시켰다. 이 때의 심정은 마치 바다에 나가 요트 경주를 하다가 갑자기 번개를 맞았을 때 순간적으로 아드레날린이 폭발적으로 분비되는 그런 경우와 비슷하다. 이날 에이콘 펀드는 600만 달러 어치의 주식을 사고, 300만 달러 어치의 주식을 팔았다. 모두 22차례 주식 거래를 했는데, 펀드가 출범한 이래 가장 많은 거래였다. 우리의 선물 포지션은 이날 하루 동안 440만 달러를 벌어들였다. 에이콘 펀드 자산은 역시 출범 이래 최대폭인 8%나 하락했지만, S&P 500 지수가 20%나 대폭락한 데 비하면 아주 잘 버텨낸 셈이었다.

10월 20일, 화요일

오늘도 거친 폭풍우가 몰아쳤다. 시카고와 뉴욕에서 컴퓨터 단말기를 창문 바깥으로 내던져버리는 사태가 벌어졌다는 얘기까지 들려왔다. 우리는 월요일보다 더 활발하게 주식을 거래했다. 800만 달러 어치의 주식을 사고, 같은 금액의 주식을 팔았는데, 그렇게 해서 교체한 종목 수가 20개에 달했다. 앞서 우리 애널리스트들이 찾아낸 기업 명단이 결정적인 역할을 했다. 나는 이들의 판단에 근거해 크레이 리서치 주식을 주당 48달러에 4만 주를 매수했다. 크레이 리서치는 불과 이틀 전까지 85달러였는데 이렇게 급락한 것이었다. 크레이 리서치는 우리가 매수한 뒤 몇 시간 만에 73달러까지 회복했다. 주식시장은 오후로 들어서면서 갑자기 랠리를 보였지만 안타깝게도 블루칩에 한정된 것이었다. 소형주가 많은 장외시장 종목들은 월요일에 제대로 거래되지 않은 탓에 화요일에 오히려 추가로 더 떨어졌다. S&P 500 지수는 전날보다 5% 상승한 채 마감됐지만, 에이콘 펀드와 (우리가 지수 선물을 매수해놓고 있는) 밸류 라인 지수선물은 7% 하락했다. 결국 어제 기록했던 상대적인 이득은 하루 만에 전부 사라져버린 셈이 됐다.

10월 21일, 수요일

　랠리는 계속됐다. S&P 500 지수는 하루 상승폭으로는 사상 최대인 21.5포인트나 올랐다. 에이콘 펀드의 자산가치도 늘었지만 시장의 상승폭에는 못 미쳤다. 감정의 기복으로 보자면 지난 이틀간 분출됐던 아드레날린은 이제 멈춘 것 같다. 나 역시 지쳤고 아직 흥분된 상태다. 지난 사흘이 마치 한 달처럼 느껴진다. 우리는 오늘도 여전히 매우 적극적으로 주식 거래에 나섰다. 나는 어제 오후 지수 선물의 매도 포지션을 정리하기 위해 지수 선물을 환매수했는데, 아주 적절한 타이밍은 아니었지만 어쨌든 오늘 오후 상당한 차익과 함께 재매도할 수 있었다. 시장의 랠리 역시 나처럼 이제 지친 것처럼 보인다.

10월 22일, 목요일

랠리는 끝났다. 오전부터 시장은 밀리기 시작했다. 대형주 여러 종목의 주문 체결이 지연되는 사태가 벌어졌다. 나는 지수 선물을 추가로 매도했다. 이날 하루 거래량은 4억 주에 육박했고, 시장은 결국 4% 하락으로 마감했다. 지난 며칠을 기준으로 하자면 오히려 조용히 지나간 날이었다.

대혼란을 겪고 나니

지난주 금요일부터 이번주 목요일까지 S&P 500 지수와 에이콘 펀드 자산가치는 똑같이 17% 떨어졌다. 하락이 완전히 끝났다는 신호는 아직 없다. 아직도 여진(餘震)은 남아있다. 이번주에 우리 펀드의 환매 물량은 10만 주에 달했다. 우리는 지수 선물 포지션에서 440만 달러를 벌어들였다. 또 펀드 출범 후 최대의 주식 거래를 통해 우리의 자산가치를 늘릴 수 있었다. 물론 가장 충격적인 뉴스는 주식시장의 하락폭이 워낙 컸고 빨랐다는 점, 그리고 해외 주식시장도 동반 폭락했다는 점이다.

목요일 점심을 먹으러 가는 길에 나는 우리 회사 직원들에게 이렇게 물어봤다. "자네들은 하늘에서 가장 크고 밝게 빛나는 게 뭐라고 생각하나?" 이들은 어리둥절해하며 당연히 태양이라고 대답했다. "하늘에 떠있는 태양은 지난주와 똑같지?" 내가 다시 묻자 이들은 고개를 끄덕였다. "그럼 됐어. 주식시장이 좀 큰 폭으로 떨어졌다고 해서 세상이 바뀌지는 않았을 거야." 나는 이렇게 결론지었다.

비록 내가 다분히 철학적인 이야기로 일기의 마지막을 장식했지만 솔직히 세상이 정말로 변한 것은 아닐까 하고 걱정했던 게 사실이다. 아주 길고 힘든 약세장, 어쩌면 심각한 경제 공황으로 빠져드는 초입에 잠깐 들어선 게 아닌가 하는 우려도 들었다. 장기적으로 보면 주식시장은 현실 세계를 그대로 반영한다. 때로는 아직 무슨 일이 벌어지고 있는지 그 패턴이 불분명한 상황에서 주식시장은 그 징후를 알려준다. 또한 주식시장은 앞으로 벌어질 사태를 미리 경고하는 비상등의 역할을 하기도 한다.

나름대로 현금을 확보해보려고 했지만 내가 보유한 소형주들 가운데 상당수는 매수 주문이 끊긴 상태였다. 앞서 일기에서도 적었지만 매도 주문을 낸 해외 주식은 거의 팔리지 않았다: 전 세계 주식시장이 모두 급락했기 때문이다. 이런 일이 벌어지리라고는 예상하지 못했다. 해외 주식시장으로 투자 대상을 분산하면 당연히 전체 포트폴리오의 변동성이 줄어든다는 게 상식이다. 그러나 전 세계 주식시장이 동반 추락하자 이런 상식은 그저 교과서에나 나오는 얘기로 전락해버렸다.

그래도 어떻게 하든 현금을 손에 쥐어야겠다고 마음먹으면 나는 목수가 하는 방식을 쓴다. 정말로 못이 필요하면 이미 박아둔 못을 빼서 그것을 다른 곳에 박는 것이다. 나는 그래서 이 때도 비교적 잘 나가고 있던 여러 종목을 팔아 치웠다.

물론 내가 심각하게 고민해서 내린 결정은 아니었다. 실제로 주식시장은 그 후 몇 달 만에 하락폭을 전부 만회하고 사상 최고치를 경신했다. 내가 그 때 팔았던 주식 가운데는 계속 보유하는 게 좋았을 훌륭한 주식들도 있었다. 하지만 나는 그렇게 확보한 현금으로 다른 종목들을 정말 말도 안 되는 주가에 매수했다. 약세장은 아주 이상한 존재다: 최고의 주식도 형편없는 주가에 매수할 수 있으니 말이다.

전체적으로 뒤돌아 보면 대폭락에도 불구하고 1987년 내내 주식을 팔지 않고 가만히 있었더라면 더 나은 수익률을 올렸을지도 모르겠다. 시장이 패닉에 빠졌을 때 도저히 그냥 지나칠 수 없을 정도로 값이 떨어진 몇 종목을 추가로 매수하고서 말이다. 그러나 당시 상황에서 초연하게 시장을 외면했다고 해서 그게 최선의 대응은 아니었던 것 같다. 정말로 너무나도 끔찍한 사태가 벌어졌고, 나 자신도 공포에 떨고 있는 상황에서 무조건 냉정을 유지한 채 아무런 행동도 하지 않기란 어렵다. 나는 그 때 무언가를 해야만 한다고 느꼈다. 월요일 개장할 때 40달러로 시작했던 주가가 화요일에 22달러로 폭락했는데, 가만히 앉아있을 수는 없었다.

> 1987년 10월의 대폭락은 시장의 타이밍을 재는 일부 예언가들을 영웅으로 만들어주었다. 바로 그 해 여름과 초가을 잇달아 경고성 발언을 터뜨렸던 이들이다. 하지만 이들은 더 이상 예언을 적중시키지 못했고 대중의 기억에서 사라져버렸다.

일부 시장 분석가들은 1987년의 대폭락 사태가 투자자들에게 좋지 않은 교훈을 남겼다고 말한다. 주식시장이 급락 이후 너무 빨리 제자리를 찾는 것을 보자 많은 투자자들이 원래 그렇게 모든 충격이 금방 치유된다고 결론을 내렸다는 것이다. 이들은 그래서 약세장이 몇 년 이상씩 지속될 수 있다는 점을 이해하지 못한다.

그러나 나는 상당히 훌륭한 교훈도 한 가지 남겼다고 생각한다. 1987년 10월처럼 아주 극적인 사건이 벌어지거나, 혹은 저점에서 회복하는 데 다소 시간이 걸린다 해도 장기적으로 보면 큰 의미가 없다는 점을 가르쳐주었기 때문이다. 어쨌든 언제 이런 폭락 사태가 다시 빚어질지는 아무도 예측할 수 없다. 1996년 말에도 수많은 시장 전문가들이 주가가 너무 고평가됐다며, 다시 한번 1987년 10월과 같은 폭락 사태가 올 것이라는 의견을 내놓았다. 그러나 다우존스 산업평균 주가는 1996년에 29% 상승한 데 이어 1997년에도 24%나 더 올랐다. 마찬가지로 약세장이 찾아오면 얼마나 지속될지 누구도 예측할 수 없다. 따라서 충분히 투자한 상태에서 머물러 있는 게 상책일지 모른다.

1987년 10월의 주식시장 대폭락은 시장의 타이밍을 재는 일부 예언가들을 영웅으로 만들어주었다. 바로 그 해 여름과 초가을 잇달아 경고성 발언을 터뜨렸던 이들이다. 하지만 이들 대부분은 더 이상 예언을 적중시키지 못했고, 이들의 이름은 대중의 기억에서 사라져버렸다. 내가 아는 사람 가운데 이런 경우도 여럿 있었다. 상당한 금액의 포트폴리오를 운용하는 개인 투자자들이었는데, 1987년 대폭락 당시 큰 손실을 입었고, 이 때의 충격으로 인해 주식시장이 곧 이어 랠리를 보이자 보유 주식을 다 팔고 시장을 빠져 나와 빈손으로 있었다. 이들은 그 뒤에 나타난 주식시장 역사상 가장 길고 상승폭도 가장 컸던 강세장을 놓쳐버렸다. 다시 한번 강조하지만 1987년의 교훈은 시장의 타이밍을 재는 게 부질없음을 가르쳐준 것이다. 그저 시장에 가만히 머물러 있으면 되는 것이다.

1973~74년 약세장의 가르침

1973~74년의 괴롭고 지겨웠던 약세장은 너무나 힘들었다. 하지만 이때의 교훈도 비슷했다. 정말 이상한 약세장이었다. 최근에 그 시절을 돌아보며 점검해보니 1973년 내내 주식시장이 하루에 2% 이상 하락한 날이 전혀 없었다. 1987년 10월의 대폭락 상황과는 정반대였던 셈이다. 주식시장은 느릿느릿 꾸준히 무너져 내렸다. 그렇게 1973년 가을이 되자 바닥을 친 것 같았다. 하지만 제4차 중동전(Yom Kippur War)이 발발하면서 OPEC(석유수출국기구)이 미국을 상대로 석유수출 금지조치를 단행했다.

결국 1974년까지 이어진 세계적인 경기 침체의 도화선이 된 OPEC의 이 같은 조치는 되살아날 기미를 보였던 주식시장을 다시 끌어내렸고, 이번에는 변동성도 무척 커졌다. 마치 두 차례의 약세장이 연이어 덮쳐온 양상이었다. 그 파급은 가혹할 정도였다. 1970년 2분기 말에 이콘 펀드의 순자산가치는 주당 7.54달러였다. 그런데 이로부터 4년 이상이 흐른 뒤인 1974년 3분기 말에는 주당 6.19달러로 떨어져 있었다.

1973~74년의 약세장이 가르쳐준 교훈은, 나중에 1987년에도 똑같이

반복됐지만 약세장은 주식 투자 비중을 더 늘릴 절호의 시기라는 점이다. 주식시장이 거의 바닥을 쳤던 1974년 3분기에 에이콘 펀드에 편입된 종목들의 평균 주가수익비율은 1974년 예상 순이익을 기준으로 할 때 4.3배에 불과했다. 더 이상은 주가가 내려갈 수 없었다. 그러나 비관주의가 팽배한 시기였고, 아무도 여기에 관심을 두지 않았다. 사자 나라의 얼룩말 비유를 다시 떠올릴 수밖에 없었다. 1974년 2분기를 결산한 뒤 나는 에이콘 펀드 투자자들에게 이렇게 썼다: "투자자들이 정녕 세상의 종말이 곧 닥칠 것이라고 믿는 게 아니라면 지금처럼 주가가 쌀 때 적극적으로 주식을 매수해야 합니다." 내가 이 글을 쓴 뒤 3개월 만에 주식시장은 진짜 바닥을 쳤다. 운이 따라준 덕분이었지만 어쨌든 매우 시기 적절한 주장이었다. 나는 시장의 타이밍을 잴 수 있다는 말을 믿지 않는다. 나는 오로지 주가가 쌀 때 매수해야 한다는 말을 믿을 뿐이다.

> **약세장은 주식 투자 비중을 더 늘릴 절호의 시기다. 나는 시장의 타이밍을 잴 수 있다는 말을 믿지 않는다. 나는 오로지 주가가 쌀 때 매수해야 한다는 말을 믿을 뿐이다.**

내가 1970년대의 주식시장을 경험하면서 배운 두 번째 교훈은 경제가 어렵고, 심각한 경기 침체에 빠져있다 하더라도 열심히 연구하면 훌륭한 기회를 발견할 수 있다는 점이다. OPEC의 석유 금수조치는 경제에 큰 타격을 주었지만 석유와 천연가스 업종의 수익성을 크게 올려주었다. 유가가 배럴당 3달러에서 9달러로 오르자 에너지 기업들의 이익은 급증했다. 우리는 새로운 테마가 부상하고 있음을 알아차렸다. 우리는 곧 원유와 천연가스 생산업체인 휴스턴 오일(앞서도 설명했듯이 우리가 최대의 투자 수익률을 올린 종목 가운데 하나가 됐다)과 레인저 오일(Ranger Oil), 팬 오션(Pan Ocean), 그리고 유전 시추업체인 로완(Rowan)과 디어본-스톰(Dearborn-Storm) 주식을 최대한 사들였다. 또한 석탄처럼 석유를 대체할 다른 에너지의 탐사 및 채굴도 늘어날 것이라고 보고 라일리(Riley)와 마인 세이프티 어플라이언스(Mine Safety Appliances)에도 투자했다. 1973년 3분기 말에 이르자 에이콘 펀드의 포트폴리오 자산 가운데 3분의 1이 이들 7개 종목에 집중 투자됐고, 결국 우리는 여기서 큰돈을 벌 수 있었다.

여기서 한 가지 다른 논거를 살펴보자. 시장의 타이밍을 재는 예언가들은 대개 이런 주장을 편다. 자신들은 투자자들이 기나긴 약세장 기간 중에도 편히 옆으로 비켜설 수 있게 해준다고 말이다. 그렇게 해서 약세장을 무사히 넘긴다는 말이다. 이들은 다우존스 평균주가가 1966년에 사상 처음으로 1000을 넘어선 뒤 1982년 말까지 1000선을 다시 올라서지 못했다는 사실을 대표적인 예로 든다. 마치 이 16년의 기간 동안 어느 투자자도 돈을 벌지 못한 것처럼 말한다. 물론 그런 투자자들도 있을 것이다. 그러나 우리 펀드는 돈을 벌었다. 석유 관련 주식은 이 기간 중에 큰 투자 수익을 올려주었다. 주식시장이 횡보한다고 해서 오르는 종목을 찾을 수 없는 것은 아니다.

> 주식시장이 횡보한다고 해서 오르는 종목을 찾을 수 없는 것은 아니다.

프로 투자자의 시각에서 보다 냉정하게 말하자면 주식시장이 횡보할 때는 투자하기에 아주 좋은 기회다. 주식시장 전체가 급락할 때면 어느 종목을 갖고 있던 거의 무차별적으로 떨어진다. 마찬가지로 뜨거운 강세장에서는 종목 구분 없이 오른다. 이럴 때는 기업 분석을 할 필요가 없다. 뜨거운 강세장에서 최고의 투자자는 약세장을 한번도 경험해보지 못해 무조건 오르는 주식을 거침없이 사들이는 주식시장의 신참들이다. 반면 주식시장이 평온한 움직임을 보이며 옆으로 흘러갈 때는 기업 분석이 비로소 그 역할을 한다. 훌륭한 기업이 조금 더 나은 투자 수익률을 올려주고, 문제 있는 기업은 조금 떨어지는 투자 수익률을 올려준다. 우리가 앞서가는 시기가 바로 이 때다.

튤립 광기의 붕괴 사례

시장의 붕괴를 공부해보고 싶다면 역사상 가장 먼저 나타난 사례를 살펴봐야 한다. 1635년부터 1637년까지 네덜란드에서 나타났던 튤립 광기(Tulip Mania)는 투기 붐에 이어 불가피하게 발생할 수밖에 없는 시장의 붕괴를 보여주는 고전적인 사례다. 튤립 광기에서도 역시 다른 투기 사이클에서 공통적으로 나타나는 특징들을 확인할 수 있다.

1. 광기가 벌어지기에 앞서 네덜란드 경제는 10년 이상 높은 경제 성장을 이어갔고, 이 같은 경제적 번영에 힘입어 거대한 투자 자금이 만들어졌다. 네덜란드는 1635년 당시 유럽에서 가장 부유한 나라였다.
2. 투기를 뒷받침하는 펀더멘털의 핵심은 투기 대상의 진정한 가치와 성장 잠재력이다. 튤립은 17세기 초 무렵 유럽에서 매우 이국적이고 귀한 꽃으로 손꼽혔다. 튤립 알뿌리를 찾는 수요는 많았는데, 특히 신종 튤립과 화려한 색상의 튤립 알뿌리에 대한 수요가 높았다.
3. 상당한 기간 동안 튤립 가격은 완만한 오름세를 보였고, 덕분에 네덜란드 튤립 재배농가와 전문적인 튤립 애호가가 훌륭한 수익을 올릴 수 있었다. 그 뒤 일반 대중들까지 튤립 시장으로 몰려들면서 가격 상승률은 급격히 높아지기 시작했다.
4. 몇 개월에 걸쳐 큰 폭의 오름세가 이어졌다. 가격이 계속 상승하자 튤립 열풍이 불었고, 투기적 거품이 낀 가격은 현실적인 범주를 벗어나버렸다. 1636년 말에 이르자 튤립 알뿌리 1파운드의 가격은 중산층 가구의 연간 소득과 맞먹을 정도로 치솟았다.
5. 시장의 붕괴는 갑자기 나타난다. 튤립 알뿌리 시장의 강세 국면은 불과 이틀 만에 사라져버렸다.
6. 시장의 붕괴로 인한 파급을 줄여보고자 정부가 개입했다. 지난 4개월간 네덜란드 국내에서 이뤄진 모든 튤립 알뿌리 거래

가 취소됐다. 이제 튤립 알뿌리의 매도자는 법원을 통해 매수자에게 명목상의 금액만 요구할 수 있었다.

17세기 이후에도 화훼 산업에는 투기 바람이 불었다. 나는 1984년에 백합 알뿌리 재배업체인 멜리지(Melridge) 주식을 주당 10달러에 매수했다. 2년 후에 나는 이 주식을 20달러에 팔았다. 내가 매도한 뒤에도 주가는 계속 올라 그 해 말에는 39달러까지 올랐다. 그러나 1987년에 멜리지가 네덜란드의 자회사와 일련의 사기 거래를 한 사실이 드러나면서 이 회사는 파산을 신청했다. 주식 역시 곧 휴지조각이 돼버렸다.

리스크 프리미엄과 강세장, 약세장

약세장을 제대로 바라보기 위해서는 상아탑의 학자들이 지금까지 밝혀놓은 연구결과들을 살펴보는 게 좋다.

"베타(beta)"가 무엇을 의미하는지 들어봤을 것이다. 1990년도 노벨 경제학상 공동 수상자인 윌리엄 샤프(William Sharpe)는 주식 포트폴리오의 리스크, 즉 베타를 계산하는 방법을 창안한 이 분야의 개척자다. 리스크는 한마디로 변동성이라고 정의할 수 있다. 베타는 전체 주식시장이 움직일 때 포트폴리오가 얼마나 시장과 같은 방향으로 움직이느냐를 말해준다. 예를 들어 에이콘 펀드의 베타 계수가 0.9라면 주식시장이 상승하든 하락하든 20% 움직일 때 에이콘 펀드는 같은 방향으로 18% 움직인다는 말이다.

베타의 유용성 여부에 대한 비판이 최근 제기되고 있지만 리스크와 잠재적 수익률을 측정하는 개념으로서 베타는 아주 훌륭한 도구라는 게 내 생각이다.(여기서 잠재적 수익률까지 거론한 것은, 더 많은 리스크를 부담할수록 기대 수익률은 더 높아질 것이기 때문이다.) 베타는 포트폴리오의 가치가 어느 정도 범위 안에서 움직이기를 바라는가를 판단할 때 효과적이다. 20년 정도 돈을 묻어둘 생각이라면 베타 계수 따위는 무시해버려도 상관없다. 하지만 2년 후에 필요한 돈이라면 포트폴리오의 변동성을 따져보는 게 필요하다. 포트폴리오의 베타 계수를 가장 손쉽게 바꾸는 방법은 포트폴리오에서 차지하는 주식과 현금 비중을 조정하는 것이다. 왜냐하면 현금의 베타 계수는 0이기 때문이다.

샤프는 자본자산가격결정모델(CAPM)의 발전에도 큰 기여를 했는데, CAPM에서는 주식 포트폴리오의 기대 수익률은 두 가지 요소의 합이라고 이야기한다. 첫 번째는 "리스크가 없는" 수익률로 일반적으로 재무부 국채의 수익률을 말한다. 두 번째는 "리스크 프리미엄"인데, 투자자가 주식을 보유하는 데 따르는 리스크를 감수하면서까지 바라는 추가적인 수익률이다. 리스크 프리미엄의 크기는, 케인즈가 투자를 이끌어내는 힘으로 지목했던 "야성적 충동(animal spirits)"이나 투자자 신뢰도처럼 계속해서 변한다.

리스크 프리미엄은 우리가 강세장과 약세장을 가늠할 때 유용하다.

강세장에서 사람들은 장밋빛 미래를 바라보며 투기에 나서고, 따라서 리스크 프리미엄은 낮아진다. 예외적으로 심한 경우 리스크 프리미엄이 0보다 낮아지기도 한다. 결국 강세장에서는 주식시장이 계속 올라갈 것이므로 리스크가 실제로 거의 없다고 판단하는 것이다. 약세장에서는 이 같은 풍요감이 공포로 바뀐다; 모두들 경기 침체를 걱정하고, 금융 공황이 오지 않을까 불안해하고, 임박한 전쟁을 두려워하기도 한다. 금융시장에서 이 같은 공포가 현실화할수록 투자자들은 자신의 돈을 내놓으면서 더 높은 리스크 프리미엄을 요구한다.

"쌀 때 사서 비쌀 때 팔아라." 좋은 말이다. 그러나 "쌀 때 산다"는 건 무슨 의미인가? 답은 리스크 프리미엄이 높을 때 싸게 사라는 것이다. 또 "비쌀 때 팔라"는 말은 리스크 프리미엄이 낮을 때 비싸게 팔라는 것이다. 물론 좀더 깊이 생각해보면 이것 역시 완전한 답이라기 보다는 한번 더 풀어놓은 데 불과하다. 리스크 프리미엄이 앞으로 어떻게 될지 예측하는 것은 결코 쉽지 않기 때문이다.

약세장이 되면 늘 비관적 분석가들이 득세하지만, 주식시장이 최고조에 있을 때도 문제는 도처에 도사리고 있다. 가령 이 글을 쓰고 있는 현 시점의 경제는 잘 나가고 있는 상태지만 올해 말에 갑자기 경기 침체가 찾아올 수도 있다. 인플레이션 망령이 되살아날 수도 있다. 달러화 약세가 더 심각해질 수 있다. 미국의 무역수지는 이미 끔찍한 수준이고, 연방 정부의 재정적자는 말이 되지 않을 지경이다. 기업과 소비자들은 부채의 늪에서 허우적대고 있다. 은행과 부동산회사들도 깊은 시름을 앓고 있다. 세계 어디에서든 위기가 돌발할 수 있다. 이렇게 문제를 나열하자면 한도 끝도 없다.

> 주식시장이 꽁꽁 얼어붙었을 때는 주가의 하락이 문제의 일부
> 가 아니라 해답의 일부다.

하지만 강세장이 열기를 더해갈수록 투자자들은 이런 문제를 점점 더 외면하고 돈을 벌 수 있는 기회에 더 많은 관심을 쏟는다. 약세장이 깊어질 때는 이 반대 현상이 벌어진다. 그러나 반드시 기억해두어야 할 사실은, 주식시장이 꽁꽁 얼어붙었을 때 주가의 하락은 문제의 일부가 아니라 해답의 일부라는 점이다. 누구든 리스크 프리미엄이 높을 때 주식을 사야 하고, 리스크 프리미엄이 낮을 때 주식을 팔아야 하기 때문이다.

안전벨트는 단단히 조였나?

앞으로도 1973~74년처럼 주식시장이 반토막 나는 사태가 또 벌어질까? 1987년 10월 19일의 블랙먼데이가 재연되지는 않을까? 나도 알 수 없다. 하지만 내가 아는 사실은 약세장은 분명히 다시 올 것이라는 점이다. 앞서도 얘기했듯이 나무는 절대로 하늘 끝까지 자랄 수 없기 때문이다. 그게 언제인지, 하락폭이 얼마나 클지, 약세장이 얼마나 오래 갈지는 나도 모른다.

그러나 이런 걸 안다고 생각하는 사람들이 꽤 많다. 이들은 책을 통해 왜 우리가 이미 추락을 목전에 두고 있으며, 몇 달만 지나면 (1973~74년이나 1987년이 아니라) 1929년 같은 대공황이 엄습할 것인지 이야기하고 있다.

서점에 가서 주식시장의 상식을 전해주는 책들을 찾아보면 지난 25년간 이런 류의 책들이 엄청나게 쏟아졌음을 확인할 수 있을 것이다. 임박한 재앙을 예견하고 있는 책들 가운데 몇 권은 큰 성공을 거두기도 했다. 해리 브라운(Harry Browne)이 쓴 《통화 위기에서도 돈을 벌 수 있다You Can Profit from a Monetary Crisis》는 1974년에 〈뉴욕타임즈New York Times〉 베스트셀러 순위 1위에 올랐고, 더글라스 케이시(Douglas Casey)의 《위기 국면에서의 투자Crisis Investing》는 1979년에 29주간이나 베스트셀러 순위에 올랐다. 또 라비 바트라(Ravi Batra)의 책 《1990년 대공황The Great Depression of 1990》은 1988년 내내 베스트셀러 순위에 올랐고, 지금도 꽤 많이 팔리고 있다. 이 분야의 책들 가운데 내가 가장 좋아하는 책은 1987년에 서미트 북(Summit Book)에서 펴낸 J. D. 데이비슨(J. D. Davidson)과 윌리엄 리스-모그 경(Sir William Rees-Mogg)의 공저 《사람들 사이에 울음소리가 터져나올 때:세상이 미친듯 돌아갈 때의 투자 수익Blood in the Street: Investment Profits in a World Gone Mad》이다. 이 책들은 한결같이 주식시장에 종말이 다가왔음을 예견하고 있지만 아직은 오지 않고 있다.

사실 사람들은 재난에 빠진 상황을 떠올리면 즐거워지는 것 같다. 재난은 스릴이 있기 때문이다. 가령 어느 작가가 제임스 카메론(James Cameron) 감독에게 가서 이런 영화를 제안한다고 해보자. "조선소에서 벌어지는 삶에 관한 이야기입니다. 노동자들은 거대한 배를 만들지요. 나는 이들의 지치지 않는 열정, 즉 선박의 청사진을 그리고, 각종 부분품들을 맞춰나가고, 강철을 용접해서 붙이고, 배 밑바닥을 관통하는 용골(龍骨)을 놓으면서 하루하루 대역사를 일궈내는 영화를 만들고 싶은 거지요." 재미있게 들리는가? 대부분의 영화관객들에게 물어보면 이렇게 대답할 것이다. "에이, 그런 영화는 안 봐! 듣기만 해도 따분해."

제임스 카메론 감독도 그런 영화는 안 만든다. 이제 다른 작가가 나서 이런 제안을 한다고 해보자. "이건 대양을 가로지르는 거대 여객선이 침몰하는 이야기입니다. 여객선은 빙하와 충돌해 가라앉기 시작하지요. 승객들은 패닉에 빠져 이리저리 몰려다닙니다. 그런데 이런 엄청난 공포가 밀려드는 순간에도 영웅적인 희생과 믿을 수 없는 사랑이 빛을 내지요." 모두들 이렇게 말할 것이다. "대단해! 그 영화 나오면 꼭 볼 거야. 두 번이라도 보겠어."

재난과 비극, 대폭발과 전쟁은 조선소나 공장, 건설현장에서 열심히 일하는 모습보다 훨씬 더 흥미진진하다. 대지진 역시 공무원이 근무하는 장면보다 훨씬 더 극적이다.

그래서 경제의 파국을 예언하는 책들이 잘 팔리는 것이다. 이런 책들은 또 매우 상세한 설명을 담아내고 있다. 왜냐하면 1929년과 같은 주가 대폭락 사태가 왜 불가피한지 충격적인 내용을 전해주어야 하기 때문이다. 따라서 저자의 설명은 꽤 논리적이고 설득력이 있다. 반면 낙관론자들은 설득력이 떨어진다. 이들은 굳이 오래 설명할 필요가 없다. 그러다 보니 순진한 말처럼 들린다. "왜 그렇게 경제를 낙관하십니까?" "그거야, 그리 나쁠 게 없으니까요. 전체적으로 봐서 세계 경제는 더 좋아질 겁니다. 더 많은 기업이 생겨나고 있고, 더 많은 일자리가 만들어질 겁니다. 잘 되어나가고 있고, 계속 좋을 겁니다." 이런 식으로 "그저 행복하고 걱정거리는 없다"는 내용의 책을 쓴다면 누가 그 책을 사보겠는가?

관객과 독자들은 재앙이 임박했을 때의 스릴을 원한다. 누구나 이렇게 생각한다. "누가 알겠어? 이 책이 맞을지도 모르잖아." 이 세상에서는 불행한 사태도 충분한 빈도로 반드시 일어나게 돼있다. 내 친구가 좋아하는 말이 있다. "어제까지 한번도 죽은 적이 없는 사람이 오늘 얼마나 많이 죽느냐고."

하지만 비록 기업이나 산업, 경제 전반에 불행한 사태가 발생한다 해도, 이 사회 전체는 꾸준히 발전해나간다. 문제는 결국 풀리게 마련이다. 경기 후퇴는 끝을 맺는다. 경제 전반이 한동안 흔들거릴 수도 있지만 기업들은 그 와중에도 이익을 창출해나간다. 몇 년 안에 써야 할 돈이 아니라면 주식이 최적의 투자처라고 말해주고 싶다.

11 일단 하기로 했다면 세계를 무대로
While You're at It, Include the World

콜럼버스가 미국 대륙을 발견한 지 500년 만에 미국 투자자들은 세계를 발견했다.

1960년대까지만 해도 미국 투자자들의 눈에 다른 나라 주식시장은 아예 들어오지도 않았다. 아니 어쩌면 완전히 나 몰라라 하면서 그냥 무시해버렸는지도 모른다.

아시아와 중남미 각국의 주식시장은 관심을 두기에 너무 규모가 작았다. 서유럽 국가들은 미국보다도 성장률이 떨어지는데, 굳이 왜 그런 나라에 투자하겠는가? 미국에서 잘 하는 게 낫지, 괜히 멀리 다른 나라까지 가서 투자해봐야 별볼일 없다는 생각이 들 만했다. 더구나 억지로라도 이국적인 종목을 자신의 포트폴리오에 넣고 싶다면 유럽 기업으로 이미 뉴욕증권거래소(NYSE)에 상장된 로열 더치 쉘(Royal Dutch Shell)이나 유니레버(Unilever) 주식을 매수하면 됐다. 물론 그렇게 해봐야 엑손이나 프록터 앤 갬블 주식을 사는 것보다 더 나은 점을 찾을 수 없다는 게 그 무렵의 정서였지만 말이다. 나 역시 가끔씩 눈을 돌려 해외 주식을 사곤 했지만-1970년대 초에는 일본의 건설장비 제조업체인 고마츠(Komatsu)에 투자했다-포트폴리오의 국제화를 내가 진지하게 생각한 것은 1980년대 중반이 되어서였다. 그나마 이 정도면 빠른 편에 속했다.

더구나 당시 달러화는 세계 유일의 기축통화였다. 달러화는 독점적인 화폐였고, 더 이상 이론의 여지가 없었다. 그 시절 미국인들이 "물가가 매우 싼" 이탈리아로 휴가를 떠났다는 사실을 떠올려보라. 이탈리아에서 근사한 저녁식사를 마친 뒤 1만8000리라가 나온 계산서를 바라보고 가볍게 웃음을 짓는다. 이탈리아인은 영문을 모른 채 어리둥절해 하지만, 1만8000리라를 당시 환율로 환산하면 7달러20센트밖에 되지 않는다. 미국인들에게는 그야말로 꿈 같은 시절이었고, 이제 이런 시절은 다시 오지 않을 것이다.

물론 오늘날에는 미국 투자자들도 미국이 수많은 나라들 가운데 하나에 불과하고, 달러화도 수많은 통화 가운데 하나며, 미국 주식시장도 수많은 주식시장 가운데 하나라는 사실을 인정한다. 미국 주식시장은 여전히 세계 최대 규모지만 안타깝게도 세계 유일의 주식시장은 아니다.(더구나 1980년대 말에는 일본 주식시장에 잔뜩 거품이 끼면서 짧은 기간 동안이었지만 시가총액 면에서 일본에 추월 당하기도 했다.)

1960년대와 1970년대는 이제 잊혀진 과거가 됐다. 유럽은 하나로 뭉치기 시작했고, 일본은 세계 제2의 경제대국이 됐다. 아시아에서는 중국이 새롭게 용틀임하며 세계적인 제조 중심지로 부상하고 있고, 한국과 대만, 홍콩, 싱가포르, 말레이시아, 인도네시아의 중요성은 더욱 커지고 있다. 1985년 무렵 내가 투자한 미국 여러 기업의 제품이 홍콩 등지에서 생산된 같은 품질의 저가 제품에 밀려나는 것을 목격한 적이 있다. 그 때부터 여기저기서 이런 이야기가 들려왔다: "과테말라 산 제품이 들어오는 바람에 우리 회사 켄터키 공장이 문을 닫았다네. 도저히 경쟁이 안 되더군."

　나는 메이저리그의 시카고 컵스 팬이다. 1945년 이후 월드시리즈에 단 한 차례도 나가지 못한 컵스를 응원하듯이 누구나 패자를 사랑할 수 있다. 그렇다고 패자에게 판돈까지 걸어서는 안 된다.(나는 솔직히 시카고 컵스에 대해 별로 걱정하지 않는다. 어느 현자가 말씀하셨듯이, 누구나 한번쯤은 불운한 한 세기를 맞을 수도 있으니 말이다.)

> **좋은 기업이라면 국적에 관계없이 투자하라.**

　나는 이제 에이콘 펀드도 외국 기업들을 주목해야 할 시점이 됐다는 사실을 깨달았다. 나의 모토는 어느새 "불평은 그만 하고 이제 바꾸자"가 됐다.

　나는 직원들에게 전 세계 어느 곳에 있는 기업이든 국적에 상관없이 경쟁력 있는 업체를 찾아내 이들에게 투자해야 한다고 말했다. 그것이야말로 펀드를 운용하는 우리가 해야 할 일이기 때문이다. 애국심이나 민족주의 따위는 무시해버려라. 나는 아무 거리낌없이 외쳤다. 어디서든 성장가도를 달리는 기업을 발굴하라. 홍콩의 전기모터 생산업체든, 독일의 기계공구 제작업체든 돈이 되는 곳이면 투자하라.

자유시장의 승리

곧 이어 세기적인 격변이라고 할 만한 사건이 벌어졌다: 국가가 경제를 통제할 수 있다는 사고가 붕괴된 것이다. 1980년대 중반까지도 전 세계는 소련과 중국을 비롯한 공산주의 국가가 절반 가까이를 차지했다. 공산주의는 전제적인 제도가 인간의 본성을 변화시킬 수 있는지 알아본 거대한 실험이었다. 실험은 70년 만에 실패로 판명났다. 소비에트 모델이든, 중국 모델이든, 헝가리 모델이든, 베트남 모델이든, 쿠바 모델이든 한결같이 더 이상 어쩔 도리가 없는 혼란을 초래했고, 국민들은 가난에 빠졌으며, 산업은 피폐해졌다.

인도 역시 겉모습만 약간 달랐을 뿐 정부가 경제를 철저하게 통제했다. 유럽 선진국들도 사회주의에 가까웠다. 심지어 미국에서도 많은 산업에 과도한 규제가 가해졌다. 중남미에서는 과도한 규제는 물론 주요 산업의 국영화와 비현실적인 세금 정책으로 인해 지난 50년간 경제성장률이 거의 마이너스 수준까지 떨어졌다. 아프리카는 과거에도 그랬지만 지금도 여전히 정체성을 찾아 헤매고 있다.

그런데 어느 날 갑자기 기적적인 체제 이행이 이루어졌다. 소련 제국처럼 순식간에 무너진 제국은 역사상 없었던 것 같다. 몽골 제국도 이렇게까지 빨리 붕괴되지는 않았다. 소련은 마치 거품처럼 터져버렸다. 동유럽 공산국가들도 자유화됐다. 중국 역시 변했다. 겉으로는 공산주의 국가지만 언젠가 뉴욕증권거래소에 상장할 날을 기다리는 수십 개의 중국 기업들이 줄지어있다. 지금의 중국을 어떤 식으로 부르건, 어쨌든 마오쩌둥 시절의 중국은 더 이상 아니다.

서유럽 각국의 민영화 작업도 빠르게 추진되고 있다. 영국이 가장 앞서가고 있지만 모든 나라가 국영 철강기업과 전화회사, 가스회사, 보험회사, 대형 은행들을 매각하고 있다. 이 같은 민영화는 이들 나라가 자본주의 정신으로 다시 무장해서가 아니라, 국영기업들의 관료화와 비효율성으로 인해 국가 예산이 파탄 날 지경에 이르렀기 때문이다. 이와 동시에 일부 남미 국가들도 골칫덩이 혹은 후진성이라는 과거의 굴레에서 벗어나 고도성장의 모범국가로 탈바꿈해나가고 있다.

간단히 말해 전 세계가 1917년에 시작했던 모든 변화의 실타래를 되감고 있는 것이다. 당시 지식인들은 사회주의에 경도돼 있었고, 한 나라 경제를 좌우할 의사결정을 가능한 한 국가에 맡기고자 했다. 그러나 이제 인류는 폭발적인 에너지를 발산하며 완전히 다른 방향으로 발걸음을 옮겨가고 있다.

좋은 결과들이 속속 나타나고 있다. 우리는 냉전과 핵폭탄이라는 공포를 더 이상 우려하지 않아도 된다. 중국과 러시아는 이제 핵미사일이 겨냥하는 목표지점이 아니라 벤처캐피털이 투자 대상을 물색하는 후보지역이 됐다. 한동안 매우 빈곤한 환경에서 생활해야 했던 많은 사람들이 이제 경제적으로 보다 풍족한 삶을 살아가고 있다.

물론 좋은 결과들의 이면에서는 새로운 리스크도 나타나고 있다. 국지전이 발생할 위험은 더 커졌다. 지역 분쟁에 개입해 "그만들 둬!" 하고 이야기할 큰형님이 사라졌기 때문이다. 유고슬라비아는 내전으로 인해 갈기갈기 쪼개졌고, 옛 소련 연방의 자치주들도 독립국가로 분리해나가고 있다. 어쩌면 1990년에 이라크가 쿠웨이트를 침공한 것도 옛 소련의 갑작스러운 영향력 상실이 큰 요인으로 작용한 것이 아닌가 하는 게 내 생각이다. 소련으로부터 군사력을 지원받아왔던 이라크 입장에서는 소련의 붕괴로 인해 더 이상 무기 시스템의 신규 공급이 어려워지자 군사 행동 시점을 앞당겼을 것이다. 이런 것들이 바로 우리가 직면한 새로운 위기다.

  자유시장의 결과로 우리가 안게 된 또 하나의 문제는 세계적인 자본 부족 사태다. 수십 년간 지속됐던 공산주의와 사회주의 체제는 아주 값비싼 계산서를 남겨놓았다. 러시아와 중국, 인도는 강력한 군사력은 보유했지만, 다른 모든 것은 그냥 방치하다시피 했다. 러시아나 동유럽 국가들을 여행하다 보면 도시와 산업지대의 황폐한 풍경에 소름이 돋을 지경이다. 수억 명에 이르는 사람들이 주택이라기 보다는 차라리 움막 같은 곳에서 살아가고 있다. 이들 국가에서 정부가 운영하는 공장을 들어가보면 기본적으로 아무 쓸모도 없는 구식 기계만 볼 수 있을 뿐이다. 이러니 여기서 생산되는 제품은 오죽하겠는가.(러시아의 생산성이 떨어진다고는 하지만 이 자체도 전혀 의미없는 통계수치일 뿐이다; 공산주의 국가에서는 만약 제품 생산을 늘린다 해도 디자인이나 품질이 워낙 형편없기 때문에 우리가 보기에는 사실상 아무런 가치도 없는 것들이다.) 환경오염도 심각한 문제다. 러시아의 낡은 송유관에서는 곳곳에서 원유 유출사고가 발생해 화재나 폭발의 원인이 되고 토양을 오염시키고 있다. 70여 년간의 공산주의 체제는 물리적인 파괴 정도로 치자면 5년간 전면전을 치른 것과 맞먹는다.

자본을 가진 자들은 더 높은 가격을 요구할 수 있다.

이들 나라는 마치 참혹한 전쟁을 겪은 뒤에 그런 것처럼 음식과 도로, 공장, 주택 등 모든 것들을 절실히 필요로 하고 있다. 이런 수요를 맞추려면 엄청난 자본이 있어야 하는데, 자본을 가진 자들은 그럴 때일수록 (자신이 가진 자본에 대해) 더 높은 가격을 부른다. 금리가 높아지고 주가는 낮아지는 것이다. 더구나 러시아나 폴란드 기업들은 투자하기에 리스크가 높아 보인다. 해외 투자자들은 이렇게 말한다. "미안하지만 당신네 나라 기업들은 리스크가 너무 높아서 15배 정도의 주가수익비율을 지불할 수는 없군요. 8~9배 정도의 주가수익비율이라면 우리가 매수하기에 적당하겠습니다."

해외 주식 투자 열풍

전 세계적으로 벌어지고 있는 이런 긍정적인 사건들을 이전부터 줄곧 지켜보았을 미국 투자자들이 어느날 갑자기 해외 투자로 몰려들었다는 사실은 너무 신기할 정도다. 1993년까지도 미국의 개인 투자자 및 기관 투자가들이 해외에 투자한 금액은 매년 신규 투자 자금의 5% 수준에 그쳤다. 그런데 1993년에 해외 투자 펀드로의 자금 유입이 급증하면서 신규 투자 자금 가운데 해외에 투자한 금액의 비중이 50%까지 치솟았다. 개인적으로 볼 때 5%에서 14%로 늘어났다면 이해하겠지만 어떻게 하루아침에 5%에서 50%가 될 수 있는지 이해하기 힘들다. 하지만 그렇게 됐다. 이건 지금까지 내가 기억하는 시장점유율의 변화 가운데 가장 극적인 것이다. 1993년 가을 무렵에는 매달 40억 달러의 돈이 해외 투자 펀드로 밀려들었다. 이에 따라 기관 투자가들은 해외 주식 투자를 늘려나갔지만 그렇게 갑작스럽게 지분율을 높일 수는 없었다. 어쩌면 말레이시아와 헝가리, 그 밖에 한동안 무시하고 지나쳤던 많은 나라들이 마치 미국인들을 향해 이렇게 소리치고 있다고 느꼈는지도 모르겠다. "이봐요, 우리는 당신네 돈이 필요하거든요. 당신네 나라에서 투자하는 것보다 더 높은 수익률을 올려드릴게요." 1993년은 아무래도 너무 과잉 반응이었던 것 같다. 대개 그렇듯 다음 해인 1994년에는 해외 주식 투자가 감소했고, 1995년부터 1997년까지는 소폭 늘어나는 데 그쳤다.

미국인들의 외국 주식 투자 비중은 낮은 편이다.

어쨌든 해외 투자 바람은 지금도 이어지고 있다. 전문가들은 수 년 내에 미국 투자자들이 전체 투자 자금의 15~20%를 외국 기업에 투자할 것이라고 예상하고 있는데, 나 역시 그렇게 생각한다. (현재는 8%에 불과하다.) 나는 한 걸음 더 나아가 20%가 된다 하더라도 여전히 너무 작은 규모라고 본다. 내 생각으로는 적어도 33% 수준은 돼야 하며, 50%까지도 괜찮다는 입장이다.

특히 미국인들의 해외 투자 비중이 더 늘어날 수 있는 긍정적인 환경도 조성되고 있다. 미국 자본을 절실히 필요로 하는 많은 나라들이 서로 경쟁적으로 투자자에게 우호적인 정책을 도입하고 있기 때문이다. 이미 상당수 국가에서 외국인들이 소유할 수 있는 주식 상한선을 대폭 늘렸거나 아예 철폐했다. 각국의 증권거래소들도 보다 엄격하고 신뢰할 수 있는 제도를 채택하고 있다. 증권감독 당국은 내부자 거래를 뿌리뽑고 있는 중이다.(아직도 일부 국가에서는 내부자 거래가 공공연하게 이루어지고 있다.) 시시각각 변하는 주가 시세도 단말기를 통해 실시간으로 볼 수 있다. 기업의 실적 발표와 사업 내용 공시는 더욱 빨라졌다; 종전까지 공공연한 비밀처럼 흘러 다녔던 내부자 정보가 빠른 속도로 사라지면서 모든 정보가 "투명화" 되어가고 있다. 회계기준도 꾸준히 개선되고 있다.

　독일은 불투명한 회계처리 관행으로 인해 외국인들의 투자가 어렵기로 유명하다. 기업 경영진들의 자세 역시 "이건 우리가 알아서 할 일이지 당신들이 관여할 바가 아니야"라는 식이다. 하지만 독일의 이런 전통도 정확한 장부의 공개가 자본비용을 떨어뜨릴 수 있다는 견해에 자리를 내주고 있다. 다임러-벤츠(Daimler-Benz)는 1993년 뉴욕증권거래소에 주식을 상장하면서 공식적으로 요구되는 모든 기업내용을 공개했다. 독일 정부도 주식 투자 수요를 더 늘릴 수 있는 조치를 취하고 있다: 주식시장에 상장된 기업은 일반 사기업보다 더 많은 세금 혜택을 받을 수 있도록 세제를 개편했고, 내부자 거래를 규제하는 법안을 마련했으며, 과거에 내국인에게만 부여했던 주주총회에서의 투표권 규정을 고치는 등 자본구조를 개선했다.

　아직도 많은 나라들이 미국과 같은 주식시장 관련 규정을 갖추지 못하고 있지만, 여기에는 시간이 필요하다. 사실 미국의 증권거래 시스템도 갑작스럽게 발전한 것은 아니다. 지난 150~200년간 미국 주식시장이 걸어온 궤적을 살펴보면 주주 권리를 확립하고, 주가조작으로부터 투자자들을 보호하고, 투자자들이 요구하는 정보를 기업이 공정하게 공개하기까지는 매우 긴 세월이 소요됐다. 물론 다른 나라 증권거래소들은 앞서 간 모델이 있으니 시간을 좀더 단축할 수 있을 것이다.

해외 주식시장으로 투자 자금이 흘러갈 경우 국내 주식시장에 나타날 수 있는 영향은 한쪽 면만 보아서는 안 된다: 우선 자금 유출로 인해 미국 주식시장의 약세를 유발할 수 있다. 가령 내가 인도네시아 주식시장에 투자하면 그만큼 미국 주식시장에는 투자하지 않는다는 말이 된다. 미국 주식시장에 흘러들어가는 자금이 줄어들면 당연히 주가에는 좋지 않은 영향을 미칠 것이다. 더구나 자카르타에 있는 기업은 내가 투자한 자금을 활용해 중요한 생산설비를 갖추고 수출시장에서 미국 기업의 새로운 경쟁자로 부상할 수 있다. 그러나 반대로도 생각할 수 있다. 내가 투자한 자금이 미국 기업들에게 새로운 소비자와 시장을 만들어낼 수 있기 때문이다. 자카르타의 기업이 신공장을 건설하려면 새로운 건설장비가 필요할 것이고, 그러면 캐터필라(Caterpillar) 같은 중장비업체가 수혜를 입을 것이다.

> 시간은 걸리겠지만 세계 각국의 주식시장 관련 규정도 미국 수준으로 올라설 것이다.

요약하자면 해외 주식 투자가 늘어남에 따라 미국 기업들은 상처도 입겠지만 혜택도 볼 것이다. 그만큼 요즘 투자자들은 세계적으로 사고할 필요가 있다는 말이다. 유럽 선진국 투자자들은 이미 오래 전부터 세계를 향해 눈을 돌렸다. 가령 벨기에 투자자들은 자국 경제 내에서는 투자 기회가 부족하기 때문에 일찌감치 외국 주식에 투자해왔다. 미국 투자자들도 이제 편협한 시각은 투자하는 데 걸림돌이 될 뿐이라는 사실을 배워가고 있다.

에이콘 펀드는 예전에 말레이시아의 카지노 기업인 겐팅(Genting)이라는 회사를 발굴해 투자했다. 카지노는 훌륭한 사업 분야지만, 앞서도 설명한 것처럼 늘 치열한 경쟁이 문제가 된다. 그런데 겐팅은 독점기업이었다! 단지 동남아시아 사람들이 자주 찾는 카지노 기업일 뿐만 아니라 반경 1000마일 이내에서 유일한 카지노를 운영했다. 우리는 다시 생각해봤다. 카지노가 이렇게 전 세계적으로 인기를 끄는데, 슬롯머신 제조업체 주식을 사야 하지 않을까? 그렇게 해서 우리는 인터내셔널 게임 테크놀로지와 미국의 게임기 제조업체에 투자했다.

요즘 세상에서는 어느 기업의 본사가 어느 나라에 있느냐는 그리 중요하지 않다. 가령 스웨덴의 어느 기업이 제품의 90%를 수출하는데, 이 가운데 35%는 미국으로, 25%는 일본으로 수출한다고 해보자. 이런 기업의 주식이 반드시 스웨덴 주식이라고 할 수 있을까? 우리는 통상 어느 기업은 어느 나라 기업이라고 분류한다. 하지만 그런 분류가 상당히 자의적이라는 느낌이 들 때도 있다.

그래도 미국 주식을 사겠다면?

일부 미국인 투자자들은 그래도 국내 주식에 투자하는 게 최선이라고 주장한다. 모든 기업 내용을 즉시 공개하는 공시제도와 각종 투자자 보호 장치가 확립돼 있는 데다, 환율 변동 위험을 헤지할 필요도 없고, 월 스트리트에서 매일같이 내놓는 기업 분석보고서도 많기 때문이다. 더구나 미국의 다국적 기업에 투자하면 빠르게 성장하는 해외 시장의 과실도 얻을 수 있다고 주장한다.

여기에 답을 하자면, 우선 미 달러화 일변도에서 벗어나 투자를 분산하는 것 자체가 매우 중요할 수 있다는 것이다. 당신이 주식 투자자라면 아마도 한 기업이나 한 업종에 "몰빵"하고 싶지는 않을 것이다. 마찬가지로 한 통화에 돈을 전부 투자하는 것도 일부러 바라지는 않을 것이다. 더구나 미국 경제와 미 달러화가 부채의 함정에 빠져들고 있는 상태라는 점을 감안하면 더욱 그렇다. 미국의 국내총생산(GDP) 대비 국가 채무 비율은 20년 전 25%에서 지금은 55%로 높아졌다. 이런 상황이 지속된다면 결국 재앙으로 귀결될 수밖에 없다. 국가 채무에 대한 이자 지급액은 정부 예산에 엄청난 부담을 초래해 균형 예산을 유지할 수 없게 만든다.

국가 채무와 함께 천문학적인 규모의 무역수지 적자도 심각한 문제다. 미 달러화를 손에 쥔 외국 정부와 기업들은 재무부 채권을 매수하고 있지만, 이들이 계속 재무부 채권을 보유하도록 하려면 금리를 올려야 한다. 금리를 올리면 경기 침체를 야기할 수 있고, 그러면 정부의 세입은 줄어들어 국가 채무 문제는 더욱 악화된다.

함정에 빠진 것이다. 정부가 보장하는 연금계획과 건강보험, 실업수당처럼 국민들이 원하는 멋진 청사진을 전부 실현시키려던 정치인들이 비록 의도하지는 않았다 하더라도 결과적으로는 자초한 함정이다.

캐나다와 벨기에, 아일랜드 같은 나라들도 완벽한 복지를 내세웠다가 미국보다 먼저 이런 함정에 빠졌고, 여기서 벗어나기가 얼마나 어렵고 힘든지 절실히 깨달아야 했다.

미국 경제는 1991년부터 1998년까지 강한 상승기류를 탔고, 덕분에 세수가 늘어나면서 연방 정부의 재정 수지가 일시적으로 균형을 되찾았다. 그러면 행정부와 의회가 앞으로도 이 같은 균형 예산을 유지할까? 경기가 하강하면 다시 예전처럼 대규모 재정 적자로 돌아가는 것은 아닐까? 오랜 세월에 걸쳐 누적된 재정 문제를 해결하는 데는 역시 오랜 세월이 걸릴 수밖에 없다. 국가 채무는 수십 년 동안 누적돼 이처럼 엄청나게 늘어났다. 따라서 국가 채무가 금방 사라지기는 불가능하다. 마치 정상 체중보다 60킬로그램이나 더 나가는 사람이 아무런 고통 없이 그렇게 불어난 체중을 줄일 수 없는 것과 같은 이치다.

내가 우려하는 것은 어느 순간 다시 인플레이션이라는 망령이 되살아나지 않을까 하는 점이다. 사실 평가절하된 달러화로 국가 채무를 상환하려는 유혹은 늘 강하게 따라다닌다. 정치인들이 생각할 수 있는 유일한 해결책은 이 방법 외에는 없기 때문이다. 다른 해결책에 손을 댔다가는 선거에서 진다. 인플레이션은 실업률 증가보다 훨씬 더 달콤한 대안이다. 굳이 세율을 올리지 않고도 통화를 추가로 발행해 문제를 해결할 수 있다면 어느 정치인도 그런 유혹에 넘어가지 않고는 못 배길 것이다. 그게 대중들로부터 인기를 얻는 방법이고, 종국에는 도저히 해결할 수 없는 상황으로 빠져드는 첩경이다.

고전적인 경제 이론에서는 과다한 재정 적자와 과다한 무역수지 적자는 통화가치의 하락 압력으로 작용한다고 설명한다. 그런 관점에서 보자면 나는 미국 주식도 보유하겠지만 당연히 외국 주식에도 투자할 것이다.

당신의 전 재산을 하나의 통화에 묶어두지 말라.

해외 주식시장으로 투자를 분산해야 하는 두 번째 이유는, 상당수의 미국 기업들이 사업활동을 벌이고 있는 많은 나라에서 미국 기업은 여전히 이방인으로 인식되고 대우받기 때문이다. 돈을 갖고 와서 투자하는 건 환영한다. 그러나 새로운 진입자는 현지 기업보다 처음부터 불리한 입장에 서게 된다. 위험부담은 진입자의 몫이다. 해당 국가의 관료들은 어떤 식으로든 현지 기업들이 경쟁상의 우위를 유지할 수 있는 제도적 장치를 마련한다. 외국 기업이 비록 합법적인 사업을 하더라도 일단 활동을 제한하려는 움직임은 어쩌면 당연하다. 외환 통제와 각종 규제를 동원해 자국의 이익을 보호하고 외국 기업들의 경쟁 우위 요소를 막아버리는 것이다.

내국 기업은 늘 경쟁 우위 요소를 갖고 있다.

미국 기업들이 일본에서 사업하기가 얼마나 어려운지 들어봤을 것이다. 내가 몸담고 있는 뮤추얼펀드 업계도 자주 겪는 일이다. 피델리티를 비롯한 미국의 대형 뮤추얼펀드들이 유럽이나 극동아시아 국가에서 자사 펀드를 판매하려고 애쓰고 있지만 번번이 장벽에 부딪친다. 나라들마다 이미 펀드 영업을 하고 있는 현지 기관 투자가들이 있고, 이들은 외국의 경쟁자가 진출하는 것을 달가워하지 않는다. 그래서 이들 나라 정부는 외국 펀드 업체가 제대로 경쟁할 수 없도록 수십 개의 애매한 법규정을 만들어놓고 있다.

물론 이런 장벽들도 결국에는 변할 것이다. 우리가 이미 익히 들어서 잘 알고 있는 "하나의 세계"가 대세이기 때문이다. 하지만 그렇게 되기까지는 상당히 오랜 시간이 소요될 것이다.

미국의 다국적 기업에 투자하는 게 외국 주식에 직접 투자하는 것과 결코 같을 수 없는 세 번째 이유가 또 있다: 미국에서는 찾아볼 수 없는 업종이나 산업을 외국에서 발견할 수 있다는 점이다. 가령 우리는 싱가포르에서 수리조선소 주식에 투자했다. 미국에는 조선업체가 단 한 곳도 없다. 영국에서는 공항 관리 업체에 투자했다. 역시 미국에는 공항 관리 업체가 전무하다. 우리가 이렇게 투자한 주식은 모두 아주 훌륭한 투자 대상이었다.

아 참, 또 한 가지 이유가 더 있다. 펀드 업계에서 일하는 사람들은 해외 여행을 무척 좋아한다.

검증된 방법

지난 10여 년 동안 나는 진지한 자세로 해외 주식 투자를 해왔고, 포트폴리오에 국내 주식을 편입할 때와 똑같은 철학과 접근방식을 유지해왔다. 나는 외국 주식에 투자할 때도 평균 이상의 성장률을 지속하고 합리적인 주가에 거래되는 종목을 찾았고, 장기적인 테마에 의해 성장률이 뒷받침되는 기업을 원했다. 외국 기업의 경우에도 틈새시장에서의 독점적 지위로 성장률이 담보된다면 최선이다. 우리는 인도네시아에서 후지(Fuji) 필름과 카메라의 독점 제조 및 판매권을 맺고 있어 확실한 틈새시장의 우위를 누리고 있는 모던 포토 필름(Modern Photo Film)에 투자했는데, 내가 발굴하고자 하는 주식은 바로 이런 종목이다. 또한 대개의 투자자들은 이머징 마켓에 투자할 때 해당 국가의 주식시장에서 시가총액 상위권을 차지하는 몇몇 대기업에 투자 대상을 한정하려고 하지만, 나는 여전히 작은 기업에 집중한다.

외국 주식에 투자하는 가장 큰 매력 가운데 하나가 바로 여기서 나온다. 외국의 소형주에 투자하는 것은 마치 25년 전에 미국의 소형주에 투자하는 것과 비슷하다. 나는 예전에 우리 사무실을 찾아오는 증권회사 영업자들과 게임을 하곤 했다. 우리가 발행한 에이콘 펀드의 분기보고서를 이들에게 보여준 뒤 포트폴리오에 편입된 기업들이 무슨 사업을 하고 있는지 맞춰보라고 해보는 것이다. 그러면 우리 포트폴리오에 편입돼 있는 기업 가운데 절반만 맞춰도 상당히 잘 아는 축에 들었다. 그런데 지금은 이들이 맞추는 비율이 굉장히 높아졌다. 다시 말해 이제 미국에서는 괜찮은 소형주를 찾아내기가 어려워진 셈이다. 중소 도시에 본거지를 둔 작은 기업이라 하더라도 인근 지역에서 활동하는 소형 증권회사들의 관찰 대상이 되고, 또 소규모 기업들도 요즘은 홍보활동과 함께 기업설명회를 자주 갖기 때문이다. 누구든 실시간으로 모든 뉴스를 듣다 보니 정보력에서 우위를 차지하기가 매우 힘들어졌다. 그러나 아직도 많은 나라에서는 투자자들에게 무엇을 이야기한다는 사실 자체가 새로운 발상으로 받아들여지고 있다.

더구나 외국 기업의 경영진은 일단 말문이 트이면 미국 기업 경영진에 비해 훨씬 솔직하고 개방적으로 이야기하는 경우가 자주 있다. 미국 경영진은 자신이 하는 말이 무슨 영향을 미칠지 상당히 조심한다. 혹시 자신이 말하는 내용이 증권거래위원회(SEC)에서 요구하는 공시 사항이나 내부자 정보는 아닐까 걱정하는 것이다. 심지어 자신이 솔직하게 얘기했다가 주가가 떨어지기라도 하면, 앞으로 받기로 한 스톡옵션의 가치가 떨어져 개인적으로 큰 손해를 보는 게 아닐까 겁을 먹기도 한다. 외국 기업의 경영진은 규제 당국이나 주가에 이렇게까지 민감하지 않다. 대부분은 스톡옵션도 없다. 애매모호한 표현으로 슬쩍 넘어가는 대화술에도 익숙하지 않다. 이들과 이야기하면 지금 회사에서 무슨 일이 벌어지고 있는지 제대로 알 수 있다.

대부분의 해외 주식시장에서는 미국처럼 그렇게 효과적인 기업 분석이 이뤄지지 않는다. 에이콘 펀드의 파트너이자 나의 아내인 리 젤이 1989년에 독일의 소프트웨어 기업인 SAP를 처음 발굴했을 때의 일이다. 우리는 독일 투자자들이 SAP의 사업 내용을 제대로 이해하지 못해 주가가 이처럼 낮다고 판단했다. 당시 소프트웨어 산업은 독일 투자자들에게 전혀 생소한 분야였다. 어쨌든 SAP는 성장주였음에도 불구하고, 독일 투자자들은 자산 가치주만 원했다. 우리가 거래했던 독일 증권회사에서도 SAP는 내세울 만한 고정자산이 없기 때문에 독일 투자자들은 아무도 SAP 주식을 매수하지 않을 거라고 얘기했다. 이들은 SAP를 "미국식" 기업이라고 불렀고, 전혀 관심을 기울이지 않았다.

> 외국의 소형주에 투자하는 것은 마치 25년 전에 미국의 소형
> 주에 투자하는 것과 비슷하다.

우리는 SAP 주식의 투자 비중을 계속 늘렸고, 주가도 상승세를 탔다. 몇 년 뒤 리 젤은 SAP의 그 해 순이익이 독일 애널리스트들의 예상에도 못 미친다는 사실을 알고는 즉시 전부 팔아치웠다. 이로부터 정확히 한 달이 지나서야 월 스트리트의 애널리스트들은 SAP 관계자로부터 순이익이 예상치에 미달한다는 사실을 전해 들었다. 실적 경고가 알려지자 주가는 곧 급락세를 보였다. 미국에서는 이처럼 중요한 실적 악화 소식은 발견된 즉시 시장 전체에 알려진다. 이렇게 한 달씩 걸리지 않는다. 당시 SAP 주가는 워낙 큰 폭으로 떨어져 리 젤이 저가에 재매수했을 정도다.

이 일이 있고 나서야 투자자들은 SAP라는 기업을 발견하게 됐다. 1995년에는 〈포춘Fortune〉에서 장문의 기사를 실었고, 그 뒤 독일의 뉴욕증권거래소라고 할 수 있는 닥스(DAX) 시장에도 상장됐다. SAP는 지금 세계적인 복합 소프트웨어 기업으로 성장했다. 누구나 그 이름을 아는 기업이 됐고, 따라서 우리는 다시 보유 주식을 전부 팔았다. 우리가 SAP에 투자해 벌어들인 투자 수익은 1억 달러를 넘었다.

간단히 말해 아직도 여전히 다른 투자자들이 관심을 기울이지 않는, 하지만 매우 빠르게 성장하는 외국 기업을 발굴할 수 있다. 작은 기업으로 투자 대상을 한정하면 특히 더 그렇다. 내가 생각하기에는 적어도 앞으로 10년 이상은 해외 주식시장에서 엄청난 잠재력을 발견할 수 있을 것이다.

투자 위험과 고유한 문화

그런데 또 한 가지 이례적인 현상이 우리 발목을 붙잡는다. 사실 미국 경제는 어떤 기준으로 보나 상당히 성숙한 단계다. 그런데도 미국에는 세계적으로 초고속 성장을 이어가는 기업들이 많이 있다. SAP 같은 극히 예외적인 기업을 제외한다면 독일만 해도 월마트(Wal-Mart)나 선마이크로시스템즈(Sun Microsystems) 같은 기업은 없다. 내가 생각하기에는 미국의 자유분방한 문화가 그 이유 같다. 어느 산업에서든 훌륭한 아이디어를 가진 사람에게는 벤처캐피털이 자금을 대줄 태세를 갖추고 있다. 가령 미국에서는 제너럴 일렉트릭(GE)에서 일하던 엔지니어가 직장을 떠나 자기 사업을 하면 용기를 높이 사주고 여기저기서 지원해준다. 이 엔지니어는 다른 사람에게서 사업 자금을 빌릴 수도 있고, 함께 일할 사람도 쉽게 구할 수 있다. 더욱 중요한 점은 만약 실패한다 하더라도 치명적이지 않다는 사실이다. 다시 직장을 구해 엔지니어로 일할 수 있고, 심지어 옛 직장인 GE에 들어갈 수도 있다. 독일에서는 사업을 시작했다가 실패하면 파산자로 낙인 찍히고 이방인 취급 당하기 십상이다. 이런 식으로 실패한 사람에게는 사회적 오명이 따라다닌다. 어쩌면 치욕적인 이름이 대를 이어 씻을 수 없는 부끄러움으로 남을 수도 있다.

  일본에서는 새로운 기업을 창업하는 비율이 꽤 높다. 또한 체면을 중시하는 오랜 전통에도 불구하고 기업을 시작했다가 실패했을 경우 그리 불명예스럽게 느끼지 않는다. 하지만 신생 기업이 중견 기업의 반열에 오르기까지의 과정이 너무 어렵다. 계열로 이루어진 기업 구조의 장애물을 숱하게 헤쳐나가야 하고, 특히 업계의 원로들과 원만한 관계를 맺지 않으면 이마저도 거의 불가능하다. 일본에는 강력한 기업 문화는 있지만 주주 문화는 전혀 없다. 모든 일이 기업의 이익을 위해서만 이루어진다. 주주에 대한 관심은 아무도 중요하게 여기지 않는다.

중국을 비롯한 다른 극동아시아 국가에서는 창조적 기업가 정신을 가진 신생기업들을 수없이 발견할 수 있을 것이다. 하지만 대부분 가족이 운영하는 기업들이다. 문제는 이들 가족 기업 가운데 앞으로도 계속 빠르게 성장할 기업이 얼마나 되며, 또 그 중 얼마가 주식시장에 상장될 수 있을 것인가 하는 점이다. 상당수 가족 기업들이 언젠가는 지금과 같은 가족 경영진을 더 이상 조달하기 어려울 것이기 때문이다. 과연 이들 국가가 가족 기업 문화라는 한계를 딛고 제도적인 대기업 문화를 갖출 수 있을까? 상당한 진통이 따를 것이다.

외국 주식 투자에도 테마는 필요하다

테마는 국내 주식시장에 투자할 때보다 해외 주식시장에 투자할 때 훨씬 더 중요하다. 왜냐하면 외국 주식에 투자할 때는 장기적인 안목에서 매수 이유를 찾아야 하기 때문이다. 나는 시카고에서 오래 살았고, 시카고상품선물거래소(Board of Trade and Mercantile Exchange)가 어떻게 운영되는지도 잘 알고 있다. 그래서 외지인이 시카고 사람보다 더 빈틈없이 상품선물을 거래하기는 어렵다고 생각한다. 시카고 사람은 상품선물 거래를 능숙하게 처리한다. 아마도 당신이 미국에서

대두(大豆) 선물거래로 데이트레이딩을 하고 싶다면, 먼저 시카고상품선물거래소 현장을 둘러보고 허드렛일부터 시작하는 게 좋을 것이다. 상당수의 해외 주식시장들도 마찬가지다. 저마다 주식을 거래하는 데 아주 독특한 성향이 있다. 아직도 주사위 던지기 게임을 하듯 주식을 거래하는 나라도 있다. 이런 나라에서는 내부자 거래도 아주 관행적으로 이루어져 주사위 던지기가 먹혀들 소지가 있기 때문이다. 대표적인 경우가 홍콩과 태국인데, 이들 나라의 주식 회전율은 엄청나게 높고 내부자 정보도 넘쳐난다. 외지인이 이런 나라에서 내부자 정보를 믿고 주식에 투자했다가는 2주도 못 가서 손을 털고 나와야 할 것이다.

여기서 살아남는 비결은 장기 투자자가 되는 것이다. 대부분의 현지인들이 통상적으로 생각하는 투자 기간보다 훨씬 더 긴 기간 동안 주식을 보유하는 전략이다. 대개의 경우 현지 투자자들은 주가가 25% 정도 오르면 이익을 실현한다. 외국인이라 하더라도 이보다 훨씬 더 긴 투자 기간을 염두에 두고, 심지어 현지인들이 팔아 치울 때 오히려 매수에 나선 다음 느긋하게 기다린다면, 아무런 내부자 정보를 갖고 있지 않더라도 높은 투자 수익률을 올릴 수 있다.

더구나 이런 나라일수록 소형주는 유동성 문제가 심각하다. 괜히 급히 팔려고 했다간 현지 증권회사의 웃음거리밖에 되지 않는다. 그래서 다시 강조하지만 장기 투자자로서 오랫동안 보유하라는 것이다.

때로는 주식시장도 크지 않고, 유동성은 부족한 반면 변동성은 장난이 아니고, 현지 투자자가 훨씬 더 유리하고, 무슨 일이 벌어지는지 알아보려면 꽤 많은 노력이 필요한 이머징 마켓이라 해도 그 자체 내에서 보상을 얻을 수 있다. 이런 나라는 연간 경제성장률이 6~10%에 달하고, 기업 성장률은 연간 25~30%에 이른다. 온갖 어려움을 다 겪을 만한 가치가 있는 셈이다.

외국 주식에 투자할 때는 장기 투자자가 되어야 한다. 기본적으로 외지인은 단기 거래에서 현지인을 따라잡을 수 없기 때문이다.

제6장에서도 설명했지만 이처럼 높은 성장률은 아주 중요한 테마다. 미국의 GDP 성장률은 연 2~3%에 불과하지만 많은 나라의 경제성장률은 6~10%에 달하고, 이런 나라의 가처분 소득은 무려 연 15~20%씩 증가하고 있다. 말레이시아가 됐든, 중국이 됐든, 칠레가 됐든 이들 나라 국민 역시 미국이 가난한 나라에서 중산층의 나라를 거쳐 부유한 나라가 되면서 거쳤던 단계를 똑같이 밟을 것이다. 전 세계 어느 나라에서든 더 잘 살게 되면 고기와 단백질이 풍부한 음식을 더 많이 섭취하고, 쌀이나 빵 같은 곡류는 덜 소비한다. 누구나 더 멋진 옷과 더 좋은 승용차와 에어컨이 딸린 더 큰 집을 원하고, 세계적인 브랜드의 운동화를 신고 달리고 싶어한다. 주식 투자자라면 이런 욕구를 충족시켜주는 기업을 발굴해야 한다.

앞서도 언급한 것처럼 또 하나의 중요한 테마는 이머징 마켓에서 벌어지고 있는 통신 시스템의 확충이다. 우리는 이미 한국과 필리핀, 브라질, 이탈리아의 이동통신회사 주식을 매수했다. 중국의 경우 이런 점에서 엄청난 기회가 있는 나라지만, 현재 정부에서 통신회사 주식의 외국인 보유를 금지하고 있어 투자를 못하고 있다.

싱가포르의 수리조선소에 투자했던 사례는 이미 설명했다. 싱가포르의 조선소는 세계에서 원가가 가장 싸다. 지금 바다를 항해하는 유조선과 상선은 노후화돼 곧 대체하거나 수리해야 할 처지다.

또 다른 테마는 인쇄와 출판이다. 이들 나라에서는 중산층이 확대되면서 신문 독자들이 늘어나고, 동시에 신문광고도 증가하고 있다. 우리는 터키와 말레이시아, 홍콩, 네덜란드, 노르웨이의 신문사에 투자해놓고 있다.

소매유통업 역시 신흥 개발국에서 새롭게 떠오르는 업종이다. 우리는 대만에서 24시간 편의점을 운영하는 프레지던트 엔터프라이즈(President Enterprise)에 투자했고, 멕시코의 의약품 도소매업체인 나드로(Nadro) 주식을 매수했다.

호랑이가 우리에서 나오다

중국은 그 자체로 하나의 테마다. 나는 오늘날의 중국이 1950년대의 일본과 너무나도 흡사한 상황이라고 생각한다. 일본이 제2차 세계대전 이후 폐허에서 일어섰듯이, 중국은 지금 오랜 공산주의 체제를 벗어 던지고 새롭게 부활하고 있다. 중국인들은 일본인들처럼 근면하고 영리한 만큼 일본처럼 성공할 것이다. 일본 주식시장은 1950년 이후 무려 300배 이상 성장했다. 이런 기적은 충분히 재현될 수 있다. 현재 중국 본토 투자는 대부분 홍콩 기업을 통해 이뤄지고 있지만, 동남아시아 국가들도 중국 투자를 늘리고 있고, 결국에는 세계 각국에서 중국을 향해 직접 투자를 할 것이다.

물론 중국 투자가 쉬운 일은 아니다. 우선 중국이라고 하면 미국 투자자들은 멀게만 느낀다. 중국에는 아직 공식적인 회계사나 변호사 제도가 갖춰져 있지 않다. 하지만 잠깐만 생각해보면 중국도 곧 회계사와 변호사가 필요해지리라는 사실을 알 수 있을 것이다. 중국 역시 공인된 회계장부와 계약문서가 필요하고, 합리적인 법률을 제도화할 것이다. 다만 여기에는 시간이 다소 필요할 뿐이다.

> 일본 주식시장은 1950년 이후 300배 이상 성장했다. 이런 기적은 중국에서 재현될 수 있다.

공인된 회계규정과 합리적인 법률은 속속 마련되고 있다. 자유시장과 정부 개입의 축소, 세율 인하가 국가적으로 이익이라는 사실이 이미 여러 나라에서 확인됐다. 중국에서도 그렇게 되고 있다. 특히 중국 남부의 경제특구에서는 아주 놀라운 성과를 보여주고 있다. 이런 과정을 되돌려 국가가 모든 것을 독점하던 예전의 경제체제로 돌아가기는 사실상 불가능해졌다. 중국 국민들이 이미 자전거보다 오토바이를 즐겨 타기 시작했고, 라디오보다 컬러 텔레비전이 더 좋다는 걸 알았기 때문이다. 이 같은 소비 혁명은 한걸음 더 나아가 정치 변혁으로 이어져 거대 중국의 민주화를 앞당길 것이다.

잠에서 깨어난 중국

"중국이 잠에서 깨어나지 않도록 그냥 내버려두라. 중국이 깨어나면 전 세계가 요동을 칠 것이다." 나폴레옹이 한 말이다. 중국은 15세기 초부터 깊은 잠에 빠져들었다. 당시 중국은 기술이나 문화, 정부조직 면에서 유럽은 물론 인도나 오토만 제국보다도 한참 더 앞서 나갔다. 그러나 명나라 왕조는 서구와의 모든 접촉을 끊어버린 채 자기만족에 가까운 고립을 선택했다. 이건 결코 먼 장래를 내다본 훌륭한 결정이 될 수 없었다.

17세기 들어 명나라는 청나라에 왕조를 넘겨주었다. 명나라에 비하면 당시 청나라를 세운 만주족의 군사 기술은 고작 기마병에 활과 화살이 전부였는데도 말이다. 중국은 그 이후 시베리아 영토를 러시아에 빼앗겼고, 영국과 프랑스 해군에 의해 해안 지역마저 유린당했다. 19세기 말이 되자 중국은 내부적으로는 무장세력의 준동과 민란에 시달리고, 외부적으로는 러시아와 영국, 프랑스, 독일, 일본 제국주의 세력에 의해 끊임없이 영토가 침식당하는 형국에 이르렀다.

20세기로 접어들어서도 중국은 환자의 모습에서 벗어나지 못했다. 마침내 1949년 공산주의자들이 권력을 잡았지만 이들도 현대 산업국가를 세우는 데는 실패했다. 마오쩌둥의 대약진운동은 중국을 오히려 후퇴시켰고, 뒤이은 문화대혁명으로 중국인들은 10년 이상 기아 선상에서 헤매야 했다. 일본과 대만, 홍콩, 싱가포르가 빠르게 발전하는 동안 중국은 가난의 질곡에서 벗어나지 못했다. 중국과 대만은 1949년까지 똑같이 가난했다. 30년 뒤 대만의 국민소득은 유럽 선진국 수준으로 올라섰지만 중국의 국민소득은 여전히 극빈국 수준에 머물러 있었다.

마오쩌둥이 1976년 사망하자 중국은 몇 년 뒤 공산주의 이데올로기를 버리고 경제성장을 시작했다. 정치인이 결단을 내리면 얼마나 빨리 경제성장을 이루어낼 수 있는지 보여준 사례였다. 사실 각국이 순차적으로 따라 가는 경제성장은 크로스컨트리 스키와 비슷하다: 맨 앞에서 나가는 나라는 수북이 쌓인 눈밭을 헤쳐나가는 것처럼 매우 힘들게 경제성장을 해나가지만, 뒤따라 오는 나라는 앞서간 나라의 궤적만 따라 가면 되기 때문에 힘이 훨씬 덜 든다. 지구상에서 가장 많은 인구가 살고 있는 이 나라 경제는 지금 연 9% 이상씩 성장하고 있다. 일본과 대만이 25년 전에 보여주었던 경제성장률이다. 홍콩과 인접한 중국 남부의 경제특구는 연 12~15%씩 성장하고 있고, 다른 해안 지역과 내륙 지역들도 서서히 경제성장에 박차를 가하고 있다. 중국은 지금 분명히 잠에서 깨어나고 있다. 전 세계는 이제 중국이 깨어난 다음 무슨 일이 벌어질지 준비해야 한다.

중국 주식시장의 잠재력은 가히 환상적이다. 앞으로 무슨 일이 일어날지는 일본이 그 전례가 될 것이다. 일본 주식시장은 1950년 당시 아주 초라한 몰골이었고, 당시 닛케이 평균주가는 100으로 시작했다. 일본의 경제성장은 곧 가속도를 붙였다. 1969년에 이르자 닛케이 평균주가는 2400을 기록했고, 1981년에는 7500을 넘어섰다. 닛케이 평균주가는 1989년 말 거품 붕괴 직전 40000선에 육박했다.(그 뒤 10000선이 붕괴되기도 했다.) 장기적인 경제성장은 여러 면에서 "부자나라" 일본의 단면을 만들어냈고, 특히 부동산시장은 주식시장 못지않은 강세장을 경험했다. 이런 성공 스토리는 정도의 차이는 있지만 홍콩과 대만을 비롯한 다른 아시아 국가에서도 똑같이 쓰여졌다.

21세기 중반 이전에 중국의 GDP가 일본은 물론 미국도 앞설 것이라는 예측이 벌써부터 나오고 있다. 그 때가 되면 중국도 일본에 버금갈 만큼 부유한 나라가 돼 있을 것이다. 인구는 일본에 비해 열 배나 많으면서 말이다.

잠에서 깨어난 중국이 아직도 실감나지 않는다면 지금까지의 내용을 다시 읽어보는 게 좋다. 무역 분쟁이 또 한번 중요한 이슈로 부각될 것이다. 일본 기업과 경쟁하고 싶다면 중국에 공장을 짓는 걸 고려해봐야 할 것이다. 산업화한 중국이 야기할 대기오염과 수질오염을 떠올려보라. 석유와 목재를 비롯한 자연자원의 소비가 얼마나 늘어날지 상상해보라. 15억 인구와 현대화된 산업기반을 가진 나라의 군사적 잠재력이 얼마나 대단할지 계산해보라. 하나같이 아주 민감한 문제들이다. 비약적으로 성장하는 중국을 향해 미국이 왈가왈부할 여지는 이제 거의 없어졌다. 민주주의와 국제적 협력이 중국의 국익에 최선이라는 점을 설득하는 게 미국이 할 수 있는 일의 전부다.

그렇다면 일본은? 일본 경제는 아직도 거품 붕괴의 후유증에서 벗어나지 못하고 있다. 일본은 이미 성숙 단계를 지나 아주 완만한 경제성장을 기대할 수 있을 뿐이다. 그러나 일본에서도 정치적, 사회적으로 급격한 변화가 진행 중이어서 무척 흥미로운 투자 기회를 잡을 수 있을 것 같다. 내가 일본 주식시장의 테마로 생각하고 있는 건 이 나라가 중년층 남성이 지배하는 생산자 사회에서 이제 여성이 주도권을 쥐는 소비자 사회로 이행하고 있다는 사실이다. 나는 그래서 시장의 큰 흐름이 종래의 수출 상품과 자본재 생산업체에서 주택건설 및 소매유통 기업으로 넘어갈 것이라고 예상하고 있다. 다시 말해 이제 일본에서도 월마트나 홈디포 같은 기업을 발굴해야 하는 것이다. 그런데 우리는 아직 만족스러운 답을 찾지 못하고 있다.

> 일본은 중년층 남성이 지배하는 생산자 사회에서 여성이 주도권을 쥐는 소비자 사회로 이행하고 있다.

인도는 아주 기대되는 나라다. 이 나라의 테마는 중국과 마찬가지로 사회주의 경제의 개혁이다. 인도는 족쇄에 채워져 있는 거인에 비유할 수 있다. 족쇄는 다름아닌 기업 활동의 구석구석까지 전부 규제하는 관료적인 제도다. 하지만 이미 여러 각료들의 입에서 보다 경쟁력 있는 사람에게 기업을 맡겨야 더 나아지지 않겠느냐는 말이 나오고 있다. 그렇게 해서 맡긴 기업이 실패하게 되면 더 나은 사람이 다시 기업을 맡을 것이다. 이런 식으로 정부의 규제를 벗어날 수 있다. 이미 효과가 나타나고 있다. 인도 경제는 과거 연 3%도 채 안 되는 성장률에서 벗어나 연 6%씩 성장하고 있다.

한국은 아주 특별한 상황에 있다. 한국은 1992년까지 외국인들에게 주식시장을 개방하지 않았고, 외국인들은 몇 해 전까지도 한국 기업의 지분을 전체의 10% 이내에서만 소유할 수 있었다. 사업내용이 훌륭하고 유동성이 뛰어난 기업의 주식은 10% 한도에 금방 도달했다. 결국 한국 기업 주식에 투자할 수 있는 유일한 방법은 다른 외국인 투자자로부터 사는 것뿐인데, 그러려면 실제 주가에다 프리미엄을 지불해야 했다. 어떤 경우에는 프리미엄이 60%를 웃돌기도 했다. 우리는 이런 프리미엄을 지불하더라도 여전히 싼 한국 기업의 주식 몇 종목을 매수해 지금도 보유하고 있다. 이런 경우는 현지 개인 투자자들이 결정적으로 유리하다는 점을 보여주는 좋은 사례다.(한국 주식시장은 통신 업종 등 일부를 제외하고는 1998년 5월 이후 외국인 지분 소유제한이 완전 철폐됐다-옮긴이)

다른 아시아 국가들도 경제성장의 물결을 타고 있다. 1997년 태국에 이어 인도네시아와 한국 등이 금융위기를 맞았지만 이들 나라의 장기적인 성장 전망은 여전히 밝다. 금융위기로 인해 단지 몇 년 지체됐을 뿐이다. 중남미 국가들도 오랫동안 경제를 옥죄었던 정부 통제가 완화되면서 빠르게 되살아나고 있다. 동유럽 국가들 가운데는 이미 훌륭한 주식시장이 형성돼 있는 경우도 있지만, 아직 유동성은 부족한 편이다. 아프리카 국가들 가운데는 남아프리카공화국을 제외하고는 외국인 투자가 아직 제대로 이루어지지 않고 있다. 다만 국제통화기금(IMF)과 세계은행(World Bank)이 계속 지원하고 있고, 일부 국가에서는 증권거래소도 만들어지고 있다.

그리고 *러시아*가 있다. 러시아는 여전히 벤처캐피털 수준이다: 러시아에 투자되는 자금이 주로 기업의 직접 투자나 벤처캐피털에서 나온다는 말이다. 러시아를 대표할 만한 주식시장은 아직 없다. 주식시장을 뒷받침할 제도적인 장치도 마련돼 있지 않다. 세율과 온갖 규제는 예측할 수 없을 정도로 자주 바뀌고, 중앙정부와 지방정부 간의 갈등은 끊이지 않는다.

우리는 러시아의 어두운 문제들을 잘 알고 있다. 인플레이션과 심각한 실업, 분리주의자들의 반정부 투쟁, 부패와 조직범죄, 높은 범죄율, 내전 우려, 새로운 독재자의 등장 가능성 등이 그 일부다. 그러나 러시아에서 식량봉기가 일어났다는 기사는 아직 없었다; 러시아 국민들은 적어도 먹고 사는 데는 문제가 없는 것이다. 러시아에는 이미 수 만 명의 부호들이 살고 있고, 중산층도 형성돼 가고 있다. 나는 다니엘 여긴(Daniel Yergin)과 테인 구스타프손(Thane Gustafson)이 1993년에 쓴 《2010년의 러시아가 세계에 미칠 영향Russia 2010 and What It Meant for the World》을 읽고 많은 것을 느꼈다. 두 저자는 섣불리 단정적인 예측을 내놓지 않았다. 러시아에는 다양한 정치적 시나리오가 있다는 분석이었다: 민주주의가 승리할 수도 있고, 다시 권위주의 정부가 들어설 수도 있다. 그러나 2010년의 러시아 경제는 어쨌든 성공 스토리로 귀결될 것이라는 게 두 저자의 결론이었다. 보통 투자자들 역시 러시아에 투자하면 돈을 벌 수 있다는 말이다.

베팅 범위를 넓혀라

에이콘 펀드에서 우리가 가장 중요하게 생각하는 것은 투자 대상 국가가 아니라 투자 대상 기업이지만, 그 나라 경제 전반을 분석한 다음 종목을 고르는 톱 다운(top-down) 방식의 판단도 당연히 필요하다. 누구나 정치적으로, 사회적으로, 경제적으로 불안정한 나라에 많은 돈을 투자하고 싶지는 않을 것이다. 그런데도 현지에 가면 마음대로 물도 마시지 못할 것 같은 나라에 투자해놓고 안심하는 사람들이 너무나 많다. 우리는 어느 나라에 투자할 때 우선 정치적 리스크는 물론 인플레이션과 금리, 국제수지 같은 요소들이 우리 기준에 적합한지 평가한다. 투자 대상 국가가 정상적인 국면에 있는지 여부를 먼저 짚어보는 것이다.

> 현지에 가면 마음대로 물도 마시지 못할 것 같은 나라에 투자해놓고 안심하는 사람들이 너무나 많다.

하지만 해외 투자에 따르는 리스크를 전혀 부담하지 않을 수는 없는 노릇이므로 분산 투자가 필요하다. 우리는 외국 주식이든 국내 주식이든, 우리의 투자 의견에 대해 어느 정도 회의적인 시각을 항상 유지한다. 그런 점에서 분산 투자는 나의 평소 신념이기도 하다. 현재 에이콘 인터내셔널 펀드는 40개 국 주식에 분산 투자하고 있다. 또 전체 포트폴리오의 25% 가량을 외국 주식에 투자하고 있는 에이콘 펀드도 투자 대상 국가가 이 정도 된다. 이렇게 많은 나라에 투자를 하다 보니 당연히 이머징 마켓에도 투자하게 되고, 그럴수록 분산 투자는 더욱 필요해진다.

다 같은 기업이라 해도 나라가 다르면 평가 기준도 달라진다. 가령 일본에서는 대부분의 기업이 전형적인 "회사 인간"에 의해 운영된다; 따라서 엄정한 경영이 주류를 이룬다. 반면 일본을 제외한 아시아 대부분의 나라에서는 가족이 경영하는 기업이 주류를 이루고, 그래서 반드시 그 가족이 사회적으로 존경을 받는지 여부를 먼저 따져봐야 한다.

요즘은 월 스트리트의 대형 증권회사들도 외국 기업에 대한 분석보고서를 많이 내놓고 있지만, 나는 가능한 한 현지 증권회사들과 함께 일하려고 한다. 현지 증권회사들은 그 나라 기업들과 더 가깝게 접촉하므로, 우리 역시 더 정확한 정보를 더 빨리 손에 넣을 수 있기 때문이다. 더구나 현지 증권회사에서는 우리를 중요한 고객으로 대우한다. 만약 우리가 유럽 기업을 분석하면서 메릴린치(Merrill Lynch)의 투자보고서에 의지한다면, 메릴린치는 아마도 우리에게 좋은 정보를 알려주기 전에 피델리티 같은 대형 펀드회사에 먼저 전화를 걸 것이다.

혼자 하기에는 너무 벅차다

개인 투자자 입장에서 전 세계 주요 증권회사들과 전부 거래하기는 불가능하다. 결국 개인 투자자는 메릴린치 같은 대형 증권회사에 의지해야 한다.

요즘은 미국 증권회사들도 국가별 전문가를 양성하고, 현지 증권회사와 제휴관계를 맺고 있어서 개인 투자자들의 해외 직접 투자가 예전만큼 어렵지 않다. 하지만 외국 기업들을 일일이 평가하고, 해당 국가의 경제를 점검하고, 환율 문제를 따져보고, 회계처리 기준의 차이와 해당 국가의 독특한 규제를 이해하고, 심지어 주가 조작이 얼마나 자주 일어나는지 파악하는 데는 상당한 어려움이 따른다. 포트폴리오 관리라는 측면 하나만 보더라도 개인 투자자는 뮤추얼펀드처럼 외국 주식에 투자하기가 사실상 불가능하다: 국내 증권회사를 통해 외국 주식을 매수하려고 해도 (뮤추얼펀드에서는 이미 보유하고 있는 종목인데도) 증권회사에서 주식을 갖고 있지 않은 경우가 허다하기 때문이다. 외국 주식에 직접 투자해본 경험이 있는 사람에게 경험담을 들어보라. 그러면 정말로 황당했던 경우가 얼마나 많았는지, 또 거래 요령을 배우는 데 얼마나 오랜 시간이 걸렸는지 말해줄 것이다.

그러나 외국 주식에 투자할 때 뮤추얼펀드를 활용하는 게 필요한 더 중요한 이유가 있다. 프로 투자자들은 전 세계를 누비면서 기업 경영진은 물론 애널리스트들과 접촉하고, 이를 바탕으로 개인 투자자들은 찾아낼 수 없는 귀중한 투자 기회를 발굴해내기 때문이다. 에이콘 펀드는 말레이시아의 카지노 기업과 네덜란드의 신문사, 멕시코의 도자기 타일 제조업체, 스위스의 케이블 TV 사업자, 호주의 복합영화관 기업, 프랑스의 파견근로업체, 일본의 할인유통업체, 독일의 창틀 제조업체, 중국의 자전거 제조업체, 이탈리아의 크루즈 여객선 기업, 영국의 휴대폰 사업자, 브라질의 투자신탁회사 등에 투자하고 있다. 당신이 만약 외국 주식에 직접 투자한다면 뮤추얼펀드가 찾아내지 못한 기업들로 이처럼 넓게 분산 투자를 할 수 있겠는가?

> 뮤추얼펀드는 전 세계를 누비면서 기업 경영진은 물론 애널리스트들과 접촉하고, 이를 바탕으로 개인 투자자들은 찾아낼 수 없는 귀중한 투자 기회를 발굴해낸다.

그 보상은?

그렇다면 아무도 관심을 기울이지 않고, 기껏해야 대충 보고 넘어가는 외국 주식을 찾아 발로 뛰며 세계를 돌아다닌 보상은 무엇일까? 만약 당신이 미국 주식에 장기간 투자한다면 연 10% 정도의 투자 수익률을 기대할 수 있고, 운이 좋아서 이보다 더 뛰어난 수익률을 올려주는 펀드매니저를 찾아내면 연 12~15%의 수익률을 거둘 수 있을 것이다. 그런데 외국 주식에 장기간 투자한다면 결코 공격적으로 운용하는 펀드가 아니더라도 연평균 17~18%의 투자 수익률을 올릴 수 있다. 이 정도면 아주 근사한 보상이 아니겠는가?

> 미국 주식과 외국 주식에 나눠서 투자하면 투자 금액 전부를 미국 주식에 투자했을 때에 비해 리스크는 더 낮아지는 반면 투자 수익률은 올라간다.

최근 모건 스탠리 캐피털 인터내셔널(Morgan Stanley Capital International, MSCI)의 연구결과를 보면 이보다 훨씬 더 멋진 보상이 있음을 알 수 있다. 미국 주식과 외국 주식에 나눠서 투자하면 투자 금액 전부를 미국 주식에 투자했을 때에 비해 리스크는 더 낮아지는 반면 투자 수익률은 올라간다는 것이다.(쉽게 말해 공짜 점심이 가능하다는 얘기다.) MSCI의 연구결과 최저의 리스크와 최고의 투자 수익률이 가능한 자산 배분 비율은 미국 주식에 60%를 투자하고, 외국 주식에 40%를 투자하는 것이다. 만약 외국 주식에 전체 투자 자금의 80%를 투자하게 되면 리스크가 미국 주식에 100%를 투자했을 때와 같은 수준으로 올라간다. 물론 투자 수익률은 연 2%포인트 정도 올라간다. 이 연구는 1985년부터 1993년까지의 기간을 대상으로 했기 때문에, 1987년의 블랙 먼데이나 1991년의 걸프전 당시처럼 전 세계 주식시장이 동시에 급등락했을 때를 모두 포함하고 있다. 만약 연구 대상 기간이 달라졌다 하더라도 그 결과는 비슷했을 것이다.

내가 여기서 말하고자 하는 주제는 외국 주식에 투자할 것인지의 여부가 아니다. 정말로 주식에 투자할 것인지의 여부가 중요하다. 당신이 만약 직접 주식 투자를 하거나 뮤추얼펀드에 투자했는데, 수익률이 마이너스 5%를 기록했다고 하자. 그게 고통스럽다면 일단 주식 투자에 부적절하다. 하지만 당신이 정말로 주식 투자자이기를 원한다면 한 나라만 고집하는 편협한 시각에서 벗어나야 한다.

12 주식 투자의 다섯 가지 법칙
Parting Reminders

자연현상을 지배하는 뉴턴의 법칙이 있듯이 투자의 세계를 관통하는 기본 법칙이 있다. 나는 아직 이 법칙들을 정확하게 구명하지는 못했지만, 오랜 세월에 걸쳐 포트폴리오 실험실에서 이 법칙들을 테스트해 보고, 또 그 중요성을 검증할 수 있었다. 이 법칙들은 부를 끌어당기는 힘을 갖고 있다.

제1법칙: 복리의 마술

다른 법칙들과 마찬가지로 제1법칙 역시 매우 간단하다. 인내심을 갖고 기다리면 당신이 모아둔 돈이 엄청나게 불어날 수 있다는 말이다.

복리의 마술을 보여주는 차트를 본 적이 있을 것이다. 연리 7%의 채권에 투자한 뒤 이자까지 같은 금리로 계속해서 재투자하면 10년 후 투자원금은 두 배가 된다. 이처럼 채권에만 투자해도 시간은 다소 걸리지만 큰 부자가 될 수 있다. 물론 주식은 더 나은 결과를 가져다줄 것이다. 빨리 시작할수록 복리의 마술은 더욱 신비한 힘을 발휘한다. 당신이 만약 스무 살이 됐을 때부터 매달 100달러씩 주식에 투자했다면, 당신의 포트폴리오가 매년 10%씩 복리로 증가했다 해도 예순다섯으로 은퇴할 때에는 백만장자가 됐을 것이다. 10%의 수익률은 주식시장이 생겨난 이래 지금까지 기록한 연평균 수익률이다. 저축하고 투자하라. 또 저축하고 투자하라. 그러면 주식시장이 이번주에 얼마나 오르고 얼마나 내렸는지 걱정할 필요도 없고, 당신이 투자한 펀드가 이번주에 수익률 순위에서 몇 번째를 차지했는지 알려고 하지 않아도 여유롭고 멋진 삶을 즐길 수 있다.

하지만 이런 얘기를 스무 살짜리에게 해보라. 아무도 관심을 안 갖는다. 신형 휴대폰과 멋진 구두가 있는데, 누가 은퇴할 때를 생각하겠는가? 그런데 예순다섯이 된 사람에게 이 말을 꺼내면 이렇게 대답할 것이다. "글쎄 말이야, 좀더 젊었을 때 관심을 가졌어야지."

제2법칙: 평균으로의 회귀

성장률은 결국 장기 평균으로 수렴하게 된다. 이미 설명했듯이 나무가 아무리 자라도 하늘에 닿을 수는 없는 법이기 때문이다. 평균으로의 회귀는 또한 복리의 마술이 전혀 허구가 아님을 입증해주는 것이기도 하다. 주가지수는 몇 년 동안 매년 20% 이상씩 치솟을 수 있다. 하지만 장기적인 평균 수익률은 연 10% 내외에서 벗어나지 않는다. 경제학자인 피터 번스타인(Peter Bernstein)이 그의 저서 《리스크Against the Gods》에서 지적한 것처럼 이 말은 "왜 우리가 교만을 조심해야 하는지, 왜 그토록 세찬 비가 내린 다음에도 다시 태양이 떠오르는지" 그 이유를 알려준다. 지금 최고의 기업도 영원히 최고의 기업으로 머무를 수 없다. 30년 전 최고의 기업으로 손꼽혔던 기업 가운데 지금도 최정상에 있는 기업은 거의 없다. 마이크로소프트도 결국 세월이 지나면 다른 기업들이나 마찬가지로 보이게 될 것이다. 그게 다름아닌 평균으로의 회귀 법칙이다.

　주식시장에 대세상승과 대세하락의 사이클이 있는 것도 평균으로의 회귀 때문이다. 현실 세계의 성장률은 대체로 연 1~4% 정도라고 말할 수 있다. 인구증가율도 이 정도 되고, 경제성장률도 이쯤 되며, 기업 순이익의 실질 성장률도 이 정도 수준이다. 물론 세계적으로 보면 이보다 훨씬 더 높은 성장률을 보이는 나라들도 있고, 여기에 훨씬 못 미치는 나라들도 있다. 하지만 그런 기간은 제한적이다. 기간을 장기로 늘려보면 이런 나라들도 결국은 비슷한 성장률을 나타낸다.

　현실 세계는 이렇게 안정적인 속도로 변해가지만 금융자산의 가격은 완전히 다르다. 영불해협을 육로로 연결시킨 채널 터널(Channel Tunnel)은 매우 어렵고 위험한 난공사였고, 건설하는 데 오랜 시간이 걸렸다. 그러나 이렇게 만들어진 채널 터널의 운영권을 가진 기업의 주가는 시시각각 너무나도 쉽게 변한다. 한 주에 20%나 오르내리는 경우도 어렵지 않게 볼 수 있다. 현실 세계의 변화는 느릿느릿 진행되는 반면 금융시장의 가격 변화는 아주 빠르게 이루어진다.

그러나 궁극적으로는 현실 세계와 금융시장이라는 세계는 톱니바퀴처럼 맞물려 돌아가야만 한다. 주식시장의 가치, 즉 기업의 진정한 가치는 현실 세계의 다른 모든 것들과 전혀 동떨어진 성장률을 계속 이어갈 수 없다. 주식도 사회의 일부이고, 현실 세계의 한 부분이다. 주식시장의 장기 수익률을 연구한 학자들이 한결같이 연 9~10%의 수치를 내놓고 있는 것도 이런 이유 때문이다. 여기서 연 6% 정도는 기업 순자산가치의 성장률을, 연 3~4%는 주주들에게 지급하는 배당금을 각각 반영한다. 기업 순자산가치가 연 6% 성장한다는 것은 전체 경제의 일부인 기업 부문이 나타내는 일반적인 성장률이므로 무리한 수치는 절대 아니다.

물론 단기적으로는 배당금을 뺀 주식시장의 순수한 상승률이 연 6%를 크게 상회할 수도 있다. 그러나 평균으로의 회귀 법칙에 따라 결국은 반드시 연 6% 수준의 장기적인 상승률로 수렴하게 돼있다. 그렇게 해서 주식시장에 대세상승과 대세하락의 사이클이 생겨나는 것이다. 주식시장이 한동안 추세선 위로 올라가 움직인다면 언젠가는 다시 무슨 힘이 작용해 추세선 아래로 끌어내릴 것이다.

혹자는 이렇게 말한다. 퇴직연금펀드와 각종 노후 대비 펀드가 눈덩이처럼 불어나면서 주식형 뮤추얼펀드로 돈이 몰려들고 있으며, 이에 따라 주식시장이 앞으로 계속해서 상승할 것이라고 말이다. 조정은 스치듯 지나갈 것이며, 주식시장의 오름세는 거침없이 진행될 것이라고 이들은 덧붙인다. 절대로 이런 말을 믿지 말라.

요즘 주식시장은 마치 뮤추얼펀드 매니저가 좌지우지하는 것처럼 보인다. 내가 처음 투자 업계에 몸담았을 때는 투자은행의 신탁부서가 그렇게 보였다. 하지만 사실 이들은 아무것도 마음대로 하지 못한다. 이들은 단지 주식 투자를 대신해주는 대리인일 뿐이다. 가령 당신이 일꾼을 고용해 정원에 물을 주는 일을 시켰다고 생각해보자. 이 일꾼은 장미에 먼저 물을 줄 수도 있고, 진달래에 먼저 물을 줄 수도 있다. 하지만 어쨌거나 이 사람이 기본적으로 하는 일은 정원에서 물을 주는 것이다. 당신이 주식형 뮤추얼펀드에 돈을 맡겼다면 펀드매니저는 주식을 매수할 것이다. 때로는 일부를 현금으로 남겨둘 수도 있다. 주식형 뮤추얼펀드가 현금 비중을 6~8% 수준까지 높였다면 그 자체로 큰 뉴스거리가 된다. 그러나 장기적으로는 아무런 의미도 없다. 주식형 뮤추얼펀드로 들어온 돈은 결국 전부 주식에 투자된다. 뮤추얼펀드든 투자신탁이든 주식 투자를 하는 주체는 누구나 주가를 떠받치는 역할을 한다. 하지만 궁극적으로 주식시장의 상승률은 장기 평균으로 돌아오게 돼있다.

만약 주식시장이 지금까지 볼 수 없었던 엄청난 상승률을 기록하고, 모두들 이번에는 정말 다르다고 확신한다 하더라도 그것은 단지 평균으로 수렴하기 전에 주가의 왜곡이 더욱 심하게 진행되고 있음을 의미할 뿐이다. 주가의 왜곡이 끈질기게 이어지고 더욱 강화될수록 뒤따르는 충격은 더욱 매섭고 격렬해진다. 역사적으로 심각했던 약세장에 앞서 주식시장이 어떤 모습을 보여주었는지 살펴보면 쉽게 이해할 수 있을 것이다. 그렇게 될 수밖에 없다. 일본에서도 똑같은 일이 벌어졌다. 주가의 왜곡이 더 이상 지탱할 수 없는 수준까지 다다른 다음에는 반드시 이런 상황이 재연된다. 결국은 평균으로 되돌아가야 하는 것이다.

시장의 타이밍을 재는 예언가들도 여기에 근거해서 자신 있게 예측을 내놓는다. 주식시장이 어느 한쪽 방향으로 너무 나갔다고 지적하기는 어렵지 않다. 정작 문제는 언제 그것이 조정될 것이냐 하는 점이다. 지진을 예측하는 문제와 똑같다: 에너지는 결국 분출될 것인데, 아무도 그게 언제인지 예측하지 못한다.

아무래도 지진에 비유하는 게 적절하겠다. 지진은 두 개의 지각판이 서로 부딪치고 움직이면서 엄청난 에너지를 만들어낸 결과다. 지각판이 꽉 맞물려 있는 동안은 그저 평화롭고 안정적이기만 하다. 그러나 그 동안에도 지각판의 단층에서는 끊임없이 에너지가 생성되고 또 생성된다. 지각판이 마침내 이 에너지를 분출하는 순간 지진이 발생하는 것이다. 산안드레아스 단층이 21세기 중에 엄청난 에너지를 분출할 것이라고 예측하기는 전혀 어렵지 않다. 그러나 단층대의 어디에서 그처럼 엄청난 에너지가 폭발할 것이며, 그 날이 언제가 될지를 예측하기란 불가능하다.

마찬가지로 주식시장이 계속해서 거침없는 상승세를 이어가는 동안에도 언젠가 분출될 에너지가 쌓여가고, 그 폭발이 일어나면서 결국 주식시장은 장기적인 평균 수익률 수준으로 되돌아오는 것이다. 하지만 그 시점이 내일이 될지, 아니면 내년이 될지 알아내기란 쉽지 않다. 수많은 사람들이 그 날짜까지 정확히 예측하려고 무던히도 애썼지만 대부분 아무런 소득도 얻지 못했다.

제3법칙: 주식에 내재돼 있는 옵션은 매우 중요하다

내가 여기서 말하는 옵션은 시카고선물거래소 같은 곳에서 거래되는 주가지수 옵션 혹은 개별 주식 옵션이 아니다. 내가 말하고자 하는 내용은 기업에 내재돼 있는 옵션을 세밀히 살펴보라는 것이다.

석유 기업이 아마도 가장 쉬운 예가 될 것이다. 석유 기업의 가치를 결정하는 요소는 두 가지다. 하나는 현재 보유하고 있는 자산이다. 석유 기업의 현금 흐름은 여기서 창출되는데, 현금 흐름의 현재가치는 어렵지 않게 계산할 수 있다. 다만 지금 석유를 생산하고 있는 유전의 매장량이 고갈됨에 따라 현금 흐름의 현재가치도 줄어들 것이다. 석유 기업 주식의 가치를 결정하는 두 번째 요소는 이 기업이 새로운 대형 유전을 발견했을 경우 투자자가 얻을 수 있는 콜옵션이다. 일종의 행운이라고도 할 수 있는 이 콜옵션은 주식 보유자에게 새로운 가치를 선사해준다.

이론적으로 기업의 가치는 현금 흐름의 가치와 콜옵션의 가치를 합한 것이다. 따라서 현금 흐름의 가치만 지불하고 석유 기업의 주식을 매수할 수 있다면 좋은 일이다. 왜냐하면 앞으로 새로 발견할 유전의 가치, 즉 콜옵션 가치는 거저 얻는 셈이기 때문이다. 더구나 현재 및 미래의 현금 흐름 가치보다도 더 낮은 가격으로 매수할 수 있다면, 그건 앞으로 얻을 수 있는 새로운 자산이나 잠재적인 성장 가능성을 감안할 때 공짜 복권을 손에 쥐는 것이나 다름없다. 이런 식으로 주식에 내재된 어떤 옵션은 기본적으로 공짜 복권이나 마찬가지다. 아무런 대가도 지불하지 않는데 굳이 공짜 복권을 거절할 이유는 없다.

그런데 때로는 이런 옵션에 비싼 가격이 붙어있는 경우가 있다; 첨단 바이오 기술주가 대표적인 예다. 주식시장이 투기 붐으로 한창 달아오르게 되면 미래의 성공이 담보돼 있다는 이유만으로 투자자들은 기꺼이 엄청난 프리미엄을 지불한다.

주식에 내재돼 있는 옵션은 대개 그 가치를 어느 정도 구별할 수 있지만, 어떤 경우는 아무런 의미도 없어서 그냥 무시해도 좋을 때도 있고, 때로는 분간하기가 매우 어려울 수도 있다. 더구나 콜옵션이 아니라 풋옵션에 가까운 경우도 있다; 즉, 주식에 내재된 옵션의 가치가 플러스가 아니라 마이너스인 것이다. 담배회사 주식이 그렇다. 담배회사의 현금 흐름은 우수할 뿐만 아니라 꽤 안정적이다. 그러나 정부의 규제나 시민단체의 소송으로 인해 담배 사업 자체가 큰 타격을 입을 수 있다. 따라서 담배회사 주식은 현금 흐름의 가치에서 풋옵션 가치를 뺀 금액으로 주가를 계산하는 게 합리적이다.

콜옵션과 풋옵션이 함께 내재하는 경우도 있다. 제약회사의 경우 획기적인 신약 개발에 성공할 가능성이 있는 반면, 기존 약품의 부작용에 따른 대규모 소송이 제기될 가능성도 부수적으로 따라다닌다.

이런 식으로 기업을 분석하면 상당히 도움이 된다. 한 종목 한 종목의 가치를 계산하면서 현재의 현금 흐름과 내재돼 있는 옵션 가치의 조합이라는 점을 늘 염두에 두어야 하는 것이다.

제4법칙: 많은 투자 상품이 따지고 보면 폰지 사기극이다

폰지 사기극에서는 새로운 투자자에게서 나온 돈을 앞선 투자자에게 나눠준다. 연쇄 편지도 일종의 폰지 사기극이다. 참여자가 많아지면서 사기극이 커질수록 이를 유지하는 데 새로운 돈이 더 많이 필요해지고, 어느 시점에 이르게 되면 새로운 멍청이들을 더 이상 구할 수 없어진다. 결국 사기극은 막을 내리고 붕괴된다. 폰지 사기극이 그랬다. 마이크 밀켄(Mike Milken)과 그의 회사 드렉셀 번햄 램버트(Drexel Burnham Lambert)도 그랬다: 드렉셀은 마지막 투자자들에게서 받은 돈을 앞서 정크 본드를 매수한 투자자들에게 지급함으로써 정크 본드 자금을 조달했다. 앞서 제6장에서 살펴본 것처럼 정부의 사회보장제도 역시 폰지 사기극의 요소가 가미돼 있다.

폰지 사기극이 가장 오랫동안 지속됐던 곳은 부동산시장이다. 많은 전문가들이 "부동산시장이야말로 높은 투자 수익률을 올려주고 변동성도 낮다"는 연구결과를 발표했다. 실제로 상당히 오랫동안 꽤 많은 사람들이 부동산시장에 돈을 쏟아 부었고, 서로서로 계속 더 높은 가격에 부동산을 거래했다. 또한 끊임없이 새로운 사람들이 부동산시장으로 들어왔다. 이런 상황은 부동산시장이 너무나 커져서 외부로부터 새로 유입되는 돈으로도 과도하게 올라버린 부동산가격을 더 이상 지탱할 수 없는 수준에까지 이르게 됐다. 미국 부동산시장은 1980년대의 거품 붕괴 후유증으로 인해 1996년까지도 이전의 가격 수준을 회복하지 못하고 있다. 역시 1990년에 거품이 터져버린 일본 부동산시장은 지금까지도 신음하고 있다.

그런 점에서 주식시장도 전체적으로 보면 폰지 사기극이라고 주장할 수 있다. 새로운 투자자가 몰려들고 주식시장에 더 많은 돈이 쏟아져 들어오면 기업의 펀더멘털을 고려한 가치보다 훨씬 더 높은 가격을 유지할 수 있다. 1980년대 말의 일본 주식시장이 정확히 이런 상황이었다.

어디에 투자하든 제4법칙을 잊어서는 안 된다.

제5법칙: 나쁜 아이디어도 시작은 전부 좋은 아이디어였다

우리는 경험을 통해 이 법칙을 잘 알고 있다. 가령 파티에 참석해 한 잔의 술을 마신다고 해보자. 좋은 일이다. 기분이 좋아지고 긴장도 풀어진다. 파티 분위기가 무르익어가면서 또 한번 건배를 제의한다. 여성들은 더 멋져 보이고, 음악소리는 더욱 흥겨워진다. 술을 한 잔 더 마신다. 그것도 좋은 일이다. 유머가 곁들여졌던 가벼운 농담이 어느새 진한 음담패설로 바뀌고, 만나는 사람들마다 지금까지 볼 수 없었던 매력을 발산한다. 춤추는 동작은 점점 더 거칠어지고, 이렇게 기분 좋았던 적도 없었다는 느낌이 든다. 세 번째 술잔을 마시고, 네 번째, 다섯 번째 술잔이 이어진다. 그렇게 해서 좋았던 일이 어느덧 아주 나쁜 일로 변해간다. 머리는 이미 지끈거리기 시작하고, 알다시피 여기서부터는 필름도 끊겨 다음날 기억해내지도 못한다.

주식시장에서도 늘 이런 일이 벌어진다. 내가 이 법칙을 떠올린 건 1996년 중반이었다. 당시 기술주는 몇 차례의 "가격 다지기" 과정만 거쳤을 뿐 장기간 거침없는 상승세를 이어온 상태였다. 기술주 붐은 매우 좋은 아이디어로 시작됐다. 미국의 첨단 기술 기업들이 세계를 이끌었다. 개인용 컴퓨터(PC)와 PC를 구동시키는 소프트웨어, 각종 전자장비와 통신수단들은 사용하기에 간편했고, 가격도 비싸지 않아서 모두들 구입했다. 마이크로소프트와 인텔, 모토로라 같은 기업들은 아주 잘 나갔고 훌륭한 기업으로 손꼽혔다. 이건 전부 틀림없는 사실이었고, 최고의 투자 아이디어였다. 따라서 초기에 기술주를 매수했던 사람들은 큰돈을 벌었을 것이다.

하지만 파티가 계속 연장되면서 지금 무슨 일이 벌어지고 있는지 정확히 이해하지 못하는 사람들이 뛰어들어 기술주를 넘겨받았다; 이들은 단지 추세에 편승했을 뿐이다. 그러자 이들의 수요를 겨냥한 새로운 기업들이 우후죽순처럼 만들어졌다. 알다시피 증권업은 서비스 산업이 아니다. 증권업은 제조업이다. 사람들이 주식을 필요로 하면 월스트리트는 주식을 만들어서 사람들에게 공급해준다. 원하는 기업이 무엇이든, 원하는 산업이 무엇이든 다 만들어낸다. 최근 들어 인터넷 열기가 뜨거워지자, 투자은행들은 주식 투자자의 수요가 높은 인터넷 기업들의 기업공개(IPO)를 거의 매일같이 성사시켰다. 인터넷 기업에 대한 투자자들의 애정은 너무나도 깊어, 이들 기업의 주가수익비율은 세 자리 숫자까지 치솟기도 했다.

컴퓨터용 하드디스크가 처음 발명된 1980년대 초의 상황을 떠올려 보라. 하드디스크는 아주 획기적이고도 중요한 발명품이었고, 투자자들은 너도나도 이 기술에 투자하고 싶어했다. 이 같은 열기에 편승해 무려 70개가 넘는 기업들이 주식시장에 상장됐다. 하드디스크 시장을 감안할 때 시장점유율이 적어도 20%는 넘어야 기업의 생존이 가능했다. 따라서 이 때 상장된 대부분의 기업들은 태생적으로 이미 잘 될 수 없는 조건을 갖추고 있었다.

무엇이든 너무 과도하게는 뻗어나가지 못한다. 금융시장에서는 늘

극단적인 일이 벌어진다. 1637년의 튤립 광기처럼 말이다. 튤립 광기도 시작은 좋은 아이디어에서 출발했다. 튜립은 아주 멋진 발견이었다. 이전에 유럽에서는 전혀 볼 수 없었던 꽃이었고, 모두들 튤립에 열광했다. 새로운 교배종과 새로운 색상의 튤립이 나오면 대중들은 더 열광했다. 여기에 잘못된 아이디어는 끼어들 여지가 없었다. 그러나 몇 년이 지나자 사람들은 튤립 알뿌리 1파운드를 지금 돈으로 수십 만 달러에 사고 팔았다. 비록 그것이 희귀종이었다 하더라도 이제 좋은 아이디어가 투기적 광기로 변해버린 것이다.

튤립도 좋은 아이디어였고, 하드디스크도 좋은 아이디어였다. 지금 인터넷도 좋은 아이디어다. 좋은 아이디어가 아니었다면 그렇게 광범위한 인기를 끌지 못했을 것이다. 기본적으로 말이 되지 않거나 부정적인 아이디어로 시작하면 사람들은 눈길조차 주지 않는다. 가령 100미터에 이르는 수직 암벽 코스를 갖춘 리조트 시설을 만들었다고 해보자. 아마도 남녀노소가 다 찾는 인기 있는 리조트가 되기는 어려울 것이다. 암벽 타기를 하다 발목 정도는 삐어도 개의치 않는 소수의 마니아들만 좋아할 것이다. 그러나 대양을 가로지르는 거대한 유람선을 띄우고, 승객들에게 마음껏 먹을 수 있는 음식과 술을 제공하고, 누구나 밤낮 가릴 것 없이 춤과 파티를 즐길 수 있게 해준다면 그건 좋은 아이디어가 될 것이다. 사람들은 이런 것들을 좋아하니까 말이다.

그러나 반드시 기억해야 할 사실은 이런 좋은 것들도 너무 과도해서는 안 된다는 점이다.

당신도 성공적인 투자자가 될 수 있다

지금까지 다섯 가지 황금률을 소개했다. 이 법칙들은 서로 보완적이다. 주식 투자에 관한 나름대로의 일관된 시각을 갖고 있다 해도 내가 앞서 설명한 다른 내용들과 함께 이 다섯 가지 황금률을 항상 염두에 두기 바란다. 나의 투자 철학은 자산운용 업계에 몸을 담은 초창기 시절 이후 크게 변하지 않았다. 다만 오랜 세월 동안 경험을 쌓아가면서 보다 강화되고 더욱 정제됐을 뿐이다.

독립적인 사고와 건전한 회의주의를 유지하라. 그래야만 무리의 움직임에 휩쓸리지 않을 수 있다. 아무리 좋아 보이는 기업이라 하더라도 너무 비싼 가격을 지불해서는 안 된다. 두고두고 빛을 발할 테마가 있는 기업에 투자하라. 첨단 기술의 혜택을 입을 다운스트림 기업에 투자하라. 세계적으로 생각하고 세계적으로 투자하라. 금방 팔 주식이 아니라 당신이 정말로 소유하고 싶은 기업의 주식에 투자하라.

전혀 복잡하지 않은 내용이다. 상식과 인내심만 갖고 있으면 누구나 성공적인 투자자가 될 수 있다.

역자후기

주식 투자를 하는 이유는 누가 뭐래도 돈을 벌기 위함일 것이다. "그저 뭐 재미 삼아 주식 투자를 한다"는 사람이 있다면 차라리 그 돈으로 카지노에 가서 실컷 놀던가, 아니면 로또 복권을 한꺼번에 수백 장 사는 게 훨씬 더 스릴도 넘치고 돈도 더 빨리 없앨 수 있다. 마찬가지로 주식 관련 서적을 읽는 첫 번째 목적은 주식 투자에 도움을 얻고자 함일 것이다. 그저 심심풀이로 주식책을 집어 들었다면 그 시간에 역사책이나 소설책이라도 읽는 게 훨씬 더 눈에 잘 들어오고 하품도 덜 나올 것이다.

이 책은 주식 관련 서적이다. 주식 투자에 관심 없는 독자라면 따분해할지도 모를 책이다. 따라서 심심풀이로 읽을 책이 아니다. 주식 투자를 하는 데 도움을 받겠다는 사람이 읽어야 할 책이다. 그런데 이 책은 여느 주식책들과는 좀 다르다. 저자가 걸어온 길을 알려주고, 저자 자신이 진실되게 회고하고, 무엇보다 그것을 아주 재미있게 비유를 곁

들여 이야기하고 있다면 그것만으로도 읽을 가치는 충분하다는 생각이다.

• • •

이 책을 읽어가다 보면 저자의 내공이 만만치 않다는 사실을 새삼 발견할 수 있다. 이 책을 쓴 랄프 웬저는 월 스트리트에서 소형주 투자의 개척자로 손꼽히는 인물이다. 투자자들의 이목이 온통 "니프티 휘프티"로 불리는 대형 우량주에 쏠려있던 1970년대 초에 소형주에만 투자하는 에이콘 펀드를 출범시켰을 정도로 그의 투자 철학은 뚜렷했다. 이 책의 제8장에서는 "작지만 강한 기업에 투자하라"는 웬저의 철학이 무엇인지 분명하게 읽을 수 있다:

나는 창조적 기업가 정신이 살아있는 경영진이 운영하며, 매우 중요한 경제적, 사회적, 기술적 트렌드로부터 수혜를 입는 작은 기업, 동시에 틈새시장에서 강력한 주도권을 쥐고서 향후 순이익이 아주 돋보일 정도로 높이 성장할 강한 기업을 원한다. 나는 또한 이렇게 작지만 강한 기업의 주가가 합리적인 수준일 때만 주식을 매수한다.

이 책에서는 또한 저자의 유머 감각과 통찰력이 배어있는 우화들을 곳곳에서 만날 수 있다. 서두에 나오는 "사자나라의 얼룩말"이나 제2장의 "두 가지 투자전략"에 관한 우화는 다른 주식책에서는 볼 수 없는 은유적인 가르침이고, "황금손가락 증후군" 이야기는 주식 투자자가 빠지기 쉬운 헛된 자만을 경계하라는 의미를 담고 있다.

그런가 하면 이 책에서는 저자의 성공담뿐만 아니라 솔직한 실패담도 읽을 수 있다. 그만큼 사실 그대로를 전달하고자 애쓴 흔적이 엿보인다. 가령 제3장에서는 자신이 발굴한 "만루홈런 종목"을 소개했지만, 제10장에서는 시장의 거대한 흐름 앞에서 저자 자신도 고민하고 상처를 입을 수밖에 없는 한 개인에 불과하다는 사실을 일기를 통해 생생하게 읽을 수 있다.

이 책의 또 한 가지 매력은 아주 간략하고 알기 쉽게 서술했다는 점이다. 제12장에서 소개해놓고 있는 주식 투자의 다섯 가지 법칙만 확실히 이해해도 이 책에 들인 시간과 돈의 값어치는 얻을 것이다. 이 밖에도 "나쁜 뉴스가 좋은 기회를 만든다"(제4장), "테마와 트렌드를 먼저 포착하라"(제6장), "다운스트림 종목에 투자하라"(제7장), "글로벌 투자로 베팅 범위를 넓혀라"(제11장) 같은 내용은 이 책을 읽으면 덤으로 따라오는 귀중한 팁이다.

이 책의 바탕에는 30년이 훨씬 넘는 저자의 풍부한 경험이 깔려있다.(랄프 웬저는 1961년에 투자 업계에 첫 발을 내디뎠고, 1970년부터 에이콘 펀드를 운용했으며, 2003년에 펀드매니저를 공식 은퇴했다. 이 책의 초판은 1997년 미국에서 출간됐으며, 번역본은 1999년에 출간된 개정판이다.) 결코 한 번 읽고 가볍게 흘려버릴 수 없는 내용들을 곳곳에서 발견할 수 있다. 한 예로 저자는 시장의 타이밍을 예단하려는 소위 "시장 예언가"들의 허구를 이론적으로 공박하면서도, 인간은 속성상 패턴을 발견하려는 존재라는 사실을 인정한다. 또한 주식을 평가할 때 실수할 가능성을 항상 대비하라는 충고 역시 그의 오랜 경험에서 우러나온 것이다:

누구나 자신이 매수하는 주식은 가장 낙관적으로 보는 종목이기 때문에 미래의 순이익을 과도하게 추정하는 경향이 있다. 주식을 적극적으로 매수하는 투자자는 어쨌든 그 기업이 대단한 성과를 올릴 것이라고 믿고 있는 것이다. 그런 점에서 주가는 낙관주의자들이 결정한다. 늘 이 점을 염두에 두고, 실망스러운 결과가 나올 때를 대비하고 있어야 한다.

• • •

이 책의 번역과 교정을 마무리 짓고 역자 후기를 마지막으로 넘기려는 시점에 우리나라를 비롯한 전 세계 주식시장이 "중국 쇼크"로 폭락을 했다는 뉴스가 전해졌다. 저자는 이 책에서 1987년 10월 19일, 이른바 블랙먼데이 당시의 상황을 자세히 설명하면서, 대혼란을 겪고 난 뒤 직원들과 점심을 먹으러 가는 길에 나눴던 이야기를 소개하고 있다:

나는 우리 회사 직원들에게 이렇게 물어봤다. "자네들은 하늘에서 가장 크고 밝게 빛나는 게 뭐라고 생각하나?" 이들은 어리둥절해하며 당연히 태양이라고 대답했다. "하늘에 떠있는 태양은 지난주와 똑같지?" 내가 다시 묻자 이들은 고개를 끄덕였다. "그럼 됐어. 주식시장이 좀 큰 폭으로 떨어졌다고 해서 세상이 바뀌지는 않았을 거야." 나는 이렇게 결론지었다.

저자는 당시의 주가 대폭락은 주식시장의 타이밍을 재려는 시도가 얼마나 부질없는 짓인가를 가르쳐주었다고 덧붙였다. 또 약세장은 지나고 보면 늘 주식 보유 물량을 늘릴 수 있는 좋은 기회였다고 그 의미를 부여하고 있다. 특히 주식시장이 꽁꽁 얼어붙었을 때 주가의 하락은 문제의 일부가 아니라 해답의 일부라는 저자의 고언(苦言)은 귀담아 들을 필요가 있다.

일천한 실력에도 불구하고 또 한 권의 번역서를 펴낸다. 존 템플턴과 필립 피셔, 윌리엄 오닐, 짐 로저스 같은 월 스트리트의 대가(大家)들에 이어 랄프 웬저라는 원로가 쓴 저서를 우리말로 처음 번역했다는 데서 작은 의미를 찾고 싶다.

2007년 2월
박정태

작지만 강한 기업에 투자하라
A Zebra in Lion Country

1판 1쇄 펴낸날 2007년 3월 15일
1판21쇄 펴낸날 2025년 5월 20일

지은이 랄프 웬저
옮긴이 박정태
펴낸이 서정예
표지디자인 디자인 이유
펴낸곳 굿모닝북스

등록 제2002-27호
주소 (10364) 경기도 고양시 일산동구 호수로 672 804호
전화 031-819-2569
FAX 031-819-2568
e-mail goodbook2002@daum.net

가격 14,800원
ISBN 978-89-91378-11-7 03320

*이 책의 전부 또는 일부를 재사용하려면 사전에
  서면으로 굿모닝북스의 동의를 받아야 합니다.

투자의 고전을 펴내면서

어느 분야에나 고전은 있다. 문학과 역사, 철학, 과학 분야의 고전은 우리 인간이 쌓은 지식의 보고(寶庫)다. 고전은 세월의 검증을 받은 책이고, 고전이기에 틀림없이 우리에게 무언가 좋은 것을 말해줄 것이다. 수많은 독자들로부터 위대한 책으로 인정받았기 때문에 고전이 된 것이다.

투자 분야의 고전도 마찬가지다. 투자의 고전을 통해 우리는 투자 이론과 투자 심리를 이해할 수 있고, 투자 역사와 투자 산업을 통찰할 수 있다. 우리나라 주식시장에서 외국인 투자자가 활개를 치는 이유는 자금력이 우세해서도, 정보력이 뛰어나서도 아니다. 이들이 늘 한 발 앞서 갈수 있는 것은 다름아닌 지식이라는 힘을 가졌기 때문이다. 이 지식은 투자의 고전에서 나온 것이다.

우리나라 투자자들도 이 지식으로 무장할 수 있다. 그러기 위해서는 훌륭한 투자의 고전이 한국어로 번역돼야 한다. 처음부터 우리말로 쓰여지지 않았다고 해서 우리의 것이 아니라고 여겨서는 안 된다. 기본적으로 저자가 쓴 글이 어떤 의미를 가진 텍스트라면 그것은 어떤 언어를 통해서든 이해하고 소화할 수 있어야 한다. 제대로 된 번역이 절실히 요구되는 이유이기도 하다.

모든 분야의 고전이 한국어로 번역돼야 하는 것처럼 투자의 고전도 반드시 한국어로 읽을 수 있어야 한다. 고전 읽기는 뿌리를 찾아가는 여행이다. 투자의 분야도 예외일 수 없다.